Die leistungsrechtliche Dimension der Sonderstatusverhältnisse

Europäische Hochschulschriften Recht

European University Studies in Law

Publications Universitaires Européennes de Droit

Band/Volume 6192

Sebastian Ziehm

Die leistungsrechtliche Dimension der Sonderstatusverhältnisse

PETER LANG

Bibliografische Information der Deutschen Nationalbibliothek
Die Deutsche Nationalbibliothek verzeichnet diese Publikation in der Deutschen Nationalbibliografie; detaillierte bibliografische Daten sind im Internet über http://dnb.d-nb.de abrufbar.

Zugl.: Düsseldorf, Univ., Diss., 2020.

Gedruckt auf alterungsbeständigem, säurefreiem Papier.
Druck und Bindung: CPI books GmbH, Leck

D 61
ISSN 0531-7312
ISBN 978-3-631-81997-5 (Print)
E-ISBN 978-3-631-83391-9 (E-PDF)
E-ISBN 978-3-631-83392-6 (EPUB)
E-ISBN 978-3-631-83393-3 (MOBI)
DOI 10.3726/b17511

Diese Publikation wurde begutachtet.

www.peterlang.com

Vorwort

Die vorliegende Arbeit ist im Mai 2018 eingereicht und im Wintersemester 2019/2020 von der Juristischen Fakultät der Heinrich-Heine-Universität Düsseldorf als Dissertation angenommen worden. Sie entstand während meiner Zeit als wissenschaftlicher Mitarbeiter am Lehrstuhl von Prof. Dr. Martin Morlok für Öffentliches Recht, Rechtssoziologie und Rechtstheorie. Sie befindet sich im Wesentlichen auf dem Sach- und Literaturstand ihrer Einreichung.

An erster Stelle gilt mein Dank Herrn Prof. Dr. Martin Morlok für die Betreuung meiner Arbeit und für die besondere, lehrreiche Zeit an seinem Lehrstuhl. Für die von ihm eröffneten Möglichkeiten, die meinen Werdegang nachhaltig beeinflusst haben, bin ich ihm sehr dankbar. Herrn Prof. Dr. Lothar Michael, der schon früh während meines Studiums mein Interesse für das Öffentliche Recht weckte, danke ich herzlich für die konstruktive und zügige Erstellung des Zweitgutachtens.

Bedanken möchte ich mich auch bei Herrn Prof. Dr. Sebastian Graf von Kielmansegg, der mich während seiner Lehrstuhlvertretung in Düsseldorf in einem persönlichen Gespräch dazu ermutigte, sich diesem reizvollen Thema zu nähern.

Einen besonderen Dank möchte ich überdies an Herrn Prof. Dr. Julian Krüper richten, der mich stets förderte und auf dessen Rat ich mich stets verlassen konnte.

In der arbeitsintensiven Schlussphase hat sich Frau Dr. Anja Knierim besonders um diese Arbeit verdient gemacht. Ihr gebührt ohnehin der größte Dank.

Essen, im August 2020

Sebastian Ziehm

Gliederung

Abkürzungsverzeichnis

AöR	Archiv des öffentlichen Rechts
Art.	Artikel
Aufl.	Auflage
BAföG	Bundesgesetz über individuelle Förderung der Ausbildung
BayVerf	Verfassung des Freistaates Bayern
BBG	Bundesbeamtengesetz
Bd.	Band bzw. Bände
BeamtStG	Beamtenstatusgesetz
BeckOK	Beck'scher Online-Kommentar
BeckRS	Elektronische Entscheidungsdatenbank in beck-online
Begr.	Begründer
BGB	Bürgerliches Gesetzbuch
BGBl.	Bundesgesetzblatt
BK	Bonner Kommentar
BT	Bundestag
BVerfG	Bundesverfassungsgericht
BVerfGE	Entscheidungen des Bundesverfassungsgerichts, amtliche Sammlung
BVerfGK	Kammerentscheidungen des Bundesverfassungsgerichts
BVerwGE	Entscheidungen des Bundesverwaltungsgerichts, amtliche Sammlung
DÖV	Die Öffentliche Verwaltung
Drs.	Drucksache bzw. Drucksachen
DV	Die Verwaltung
DVBl	Deutsches Verwaltungsblatt
Einl.	Einleitung
EL	Ergänzungslieferung
EuGRZ	Europäische Grundrechte-Zeitschrift
f.	folgende
ff.	folgende (mehrere Seiten)
Fn.	Fußnote
FS	Festschrift
GG	Grundgesetz
GGK	Grundgesetz-Kommentar
GRC	Grundrechte-Charta
GS	Gedächtnisschrift
HGR	Handbuch der Grundrechte

Hrsg.	Herausgeber
HStR	Handbuch des Staatsrechts
i.V.m.	in Verbindung mit
ICESCR	Internationaler Pakt über wirtschaftliche, soziale und kulturelle Rechte vom 16.12.1966
JA	Juristische Arbeitsblätter
JöR	Jahrbuch für öffentliches Recht
JuS	Juristische Schulung
JVollzGB	Justizvollzugsgesetzbuch
JZ	Juristenzeitung
Kap.	Kapitel
KritV	Kritische Vierteljahresschrift für Gesetzgebung und Rechtswissenschaft
KuR	Kirche und Recht
LV BB	Landesverfassung Brandenburg
LV NW	Landesverfassung Nordrhein-Westfalen
m.w.N.	mit weiteren Nachweisen
MV	Mecklenburg-Vorpommern
NDV	Nachrichtendienst des Deutschen Vereins für Öffentliche und Private Fürsorge
NJVollzG	Niedersächsisches Justizvollzugsgesetz
NJW	Neue Juristische Wochenschrift
NJW-RR	NJW-Rechtsprechungs-Report, Zivilrecht
NStZ	Neue Zeitschrift für Strafrecht
NVwZ	Neue Zeitschrift für Verwaltungsrecht
NW	Nordrhein-Westfalen
NWVBl.	Nordrhein-Westfälische Verwaltungsblätter
NZS	Neue Zeitschrift für Sozialrecht
NZWehrr	Neue Zeitschrift für Wehrrecht
OLG	Oberlandesgericht
PersV	Die Personalvertretung
RiA	Recht im Amt
Rn.	Randnummer bzw. Randnummern
Rspr.	Rechtsprechung
s.	siehe
S.	Seite
s.a.	siehe auch
s.o.	siehe oben
s.u.	siehe unten
SA	Sachsen-Anhalt

SG	Soldatengesetz
SH	Schleswig-Holstein
st.	ständige
StGB	Strafgesetzbuch
StVollzG	Strafvollzugsgesetz
VerwArch	Verwaltungsarchiv
Vorb.	Vorbemerkung
VVDStRL	Veröffentlichungen der Vereinigung Deutscher Staatsrechtslehrer
WBO	Wehrbeschwerdeordnung
WRV	Weimarer Reichsverfassung
WZB	Wissenschaftszentrum Berlin für Sozialforschung
ZBR	Zeitschrift für Beamtenrecht
ZStW	Zeitschrift für die gesamte Strafrechtswissenschaft

Einführung

A. Ziel der Arbeit

Die vorliegende Untersuchung wendet sich der Frage zu, inwieweit Sonderstatusverhältnissen eine leistungsrechtliche Dimension zukommt und worauf diese gestützt werden kann.

Dabei deutet der Titel der Arbeit an, dass dies eine Beschäftigung mit zwei umfassenden Themenbereichen erfordert. Zum einen gilt es, sich dem weiten Feld der Leistungsrechte zu nähern. Dabei ist bereits fraglich, worauf sich solche Rechte stützen lassen. Dass das Leistungssystem des einfachen Rechts mitunter bereits recht ausführlich und different daherkommt, sollte nicht die Suche nach der verfassungsrechtlichen Basis entbehrlich machen.

Zu diskutieren ist dabei, ob die Grundrechte des Grundgesetzes eine solche Grundlage bilden können. Grundrechte sind nicht ausschließlich subjektive Abwehrrechte des Bürgers[1] gegen den Staat. So sind verschiedene Wirkungsdimensionen der Grundrechte mittlerweile gefestigter Kanon der Lehrbuchliteratur[2]. Ihr Gepräge erlangten sie jedoch durch kontrovers geführte Diskussionen, die Für und Wider der Ausweitung des Grundrechtsschutzes behandelten. Mit Blick auf eine mögliche Leistungsdimension der Grundrechte vollzog sich dies nicht anders. Erschwerend tritt dabei hinzu, dass die verwandten Terminologien uneinheitlich sind, ihr Gebrauch oftmals unterschiedlich erfolgt und nur wenige Erkenntnisse in diesem „terminologischen Wirrwarr“[3] als allgemein anerkannt angesehen werden können: Fürsorgerechte, Teilhaberechte, derivativ oder originär, soziale Grundrechte und viele andere Begrifflichkeiten, die Freiheiten in der Anspruchsdimension beschreiben.

Die Behandlung der Leistungsrechte mag in letzter Zeit dennoch weniger Aufmerksamkeit erfahren haben als dies bei anderen Grundrechtsdimensionen der Fall ist. Der Grund ist, wie bereits angedeutet, maßgeblich darin zu erblicken, dass der Gesetzgeber im Zuge seines sozialstaatlichen Auftrages zahlreiche

---

1 BVerfGE 7, 198 (204); 50, 290 (337); 68, 193 (205); 115, 320 (358).

2 Vgl. etwa nur *T. Kingreen/R. Poscher*, Grundrechte, 33. Aufl., 2017, Rn. 80 ff.; *L. Michael/M. Morlok*, Grundrechte, 6. Aufl., 2017, Rn. 510 ff., 857 ff.; *F. Hufen*, Staatsrecht II – Grundrechte, 6. Aufl., 2017, § 5 Rn. 1 ff.; *M. Sachs*, Verfassungsrecht II – Grundrechte, 2. Aufl., 2003, S. 34 ff.; *J. Ipsen*, Staatsrecht II – Grundrechte, 20. Aufl., 2017, Rn. 91 ff.

3 *R. Alexy*, Theorie der Grundrechte, 3. Aufl., 1996, S. 402.

Verbürgungen bereits einfach-rechtlich fixierte[4]. Insoweit verlor diese Diskussion im Laufe der Zeit ihre Brisanz, die sie zwischenzeitlich – insbesondere am Anfang der 70er Jahre unter dem Eindruck des „Wirtschaftswunders" der 50er und 60er Jahre – besaß. Bei all diesen Regelungen des einfachen Rechts handelt es sich allerdings um gesetzliche Fixierungen, die so oder anders ergehen können – der parlamentarische Gesetzgeber kann sich im Wege der Leistungsgewährung auch nur lediglich bürger-, also grundrechtsfreundlich betätigen. Grundlegender, und für die hier vorliegende Untersuchung relevanter, ist allerdings die Frage, ob gar verfassungsrechtliche Gründe für eine spezifische Ausgestaltung streiten.

Solche Diskussionen, in denen die verschiedenen Argumente bereits erschöpfend ausgetauscht wurden, lassen sich gewiss dann erneut erwecken, wenn sie unter einem gewissen Blickwinkel, einem anderen Vorzeichen, betrachtet werden. Ziel dieser Arbeit ist es, den Blickwinkel auf eine solch spezielle Betrachtung zu richten. Sogenannte Sonderstatusverhältnisse bilden regelmäßig Anlass für Auseinandersetzungen, ob und inwieweit sich Grundrechtsträger in der staatlichen Sphäre auf ihre grundrechtlich geschützten Freiheiten berufen können.

Hierbei sei gleich zu Beginn auf den Umstand hingewiesen, dass die Bezeichnung solcher Verhältnisse auf unterschiedlichstem Wege erfolgt. Besonderes Gewaltverhältnis, öffentlich-rechtliche Sonderbindung[5], Näheverhältnis[6] oder Sonderstatus bzw. Sonderstatusverhältnis[7] sind nur einige der Begriffe, die für die Konstellation der besonderen Nähe des Einzelnen zum Staat verwendet werden[8]. Der Begriff des Sonderstatus bzw. Sonderstatusverhältnisses hat hierbei den wohl größten Anklang gefunden[9]; er wird daher im Folgenden schwerpunktmäßig benutzt. Gleichwohl beschreiben diese Begriffe inhaltlich

---

4 Etwa am Beispiel der Ausbildungsförderung nach dem BAföG, wobei nach überwiegender Auffassung kein konkreter verfassungsrechtlicher Anspruch des Einzelnen besteht, sondern der Gesetzgeber vielmehr im Sinne des Sozialstaats die Gewährung entsprechender Leistungen einfach-rechtlich fixierte, vgl. *U. Ramsauer/M. Stallbaum/S. Sternal*, Bundesausbildungsförderungsgesetz, 4. Aufl., 2005, § 1 Rn. 5.

5 *W. Loschelder*, Vom besonderen Gewaltverhältnis zur öffentlich-rechtlichen Sonderbindung, 1982, passim.

6 *S. Kielmansegg*, Grundrechte im Näheverhältnis, 2012, passim.

7 *K. Hesse*, Grundzüge des Verfassungsrechts der Bundesrepublik Deutschland, 20. Aufl., 1999, Rn. 322.

8 Weitere Nachweise bei *F.-J. Peine*, Grundrechtsbeschränkungen in Sonderstatusverhältnissen, in: HGR III, 2009, § 65 Rn. 11.

9 Statt vieler aus neuerer Zeit *F.-J. Peine*, Grundrechtsbeschränkungen in Sonderstatusverhältnissen, in: HGR III, 2009, § 65 Rn. 13; *W. Loschelder*, Grundrechte im

grundsätzlich die gleiche Bürger-Staat-Relation, die sich durch die beschriebene Nähe auszeichnet und schon früh mit dem Begriff des besonderen Gewaltverhältnisses belegt wurde[10].

Abgesehen vom Blickwinkel der Grundrechte soll zudem der Frage nachgegangen werden, welche Aspekte des Sonderstatus für die leistungsrechtliche Betrachtung besondere Relevanz entfalten. Darüber hinaus ist es Ziel dieser Arbeit, weitere mögliche Gründe für die Leistungsgewährung in diesen Verhältnissen zu suchen.

B. Gang der Untersuchung

In Diskussionen zu Sonderstatusverhältnissen wird in der Regel die abwehrrechtliche Perspektive eingenommen: Darf einer Rechtsreferendarin im Gerichtssaal das Tragen des Kopftuchs verboten werden[11]? Kann einem gläubigen Schüler das rituelle Gebet in der Schule untersagt werden[12]? Inwieweit darf ein Beamter seine persönliche oder gar politische Anschauung im Amt vertreten[13]? Welche Maßnahmen beeinträchtigen den Grundrechtsträger im Strafvollzug?

Zwar taugt die Betrachtung vom abwehrrechtlichen Standpunkt durchaus für die Behandlung dieser Fälle. Sie lassen sich allerdings auch vom leistungsrechtlichen Standpunkt aus betrachten: Ist der Staat aus verfassungsrechtlichen Gründen gehalten, die Grundrechtsausübung im Sonderstatus zu gewährleisten, zu fördern oder ihr überhaupt erst den nötigen Raum zu ermöglichen? Liegt womöglich der Grund für eine Aktivierung der Leistungsdimension darin, dass der Staat die besondere Lage des Grundrechtsträgers im Sonderstatus zu verantworten hat oder einseitig auf sie Einfluss nehmen kann? Existiert dort nicht zwingend ein Unterschied zwischen „Freiheit vor dem Staat" und „Freiheit nicht ohne den Staat", Abwehrrecht und Freiheitsförderung?

Zu Beginn der Untersuchung soll zunächst das Sonderstatusverhältnis als entscheidender Faktor in den Blick genommen werden. Da es sich hierbei um eine Kategorie handelt, die sich aus dem besonderen Gewaltverhältnis formte, ist

---

Sonderstatus, in: HStR IX, 3. Aufl., 2011, § 202 Rn. 8; *J. Ipsen*, Staatsrecht II, 20. Aufl., 2017, Rn. 542, 622.

10 Zu diesem Ergebnis gelangt *F.-J. Peine*, Grundrechtsbeschränkungen in Sonderstatusverhältnissen, in: HGR III, 2009, § 65 Rn. 13; zustimmend *W. Loschelder*, Grundrechte im Sonderstatus, in: HStR IX, 3. Aufl., 2011, § 202 Rn. 8.

11 BVerfG NJW 2017, 2333 (2333 ff.).

12 BVerwGE 141, 223 (223 ff.).

13 BVerwG DVBl 2018, 379 (379 ff.).

dabei im Überblick auf die einschlägige Historie einzugehen. Die sich anschließende Beleuchtung der Spezifika der Sonderstatusverhältnisse verspricht Antworten auf die Frage, ob die grundrechtliche Leistungsdimension in diesen Näheverhältnissen stärker oder anders zum Zuge kommt als dies im gewöhnlichen Verhältnis zwischen Bürger und Staat der Fall ist. Dabei gilt es verfassungsrechtliche Gründe auszumachen, die dafür streiten, dass die Leistungsdimension in dieser speziellen Konstellation eine bedeutende Rolle spielt. So ist etwa zu klären, ob sich durch die besondere Nähe zum Staat gesteigerte Anforderungen für grundrechtsverpflichtete staatliche Stellen ergeben.

Aufgrund der unterschiedlichen Terminologien ist zudem einzugehen auf den Themenbereich der Leistungsrechte, deren Grundlage und auf das Gepräge, welches sie im Rahmen der Auseinandersetzung in Rechtsprechung und Literatur erhalten haben. Dabei ist die „Schablone" des Sonderstatus stets mit in die Betrachtung einzubeziehen. Auf die Notwendigkeit, in besonderen Näheverhältnissen zum Staat etwaige Leistungsrechte zu gewähren, macht überdies bereits der Verfassungstext aufmerksam. So besteht mit der Anstaltsseelsorge aus Art. 141 WRV i.V.m. Art. 140 GG ein Zulassungsanspruch auf seelsorgerische Handlungen, die an solchen Personen vorgenommen werden sollen, die sich in staatlichen Institutionen, sei es etwa im Militärdienst oder Krankenhäusern, aufhalten. Ähnlich gelagert ist ferner das Beamtenverhältnis, welches im Rahmen der verfassungsrechtlichen Verankerung des Art. 33 Abs. 5 GG zahlreiche Fürsorgeverpflichtungen des Dienstherrn seinem Dienstverpflichteten gegenüber konstatiert. Der Gang der Untersuchung wird aufzeigen, inwieweit aus diesen Instituten Erkenntnisse für die vorliegende Betrachtung gewonnen werden können.

Nachdem auf diese Weise die Grundlagen für die Bestimmung der leistungsrechtlichen Dimension der Sonderstatusverhältnisse geschaffen sind, gilt es in Gestalt möglicher Modelle deren konkrete Ausformung und Reichweite darzustellen.

1. Teil: Perspektiven des Sonderstatus

A. Das Sonderstatusverhältnis als Untersuchungsgegenstand

Die Auseinandersetzung mit Sonderstatusverhältnissen kann nicht ohne den Blick auf die Entwicklung dieser Kategorie erfolgen. Verschiedenste Aspekte unterschiedlicher Epochen beeinflussten ihre Entstehungsgeschichte. Dabei sieht man sich bei der Bearbeitung dieses Themas konfrontiert mit einer Gemengelage von Auffassungen, Begrifflichkeiten und Argumenten, die teilweise nur aus dem jeweiligen historischen Zusammenhang vollends nachzuvollziehen sind[14]. Aus diesem Grund ist eine Behandlung der Entwicklung dieser Kategorie durch Literatur und Rechtsprechung vonnöten – nicht zuletzt, da das besondere Gewaltverhältnis, wenn auch in modifizierter Weise, bis zur heutigen Zeit für die Grundrechtsdogmatik relevant sein mag.

I. Der Untertanenstatus als allgemeines Gewaltverhältnis

Eine gewisse Unterworfenheit des Bürgers dem Staat gegenüber mag sinnbildlich für das Verhältnis dieser beiden Akteure sein[15]. Dass dabei in spezifischer Weise der Staat in Gestalt einer juristischen Person als Träger der Staatsgewalt gemeint ist und nicht mehr der Monarch als Inhaber dieser Gewalt, mag als Errungenschaft des Konstitutionalismus des 19. Jahrhunderts gelten[16]. Schon *Friedrich Schmitthenner* formulierte früh das Verhältnis zwischen Staat und seinen Untertanen als „organisches Subjektionsverhältnis", in dem der Staat als Organismus, also als gedachte Einheit, die Unterwerfung seiner Teile, der Untertanen, bedarf[17].

---

14 Umfassend hat *Sebastian Kielmansegg* die rechtshistorischen Perspektiven, den „Aufstieg und Fall" des besonderen Gewaltverhältnisses dargelegt, *S. Kielmansegg*, Grundrechte im Näheverhältnis, 2012, S. 15 ff.

15 *L. Wenninger*, Geschichte der Lehre vom besonderen Gewaltverhältnis, 1982, S. 31.

16 *S. Kielmansegg*, Grundrechte im Näheverhältnis, 2012, S. 16; *L. Wenninger*, Geschichte der Lehre vom besonderen Gewaltverhältnis, 1982, S. 26 ff.

17 *F. Schmitthenner*, Grundlinien des allgemeinen oder idealen Staatsrechtes, 1845, S. 274 ff., 278, bezogen auf das Beamtenverhältnis ferner S. 504 ff.; s.a. *W. Loschelder*, Vom besonderen Gewaltverhältnis zur öffentlich-rechtlichen Sonderbindung, 1982, S. 55 ff.; *H.-U. Erichsen*, Besonderes Gewaltverhältnis und Sonderverordnung, in: Menger (Hrsg.), FS Wolff, 1973, S. 219 (222). Subjektionsverhältnisse waren für Schmitthenner allerdings vielgestaltig und erschöpften sich nicht im Verhältnis zwischen Staat und Untertan, dies schon deshalb, da sein Gewaltbegriff nicht ausschließlich

Das Gewaltverhältnis etablierte sich im weiteren Verlauf des Jahrhunderts zusehends als anerkannte Kategorie, was insbesondere durch seine Abgrenzung zu sogenannten Forderungsverhältnissen geschah[18]. Im Zentrum der Betrachtung stand insgesamt vornehmlich die Korrelation der Herrschaftsgewalt des Staates mit der Subordination seiner Untertanen, die nötigenfalls auch zwangsweise eingelöst wurde[19].

Die allmähliche Etablierung des Gewaltverhältnisses bedingte es, dass neben dem allgemeinen, also dem Verhältnis zwischen Staat und Untertan, auch Erwägungen zu besonderen Gewaltverhältnissen erfolgten. Ehe *Albert Hänel* und *Georg Jellinek*[20] den Begriff des besonderen Gewaltverhältnisses näher konturierten, war es *Paul Laband*, der als Urheber der begrifflichen Kategorie gelten mag[21]. Nach heutigem Verständnis war es schließlich *Otto Mayer*, der diese Anfänge zu einer umfassenden Systematik formte und damit als der Begründer der Rechtsfigur des besonderen Gewaltverhältnisses gelten dürfte[22].

II. Vom besonderen Gewaltverhältnis zum Sonderstatusverhältnis

1. Das besondere Gewaltverhältnis als Rechtsfigur seiner Zeit

Mayer sieht darin die „verschärfte Abhängigkeit, welche zugunsten eines bestimmten Zwecks öffentlicher Verwaltung begründet wird für alle Einzelnen, die in den vorgesehenen besonderen Zusammenhang treten."[23] Das besondere

---

die staatliche Gewalt umfasste, s. dazu *S. Kielmansegg*, Grundrechte im Näheverhältnis, 2012, S. 18 ff.

18 Hiernach stand die zivilrechtliche Forderung der staatlichen Gewalt gegenüber, vgl. dazu *L. Wenninger*, Geschichte der Lehre vom besonderen Gewaltverhältnis, 1982, S. 94 ff., 103 f.; *S. Kielmansegg*, Grundrechte im Näheverhältnis, 2012, S. 21 ff.; *H.-U. Evers*, Das besondere Gewaltverhältnis, 1972, S. 2.

19 Vgl. *L. Wenninger*, Geschichte der Lehre vom besonderen Gewaltverhältnis, 1982, S. 26 ff., 230 f.

20 *A. Hänel*, Deutsches Staatsrecht, Bd. 1, 1892, passim; *G. Jellinek*, System der subjektiven öffentlichen Rechte, 1892, S. 107 f.

21 *P. Laband*, Staatsrecht, Bd. 1, 2. Aufl., 1888, S. 464; *S. Kielmansegg*, Grundrechte im Näheverhältnis, 2012, S. 34; *H.-U. Erichsen*, Besonderes Gewaltverhältnis und Sonderverordnung, in: Menger (Hrsg.), FS Wolff, 1973, S. 219 (228); zum Kontext der damaligen Staatsrechtswissenschaft um Laband, Hänel und Jellinek s. *M. Friedrich*, AöR 111 (1986), 197 (210 ff.).

22 *L. Wenninger*, Geschichte der Lehre vom besonderen Gewaltverhältnis, 1982, S. 105 ff.; *S. Kielmansegg*, Grundrechte im Näheverhältnis, 2012, S. 40 ff.

23 *O. Mayer*, Deutsches Verwaltungsrecht, Bd. 1, 3. Aufl., 1924, S. 101 f.

Gewaltverhältnis weiche insofern von der Normallage ab, als in ihm der Rechtsstaat zurücktrete[24]. Er postuliert die regelmäßige Verminderung persönlicher Freiheiten Einzelner in diesen Verhältnissen, die zugunsten eines öffentlichen Zwecks ergingen[25]. Der Vielzahl besonderer Gewaltverhältnisse sei gemein, dass sie sich durch die Überordnung des Gewaltinhabers und hinsichtlich des Gewaltunterworfenen durch eine Unbestimmtheit dessen Pflichten auszeichneten[26]. Die Rechtsfolgen, die *Mayer* an diese Rechtsfigur knüpft, sind im Wesentlichen die Nichtgeltung des Vorbehalts des Gesetzes innerhalb des Gewaltverhältnisses, die Ermächtigung der Verwaltung zum Erlass abstrakt-genereller Verwaltungsvorschriften anstelle parlamentarischer Rechtssätze und schließlich die Handlungsform der Anweisung innerhalb des Verhältnisses anstelle des Verwaltungsaktes[27]. *Mayers* Konzeption setzte sich zusehends durch, sodass ein Konsolidierungsprozess des besonderen Gewaltverhältnisses zum Ende der konstitutionellen Epoche festgestellt werden kann[28].

Rückblickend entbehrte dieser Prozess jedoch der nötigen kritischen Auseinandersetzung mit der Figur als solcher. Ihr Zeitbezug führt dazu, dem besonderen Gewaltverhältnis im Rückblick einen vornehmlich deskriptiven Charakter beizumessen, da die Figur die bestehende staatsrechtliche Konstellation einzuordnen versuchte:

> „Es war also fraglos eine Figur seiner Zeit, die rechtsdogmatische Abbildung der Machtstellung der Exekutive im dualistischen System der konstitutionellen Monarchie. Es stellte (…) keine rechtstheoretische Erkenntnis dar, sondern die Zurückführung eines bestimmten politischen und rechtlichen Zustandes auf eine abstrakte Begrifflichkeit.“[29]

---

24 *O. Mayer*, Deutsches Verwaltungsrecht, Bd. 2, 3. Aufl., 1924, S. 284 am Beispiel der Anstaltsnutzung.

25 *O. Mayer*, Deutsches Verwaltungsrecht, Bd. 1, 3. Aufl., 1924, S. 102.

26 *O. Mayer*, AöR 3 (1888), 3 (52); *O. Mayer*, Deutsches Verwaltungsrecht, Bd. 1, 3. Aufl., 1924, S. 102; vgl. für den Staatsdienst *O. Mayer*, Deutsches Verwaltungsrecht, Bd. 2, 3. Aufl., 1924, S. 135 ff.; *S. Kielmansegg*, Grundrechte im Näheverhältnis, 2012, S. 42.

27 *O. Mayer*, Deutsches Verwaltungsrecht, Bd. 1, 3. Aufl., 1924, S. 101 ff.; *O. Mayer*, AöR 3 (1888), 3 (52 ff.), *S. Kielmansegg*, Grundrechte im Näheverhältnis, 2012, S. 43.

28 *S. Kielmansegg*, Grundrechte im Näheverhältnis, 2012, S. 44 f., der nachweist, dass *F. Fleiner*, Institutionen des Deutschen Verwaltungsrechts, 1911, S. 138 ff. wesentlichen Anteil daran hatte.

29 *S. Kielmansegg*, Grundrechte im Näheverhältnis, 2012, S. 52.

2. *Der Abschied vom besonderen Gewaltverhältnis*

Seinen Charakter als Verhältnis mit spezifischer Rechtsstellung behielt das besondere Gewaltverhältnis bis in die 1960er Jahre[30]. Aufgrund der zunehmenden Bedeutung des Rechtsschutzes aus Art. 19 Abs. 4 GG, insbesondere auch mit Blick auf die Geltung der Grundrechte in entsprechenden Verhältnissen, geriet das besondere Gewaltverhältnis zusehends in die Defensive[31]. Fraglich erschien hierbei, inwieweit sich Anordnungen des Staates in seinem Binnenbereich am Maßstab der Grundrechte messen lassen müssen. Das besondere Gewaltverhältnis wurde nicht mehr als Rechtsverhältnis, sondern als Inbegriff eines rechtsfreien Raums wahrgenommen[32]. Es war schließlich auch ihr Zeitbezug, welcher der Figur ihr Ende als „obrigkeitsstaatliches Relikt"[33] bereitete – dies freilich im Zuge der Entwicklung des nunmehr jungen demokratischen Verfassungsstaats[34].

Den Zeitbezug des besonderen Gewaltverhältnisses betonte auch das Bundesverfassungsgericht in seinem sogenannten Strafgefangenen-Beschluss[35]. In aller Deutlichkeit richtete es sich hierbei gegen die traditionelle Ausgestaltung des Strafvollzugs und diagnostizierte ein überkommenes Verhältnis, in dem „Grundrechte des Strafgefangenen in einer unerträglichen Unbestimmtheit"[36] relativiert würden. Es hob hierbei die Notwendigkeit einer gesetzlichen Grundlage für Grundrechtseingriffe im Strafvollzug in besonderem Maße hervor, andernfalls werde die staatliche Gewalt ihrer Grundrechtsbindung nach Art. 1 Abs. 3 GG nicht gerecht[37]. Von der bisherigen Auffassung, dass Grundrechtseingriffe in diesem Binnenraum nicht dem Vorbehalt des Gesetzes genügen müssten, nahm das Bundesverfassungsgericht damit explizit Abstand. Unbeantwortet ließ das Gericht damit jedoch die Frage nach der Reichweite der Grundrechte in solchen Verhältnissen[38].

Die Entscheidung des Bundesverfassungsgerichts führte dazu, dass das besondere Gewaltverhältnis nunmehr überwiegend von der Literatur als antiquiert und

---

30 *S. Kielmansegg*, Grundrechte im Näheverhältnis, 2012, S. 69.

31 Vgl. *W. Leisner*, DVBl 1960, 617 (617 f.); *H. Krüger*, VVDStRL 15 (1957), 109 (126 f.); *S. Kielmansegg*, Grundrechte im Näheverhältnis, 2012, S. 71, 77, hier Fn. 297 m.w.N.

32 *S. Kielmansegg*, Grundrechte im Näheverhältnis, 2012, S. 78 f.

33 *D. Merten*, Grundrechte und Besonderes Gewaltverhältnis, in: Börner (Hrsg.), FS Carstens, Bd. 2, 1984, S. 721 (724).

34 *S. Kielmansegg*, Grundrechte im Näheverhältnis, 2012, S. 79.

35 BVerfGE 33, 1 (1 ff.); vgl. *E.-W. Fuß*, DÖV 1972, 765 (765 f.).

36 BVerfGE 33, 1 (10).

37 BVerfGE 33, 1 (10 f.).

38 *W. Loschelder*, Grundrechte im Sonderstatus, in: HStR IX, 3. Aufl., 2011, § 202 Rn. 6.

letztlich überwunden angesehen wurde[39]. Als eigenständige Rechtsfigur hatte es damit vorerst ausgedient. Zwar bedeutete dies kein Ende der Beschäftigung mit solchen Konstellationen, in denen sich Staat und Bürger in einem spezifischen Näheverhältnis begegnen. Die Entscheidung des Bundesverfassungsgerichts tat jedoch ihr Übriges dazu, die Auseinandersetzung mit solchen Verhältnissen erst recht auf Nachbarbegriffe zu verlagern. Prominent trat dabei etwa der Begriff des Sonderstatus bzw. Sonderstatusverhältnisses hervor, wie in *Konrad Hesse* maßgeblich prägte[40]. Damit vermieden wurde insbesondere der Begriff der Gewalt, der exemplarisch für den obrigkeitsstaatlichen Einfluss stehen mag, welcher der Figur des besonderen Gewaltverhältnisses angedacht wurde[41].

III. Das Sonderstatusverhältnis – alter Wein in neuen Schläuchen?

Die entschiedene Abkehr von der Figur des besonderen Gewaltverhältnisses änderte nichts daran, dass die Fragestellungen, die im Fahrwasser der Figur auftauchten, weiterhin akut blieben. Nicht ohne Grund reagierten einige Autoren daher mit Unverständnis auf die „terminologische Umetikettierung“[42]. Ihnen ist zuzugeben, dass die teils deutliche Ablehnung des besonderen Gewaltverhältnisses oftmals auf verzerrten Wahrnehmungen dieser Rechtsfigur gründete[43]. Was jedoch weitestgehend den Unterschied machte, war der modifizierte Anspruch, mit dem man sich diesen Verhältnissen nunmehr näherte[44]. Die vermeintliche Wiederkehr war damit kein Rückfall, sondern Renaissance[45]. So war es weniger das Ziel, eine einheitliche und übergreifende dogmatische Kategorie zu

---

39 *S. Kielmansegg*, Grundrechte im Näheverhältnis, 2012, S. 81 f. m.w.N.

40 *K. Hesse*, Grundzüge des Verfassungsrechts der Bundesrepublik Deutschland, 20. Aufl., 1999, Rn. 324 ff.; *W. Loschelder*, Grundrechte im Sonderstatus, in: HStR IX, 3. Aufl., 2011, § 202 Rn. 8; *D. Merten*, Grundrechte und Besonderes Gewaltverhältnis, in: Börner (Hrsg.), FS Carstens, Bd. 2, 1984, S. 721 (729); *C. Starck*, in: v. Mangoldt/Klein/Starck (Hrsg.), GGK, Bd. 1, 6. Aufl., 2010, Art. 1 Abs. 3 Rn. 298.

41 *F.-J. Peine*, Grundrechtsbeschränkungen in Sonderstatusverhältnissen, in: HGR III, 2009, § 65 Rn. 12; *W. Loschelder*, Grundrechte im Sonderstatus, in: HStR IX, 3. Aufl., 2011, § 202 Rn. 8; *D. Merten*, Grundrechte und Besonderes Gewaltverhältnis, in: Börner (Hrsg.), FS Carstens, Bd. 2, 1984, S. 721 (721) spricht von einer „Gewaltphobie“.

42 *F.-J. Peine*, Grundrechtsbeschränkungen in Sonderstatusverhältnissen, in: HGR III, 2009, § 65 Rn. 12; *K. Stern*, Staatsrecht III/1, 1988, S. 1381; vgl. im Übrigen zur seinerzeitigen Reaktion zusammenfassend *G. Fries*, Die Rechtsstellung des Studenten innerhalb der wissenschaftlichen Hochschule, 1974, S. 32 ff.

43 *S. Kielmansegg*, Grundrechte im Näheverhältnis, 2012, S. 92, 202 f., 215 f.

44 *F. Ossenbühl*, DÖV 1977, 801 (802) plädiert für eine „sachliche Neuorientierung“.

45 Vgl. zur Wiederkehr von Rechtsfiguren s. *T. Mayer-Maly*, JZ 1971, 1 (3).

entwickeln, wie es beim besonderen Gewaltverhältnis der Fall gewesen war, als vielmehr der Versuch, spezifische Beziehungen der Enge zwischen Bürger und Staat zu untersuchen[46]. So charakterisierte etwa *Konrad Hesse* Sonderstatusverhältnisse allgemein als Verhältnisse, „die eine engere Beziehung des Einzelnen zum Staat begründen und besondere, über die allgemeinen Rechte und Pflichten des Staatsbürgers hinausgehende Pflichten, z. T. auch besondere Rechte entstehen lassen"[47]. Dabei wählt er ersichtlich den Bezugspunkt des allgemeinen Staatsbürgerverhältnisses, welches im Einzelfall Modifikationen unterliegt, die sich jedoch nicht zu einer allumfassenden Rechtsfigur verdichteten:

> „Ebensowenig wie sich indessen der allgemeine staatsbürgerliche Status im demokratischen Verfassungsstaat auf ein ‚allgemeines Gewaltverhältnis' reduzieren läßt, kann das Wesen dieser ‚Sonderverhältnisse' in der formalen Kategorie der Gewaltunterworfenheit gesehen werden. Es handelt sich vielmehr um besondere Lebensverhältnisse von jeweils besonderer sachlicher Eigengesetzlichkeit, die wegen dieser Eigengesetzlichkeit auch jeweils besondere, elastischere Ordnungen erfordern. (…) Unter dem Aspekt der jeweiligen sachlichen Besonderheit dieser Verhältnisse kann es keinen einheitlichen Sonderstatus geben, sondern stets nur eine Mehrzahl unterschiedlicher Sonderstatusverhältnisse, deren Gemeinsamkeit allein darin besteht, daß sie den allgemeinen staatsbürgerlichen Status – jeweils unterschiedlich – modifizieren."[48]

Erst in den 1980er Jahren fand sich eine Strömung, aus der namhaft *Wolfgang Loschelder*[49] herausgegriffen sei, die das Gewaltverhältnis wieder zu einer eigenständigen und allseitigen dogmatischen Kategorie formen wollte – freilich nicht in seiner antiquierten Form und in Ansehung der zu Recht erfolgten Kritik[50].

Mit *Sebastian Kielmansegg* lässt sich daher eine Gemengelage resümieren, in der ein Spektrum besteht, welches von der vollständigen Verwerfung bis hin zur modifizierten Fortführung des besonderen Gewaltverhältnisses reicht; vieles ist

---

46 So spricht etwa *Fuß* von „personalen Kontaktverhältnissen" zwischen Verwaltung und Bürger, s. *E.-W. Fuß*, DÖV 1972, 765 (765).

47 *K. Hesse*, Grundzüge des Verfassungsrechts der Bundesrepublik Deutschland, 20. Aufl., 1999, Rn. 322.

48 *K. Hesse*, Grundzüge des Verfassungsrechts der Bundesrepublik Deutschland, 20. Aufl., 1999, Rn. 323.

49 *W. Loschelder*, Vom besonderen Gewaltverhältnis zur öffentlich-rechtlichen Sonderbindung, 1982.

50 *S. Kielmansegg*, Grundrechte im Näheverhältnis, 2012, S. 82 f. spricht vom „Pendelumschwung", der eine Renaissance des besonderen Gewaltverhältnisses auslöste, die sich um die Rehabilitation dieser Rechtsfigur mühte.

unbestimmt, unterschiedlich und eine Konsolidierung zu einer einheitlichen Kategorie lässt sich insofern nicht ausmachen[51].

IV. Der Abschied vom Sonderstatusverhältnis

Zu klären gilt es daher, wie mit diesem Befund im Rahmen der vorliegenden Untersuchung umzugehen ist. Nicht auszuschließen ist, dass einzelne diskutierte Aspekte auch für die leistungsrechtliche Betrachtung eigenständige Relevanz entfalten. Daher lohnt sich der nähere Blick auf die dargestellte Gemengelage, aus der insbesondere zwei Positionen herausgegriffen werden sollen: das Sonderstatusverhältnis als Rechtsfigur und das Sonderstatusverhältnis als deskriptive Kategorie.

1. Das Sonderstatusverhältnis als Rechtsfigur

Vereinzelt werden Sonderstatusverhältnisse als eigenständige Grundrechtsschranke anerkannt[52]. Dabei sei betont, dass es sich hierbei nicht um die Anerkennung eines rechtsfreien Raums mit willkürlichem Zugriff handelt. Vielmehr wird das Sonderstatusverhältnis verstanden als eine „Ermächtigungsgrundlage für Grundrechtseingriffe“[53], eine „immanente Beschränkungsermächtigung“[54]. Diese Auffassung steht damit in gewisser Weise jedenfalls in Tradition zum besonderen Gewaltverhältnis.

Dahinter steht der Gedanke, dass es sich sowohl beim besonderen Gewaltverhältnis als auch beim Sonderstatusverhältnis um eigenständige Rechtsfiguren handelt. Rechtsfiguren sollen vorliegend begriffen werden als für sich bestehende, vollständig abstrakte Denkformen, die Begründungsprobleme lösen sollen, die mit den bestehenden Dogmen aus Gesetz, Rechtsprechung und Lehre nicht hinreichend gelöst werden können[55]. Sie bieten die Möglichkeit der Argumentation auf einer außerpositiven Grundlage, sei es um das bestehende Recht

51 *S. Kielmansegg*, Grundrechte im Näheverhältnis, 2012, S. 88 ff.

52 *D. Merten*, Grundrechte und Besonderes Gewaltverhältnis, in: Börner (Hrsg.), FS Carstens, Bd. 2, 1984, S. 721 (732 f., 739) m.w.N.

53 *F.-J. Peine*, Grundrechtsbeschränkungen in Sonderstatusverhältnissen, in: HGR III, 2009, § 65 Rn. 44.

54 *D. Merten*, Grundrechte und Besonderes Gewaltverhältnis, in: ders. (Hrsg.), Das besondere Gewaltverhältnis, 1985, S. 53 (70, 73).

55 *M. Bors*, Die Figur der Rechtsfigur, in: Gauch/Pichonnaz (Hrsg.), Figures juridiques/Rechtsfiguren, FS Tercier, 2003, S. 219 (230, 238 f.).

zu kritisieren oder um es zu erweitern[56]. Auf diese Weise können sie dogmatisch ergiebiger sein als Gesetzesbegriffe und stehen in besonderer Weise für die Fähigkeit von Juristen, über das vordergründig Konkrete zum hintergründig Abstrakten zu gelangen[57].

Verweist man auf die Notwendigkeit einer immanenten Beschränkungsermächtigung innerhalb bestimmter Näheverhältnisse zum Staat, so liegt darin der Versuch, ein Begründungsproblem zu lösen, welches die hergebrachte Grundrechtsdogmatik nicht zu lösen imstande sein soll. Bei näherer Betrachtung bezieht sich das Problem hierbei auf die Gründe, die staatlicherseits für eine Eingliederung in ein Sonderstatusverhältnis sprechen. Führt man sich die Tatsache vor Augen, dass im Laufe der vergangenen Jahrzehnte der Fokus maßgeblich auf Geltung und Reichweite der Grundrechte durch Verfassungsrechtsprechung und Literatur gerichtet wurde, so stellt sich in der Tat die Frage, ob staatliche Belange der Eingliederung insoweit einem Reflexionsdefizit[58] in der Diskussion unterliegen[59]. Konkret geht es dabei um Wahrnehmungslücken mit Blick auf Eingliederungszwecke, Funktionsbedingungen spezifischer Sonderstatusverhältnisse und deren Eignung als Grundrechtsschranke[60].

Indes bleibt fraglich, ob dieser Befund allein die Annahme einer legitimationsstiftenden Rechtsfigur rechtfertigt. Ein Begründungsproblem, welches dies erforderlich macht, besteht freilich nicht: Trotz eines möglichen Defizits in ihrer Wahrnehmung bleibt es dabei, dass die Belange der Eingliederung stets einer Abwägung widerstreitender Interessen zugänglich sind. Die bestehenden Instrumente und Verfahren sind damit ausreichend, um ihnen Geltung zu verschaffen. Die Feststellung von Wahrnehmungslücken kann daher für anzustellende Abwägungen nur aufmerksam machen, nicht aber Begründungsreserve

---

56 *M. Bors*, Die Figur der Rechtsfigur, in: Gauch/Pichonnaz (Hrsg.), Figures juridiques/Rechtsfiguren, FS Tercier, 2003, S. 219 (235).

57 *D. Merten*, Grundrechte und Besonderes Gewaltverhältnis, in: ders. (Hrsg.), Das besondere Gewaltverhältnis, 1985, S. 53 (58), der jedoch von „Kunstbegriffen" spricht.

58 *M. Morlok*, Reflexionsdefizite in der deutschen Staatsrechtslehre, in: Schulze-Fielitz (Hrsg.), Staatsrechtslehre als Wissenschaft, DV 2007, Beiheft 7, S. 49 (49 ff.).

59 Im Ansatz taucht dieser Gedanke im Sondervotum der Richter *Jentsch, Di Fabio* und *Mellinghoff* zur Entscheidung des BVerfG zum Kopftuch der Lehrerin auf, s. BVerfGE 108, 282 (316 f.): „Es ist deshalb ein Irrtum zu glauben, mit der Betonung grundrechtlicher Positionen im innerdienstlichen Bereich könne ein weiteres Mal – nach dem Kampf gegen das Institut des besonderen Gewaltverhältnisses – eine Schlacht für die Freiheitsidee des Grundgesetzes geschlagen werden."

60 Vgl. zu Wahrnehmungslücken im Staatsorganisationsrecht *C. Schönberger*, Der „German Approach", 2015, S. 34 f.

zur Schaffung von Rechtsfiguren sein. Nach alledem folgt zugleich, dass es im Rahmen der vorliegenden Untersuchung jedenfalls einer eigenständigen Vergewisserung über solche Gründe bedarf[61].

2. Der Abschied vom Sonderstatusverhältnis als Rechtsfigur

In diesem Sinne stellt sich auch das wohl herrschende Verständnis dar, welches sich auch als Reaktion auf die entschiedene Abkehr vom besonderen Gewaltverhältnis begreifen lässt. So sei etwa eine Schwäche des Sonderstatusverhältnisses, dass eine solche Kategorisierung nur problembezeichnend, nicht aber problemlösend sei[62]. Daher sei der Begriff als heuristisch einzuordnen[63]. In der Sache handelt es sich dabei um eine Abkehr vom Sonderstatusverhältnis als Rechtsfigur. Drastischer äußern sich hingegen Stimmen, die in dem Sonderstatusverhältnis eine obsolete, gar im Ansatz überflüssige Konstruktion sehen. So argumentiert etwa *Martin Morlok*, dass die allgemeinen Instrumente des Verfassungsrechts und seiner Dogmatik ausreichten, um die Probleme der Grundrechtsbeachtung in Sonderstatusverhältnissen zu bewältigen[64].

All diesen Auffassungen ist gemein, dass sie weder das besondere Gewaltverhältnis noch das Sonderstatusverhältnis als Belang ansehen, der als eigenständiger Begründungsansatz für Grundrechtsbeeinträchtigungen taugt. Lehnt man den Begriff nicht vollends ab, so geht es bei diesen Ansätzen jedenfalls um die Kennzeichnung einer spezifischen Beziehung zwischen Bürger und Staat, die jenseits ihrer deskriptiven Komponente keine Rechtfertigung von Grundrechtseingriffen stiften kann. Die Vertreter verweisen darauf, dass sich

---

61 Dazu unten 3. Teil, A., I., 2., b), bb).

62 Vgl. *P. Kunig*, Das Recht des öffentlichen Dienstes, in: Schoch (Hrsg.), Besonderes Verwaltungsrecht, 15. Aufl., 2013, S. 661 (684) mit Blick auf das besondere Gewaltverhältnis; *H. Maurer/C. Waldhoff*, Allgemeines Verwaltungsrecht, 19. Aufl., 2017, § 8 Rn. 32.

63 *E. Schmidt-Aßmann*, Der Rechtsstaat, in: HStR II, 3. Aufl., 2004, § 26 Rn. 25; *S. Kielmansegg*, JA 2012, 881 (882); *I. v. Münch/P. Kunig*, in: dies. (Hrsg.), GGK, Bd. 1, 6. Aufl., 2012, Vorb. Art. 1–19 Rn. 43; *C. Starck*, in: v. Mangoldt/Klein/Starck (Hrsg.), GGK, Bd. 1, 6. Aufl., 2010, Art. 1 Abs. 3 Rn. 297 f.

64 *M. Morlok*, Strafvollzug und Grundrechte, in: Bemmann/Manoledakis (Hrsg.), Probleme des staatlichen Strafens, 1989, S. 45 (48 ff.); vgl. in diesem Sinne einer Komplexitätsreduktion bezüglich rechtswissenschaftlicher Theorien *J. F. Lindner*, Rechtswissenschaft als Metaphysik, 2017, S. 170 ff.

Beschränkungsmöglichkeiten im Dunstkreis der Sonderstatusverhältnisse ihrerseits auf verfassungsimmanente Schranken zurückführen ließen[65].

Im Rahmen der vorliegenden Untersuchung soll der Begriff des Sonderstatusverhältnisses trotz dieser berechtigten Kritik nicht verworfen werden, wohl aber ein Abschied vom Sonderstatusverhältnis als Rechtsfigur angenommen werden. Zugrunde gelegt wird demgemäß ein Verständnis, nach dem der Begriff als eine deskriptive Kategorie zu verstehen ist. Denn der Einwand, dass allgemeine Instrumente des Verfassungsrechts ausreichen, um Fragen der Grundrechtsverwirklichung zu lösen, lässt sich auch auf andere, etablierte Aspekte der Grundrechtsdogmatik ausweiten. Zugespitzt formuliert bedarf es etwa nicht des Rückgriffs auf die Drei-Stufen-Theorie im Umfeld der Berufsfreiheit aus Art. 12 GG, um zu einer Rechtfertigung für einen Grundrechtseingriff zu gelangen – die allgemeine Dogmatik des Übermaßverbots ist hierfür ausreichend.

Gleichwohl hat die Verwendung einer deskriptiven Kategorie einen Mehrwert: Sie macht auf potentielle Grundrechtsbeeinträchtigungen in spezifischen Gefährdungslagen aufmerksam. Sie beschreibt dabei Näheverhältnisse zum Staat, die sich insbesondere durch ein spezifisches Pflichtengeflecht zwischen den Akteuren auszeichnen. Auf diese Weise betont sie die Grundrechtsverantwortung des Staates in einem spezifischen Bereich. Überdies schärft sie die Aufmerksamkeit für neuartige Konfliktfelder, für welche die angestellten Überlegungen fruchtbar gemacht werden können. So lässt sich etwa angesichts der Entscheidung des Bundesverfassungsgerichts zum Stadionverbot fragen, ob – insbesondere mit Blick auf die strukturelle Unterlegenheit des einen Vertragsteils – die angestellten Beobachtungen übertragen werden können[66].

V. Der Nutzen für die leistungsrechtliche Betrachtung

Die lebhafte Diskussion im Laufe der Zeit zeigt, dass das besondere Gewaltverhältnis viele Aspekte beinhaltet, deren Betrachtung Gegenstand der Auseinandersetzung sein kann. Im Hinblick auf die leistungsrechtliche Betrachtung sind hierbei insbesondere die folgenden Aspekte von Interesse: das Spannungsverhältnis zwischen Staatsferne und Staatsnähe, die Rolle der Grundrechte und schließlich die Vielgestaltigkeit der einzelnen Sonderstatusverhältnisse. Dabei ist darauf hinzuweisen, dass im Folgenden die Begriffe Eingliederungslage,

---

65 *M. Morlok*, Strafvollzug und Grundrechte, in: Bemmann/Manoledakis (Hrsg.), Probleme des staatlichen Strafens, 1989, S. 45 (49 f.); für den Strafvollzug exemplarisch *A. Bleckmann*, DVBl 1984, 991 (995 f.).

66 BVerfGE 148, 267 (282).

Näheverhältnis und Sonderstatusverhältnis weitestgehend synonym verwandt werden.

1. *Das Spannungsverhältnis von Staatsferne und -nähe*

Die Geschichte des besonderen Gewaltverhältnisses ist eine Geschichte des Verhältnisses zwischen Bürger und Staat und ihrer wechselseitigen Annäherung. Mit der Loslösung der Staatsgewalt von ihren monarchischen Wurzeln und letztlich der Anerkennung des Staates als juristischer Person wurde es notwendig, Mitglieder des Bürgertums in die staatliche Sphäre einzubeziehen[67]. Die Ausübung der staatlichen Gewalt war damit nicht mehr einem elitären Kreis vorbehalten. Um handlungsfähig zu sein, war der Staat fortan angewiesen auf die Mitwirkung demokratisch legitimierter Bürger, also dem Personenkreis, dem er in hoheitlicher Weise entgegentrat.

Zur Erfüllung seiner Aufgaben bezieht er damit Personen ein, die einen Teil der Staatsorganisation darstellen und als Sachwalter entsprechend staatlich geleitet werden[68]. In solchen Verhältnissen kommt es damit gegebenenfalls zur Konfusion zwischen Grundrechtsverpflichteten und Grundrechtsträgern[69], in deren Rahmen die Berührungspunkte beider Akteure deutlich erhöht sind.

Gleichwohl bleibt es beim grundsätzlichen Distanzverhältnis zwischen beiden Akteuren[70]. Unter der Geltung der Grundrechte strebt der Staatsbürger grundsätzlich nach Freiheit jedweder Art. Es geht dabei in erster Linie um einen Raum der Freiheitsbetätigung, der dem Einzelnen verbleibt und auf den der Staat – zumindest nicht übermäßig – zugreifen soll. Die Rolle der Grundrechte besteht dabei in der Sicherung dieser Freiheit. In diesem Sinne sind Grundrechte als subjektive Abwehrrechte des Einzelnen gegen den Staat zu verstehen[71]. Diese

---

67 Vgl. *C. Starck*, in: v. Mangoldt/Klein/Starck (Hrsg.), GGK, Bd. 1, 6. Aufl., 2010, Art. 1 Abs. 3 Rn. 295.

68 *P. Kirchhof*, Mittel staatlichen Handelns, in: HStR V, 3. Aufl., 2007, § 99 Rn. 92.

69 *S. Kielmansegg*, Grundrechte im Näheverhältnis, 2012, S. 270, 359; vgl. zur Konfusionslage zwischen Grundrechtsträgerschaft und -berechtigung BVerfGE 21, 362 (369 f.), dazu kritisch *D. Merten*, Allgemeine Lehren der Landesgrundrechte, in: HGR VIII, 2017, § 232 Rn. 126.

70 *S. Kielmansegg*, Grundrechte im Näheverhältnis, 2012, S. 1, 155 ff.; *F.-J. Peine*, Grundrechtsbeschränkungen in Sonderstatusverhältnissen, in: HGR III, 2009, § 65 Rn. 8 ff.

71 BVerfGE 7, 198 (204 f.), 50, 290 (337); 68, 193 (205); 115, 320 (358); *H. Dreier*, in: ders. (Hrsg.), GGK, Bd. 1, 3. Aufl., 2013, Vorb. Rn. 84; *H. Maurer*, Staatsrecht I, 6. Aufl., 2010, § 9 Rn. 23.

Definition zeigt bereits, dass es sich hierbei um ein abwehrendes Verhältnis handelt, welches darauf zielt, dem Einzelnen diesen Raum freiheitlicher Ausübung zu gewährleisten.

Resümieren lässt sich daher, dass ein Spannungsverhältnis zwischen Staat und Bürger, zwischen Distanz- und Näheverhältnis, vorliegt. Beide Akteure stoßen im Alltag in zahlloser Weise aneinander, hierbei oftmals auch kooperativ oder gar identitätsgleich. Hierbei gilt es, Staatsferne und Staatsnähe in Einklang zu bringen. Die Berücksichtigung dieses Umstands ist essentiell für eine Kategorie, die solch besondere Verhältnisse zu erfassen sucht; dies hat nicht zuletzt die geschichtliche Betrachtung gezeigt.

2. *Die Rolle der Grundrechte*

Die damit bereits angesprochenen Grundrechte und ihre Geltung im Gewaltverhältnis sind ebenfalls Konstanten in der Diskussion um den Begriff des Sonderstatus, die auch für die leistungsrechtliche Betrachtung wesentlich sind. Das zeigt bereits der „Pendelumschwung der 1980er Jahre“[72], der nach der Strafvollzugsentscheidung das besondere Gewaltverhältnis und insbesondere die damit verstrickten grundrechtlichen Fragestellungen in gewisser Weise reaktivierte bzw. fortentwickelte[73].

Sucht man nach sonderstatusspezifischen Leistungsrechten, so drängt sich eine grundrechtliche Betrachtung schon deshalb auf, da nach heutigem Verständnis Leistungsrechte keine Unbekannte der Grundrechtsdogmatik (mehr) darstellen[74]. In diesem Sinne wären Sonderstatusverhältnisse weniger Rechtsgrund als vielmehr beeinflussender Faktor möglicher leistender Grundrechtsgarantien.

Damit ist nicht ausgeschlossen, dass es eines Rückgriffs auf die Grundrechte nicht unmittelbar bedarf, etwa weil sich sonderstatusspezifische Leistungsrechte an anderer Stelle aus der Verfassung ergeben. Dies wird etwa im Falle des Berufsbeamtentums zu überprüfen sein, in dessen Umfeld sich im Laufe der Zeit verschiedenste Leistungsverpflichtungen des Dienstherrn herausgebildet haben, die womöglich weniger den Grundrechten als vielmehr dem Beamtenverhältnis als solchem und seinen Spezifika entspringen[75]. Im Übrigen ist aufgrund

72 *S. Kielmansegg*, Grundrechte im Näheverhältnis, 2012, S. 82.

73 Hervorgehoben sei hier *W. Loschelder*, Vom besonderen Gewaltverhältnis zur öffentlich-rechtlichen Sonderbindung, 1982, S. 399 ff.; weitere Nachweise bei *S. Kielmansegg*, Grundrechte im Näheverhältnis, 2012, S. 83 ff.

74 *M. Borowski*, JöR 50 (2002), 301 (301).

75 Dazu unten 2. Teil, B., II.

des Charakters der Sonderstatusverhältnisse als deskriptive Kategorie Skepsis dahingehend angebracht, die Verhältnisse als eigenständigen Geltungsgrund leistungsrechtlicher Verbürgungen zu betrachten[76].

Mit den Grundrechten als Ausgangspunkt der Betrachtung lässt sich mit Blick auf die historische Entwicklung jedenfalls festhalten, dass die Geltung der Grundrechte in Sonderstatusverhältnissen heutzutage von niemandem ernstlich bestritten werden mag; unklar bleibt lediglich die Gestalt ihrer Wirkung in diesen Verhältnissen[77], was in gesteigertem Maße für die hier anzustellende leistungsrechtliche Betrachtung gilt. Überwunden ist damit das Verständnis der konstitutionellen Epoche, wonach die Grundrechte grundsätzlich nur im allgemeinen Gewaltverhältnis, also außerhalb der Nähebeziehung, ihre Wirkung entfalten, was in der Annahme verschiedener Rechtskreise gründete[78].

Betroffene bleiben Grundrechtsträger auch bei gesteigerter staatlicher Nähe – dies gilt sowohl für denjenigen, der staatliche Aufgaben unmittelbar wahrnimmt als auch für denjenigen, der etwa im Wege der Inanspruchnahme von Leistungen mit dem Staat in Berührung kommt[79]. Andernfalls wären sie als bloße Mittel staatlichen Wirkens anzusehen – eine Konsequenz, die in diametraler Weise dem Rechtsstaat zuwiderläuft[80].

3. *Die Heterogenität der Verhältnisse*

Als Ertrag der historischen Betrachtung zeigt sich ferner, dass eine wesentliche Schwäche des besonderen Gewaltverhältnisses in dem Anspruch der Autoren, eine einheitliche Rechtsfigur zu schaffen, bestand. Denn die Eingliederungslagen, die das besondere Gewaltverhältnis zu umfassen versuchte, unterscheiden sich teilweise erheblich. Das zeigt insbesondere die Beschäftigung in der Literatur mit verschiedensten Eingliederungslagen im Rahmen des jeweilig einschlägigen speziellen Rechtsgebiets. Um den Anspruch ihrer allseitigen Geltung

---

76 Vgl. dazu bereits 1. Teil, A., IV.

77 *W. Loschelder*, Grundrechte im Sonderstatus, in: HStR IX, 3. Aufl., 2011, § 202 Rn. 9.

78 *S. Kielmansegg*, Grundrechte im Näheverhältnis, 2012, S. 289 ff., der im Übrigen darauf verweist, dass eine solche Trennung nicht immer konsequent durchgeführt wurde. Daher lässt sich durchaus behaupten, dass die Frage der Grundrechtsgeltung als Schwachstelle und größte Angriffsfläche dieser Figur angesehen werden mag.

79 BVerfGE 39, 334 (366 f.) mit Blick auf den Grundrechtsschutz der Beamten.

80 *F.-J. Peine*, Grundrechtsbeschränkungen in Sonderstatusverhältnissen, in: HGR III, 2009, § 65 Rn. 42.

einzulösen, musste die Rechtsfigur daher in ihrer Abstraktheit einen Grad erreichen, der zu ihrer steigenden Unbestimmtheit beitrug[81].

Insofern mag auch der Begriff des Sonderstatusverhältnisses darüber hinwegtäuschen, dass es zahlreiche Erscheinungsformen möglicher Berührungspunkte zwischen Staat und Bürger geben kann, ein davon zu abstrahierendes Verhältnis daher nur schwerlich vorstellbar ist. Allgemein lässt sich jedenfalls formulieren, dass es sich um solche Verhältnisse handelt, in denen sich der Bürger in eine besondere Nähe zum Staat begibt. Diese Nähe kann entweder dadurch entstehen, dass er als Sachwalter des Staates dessen Aufgaben wahrnimmt oder aber als Bürger lediglich in die Sphäre des Staates eintritt. Vereinfacht ausgedrückt erfassen Sonderstatusverhältnisse damit Fälle, in denen der Bürger entweder auf die Seite des Staates tritt oder ihm entgegensteht.

B. Der Sonderstatus als heterogenes Verhältnis: Aspekte für die leistungsrechtliche Betrachtung

Damit ist ein wesentlicher Kritikpunkt gegen die Figur des besonderen Gewaltverhältnisses angesprochen: ihr Bestreben nach einer umfassenden Systematisierung[82]. Dieser Anspruch war es, der den Versuch, eine Rechtsfigur zur Lösung solcher Begründungsprobleme zu schaffen, die mit den bestehenden Dogmen aus Gesetz, Rechtsprechung und Lehre nicht hinreichend gelöst werden konnten[83], zum Scheitern verurteilte. Andere Ansätze unternahmen demgemäß den Versuch einer isolierten Betrachtung und dabei verschiedene Eingliederungslagen zwischen Staat und Bürger gesondert zu kategorisieren – dabei wurde nicht stets der Versuch einer übergreifenden Systematisierung gewagt. Auf diese Weise entstanden Begriffsbildungen im Rahmen der Bearbeitung spezieller Rechtsmaterien. Der Versuch, bestimmte Sonderstatusverhältnisse auf diese Weise näher zu untersuchen, darf hierbei also nicht missverstanden werden als Versuch, eine einheitliche Rechtsfigur der Näheverhältnisse zu schaffen.

Im Rahmen der Auseinandersetzung mit solch spezifischen Staat-Bürger-Verhältnissen geht es oftmals um die Frage, inwieweit hierbei von einheitlichen

81 Vgl. *S. Kielmansegg*, Grundrechte im Näheverhältnis, 2012, S. 55 f.

82 *S. Kielmansegg*, Grundrechte im Näheverhältnis, 2012, S. 57 spricht von der „rechtstheoretischen Überhöhung" des besonderen Gewaltverhältnisses.

83 Vgl. 1. Teil, A., IV., 1.; *M. Bors*, Die Figur der Rechtsfigur, in: Gauch/Pichonnaz (Hrsg.), Figures juridiques/Rechtsfiguren, FS Tercier, 2003, S. 219 (230, 238 f.).

Rechtsverhältnissen[84] gesprochen werden kann. Die Skepsis dem gegenüber entzündet sich an der Kritik gegen das Gewaltverhältnis, es sei als rechtsfreier Raum anzusehen, welches als Relikt des Obrigkeitsstaates – spätestens mit der Strafvollzug-Entscheidung des Bundesverfassungsgerichts – zu verwerfen sei[85]. Dass diese Einwände zu relativieren sind, wurde bereits oben erwähnt[86].

Unabhängig von der Einordnung als Rechtsverhältnis ist diesen Verhältnissen jedenfalls gemein, dass in ihrem Geltungsbereich – anders als in der „Normallage" – der Einzelne seinen Freiheitsgebrauch nur in spezifischer Abhängigkeit zum Staat wahrzunehmen vermag. Diese Abhängigkeit kann hierbei unterschiedlich ausgeprägt sein. Im Regelfall wird sie fixiert durch entsprechende Normen des einfachen Rechts, die als Spezialgesetze zu verschiedenen Sonderstatusverhältnissen angesehen werden können[87]. Demgemäß lässt sich – jedenfalls oberflächlich – von Rechtsverhältnissen sprechen, die durch das einfache Recht sachbereichsspezifisch ausgestaltet sind[88]. Auf diese Weise werden auch die Funktionsbedingungen des Staates in dem jeweiligen Bereich geregelt. So wird etwa das Beamtentum durch die einschlägigen Rechtsquellen konturiert, die ihrerseits das Verhältnis zwischen Staat und Bürger thematisieren und so die Interessenabwägung zwischen diesen Akteuren in einer Vielzahl von Fällen konkretisieren. Ähnliches gilt für den Strafgefangenen, dessen Rechte und insbesondere Pflichten gesetzlich determiniert sind – jeweils in Ansehung des vom Staat verfolgten Zweckes.

---

84 *D. Merten*, Grundrechte und Besonderes Gewaltverhältnis, in: ders. (Hrsg.), Das besondere Gewaltverhältnis, 1985, S. 53 (60) weist mit historischen Bezügen nach, dass eine Gegensätzlichkeit zwischen Gewaltverhältnis und Rechtsverhältnis nicht besteht; eine „Rechtslosigkeit" könne dort nicht bestehen, wo von „Rechten und Pflichten" die Rede sei, so a.a.O., S. 60. Den Begriff des Rechtsverhältnisses verwendet früh etwa *B. Freudenthal*, ZStW 32 (1911), 222 (222 ff.); vgl. ferner zum Begriff des Rechtsverhältnisses *M. Jestaedt*, Recht als Relation, in: v. Schlieffen (Hrsg.), Republik – Rechtsverhältnis – Rechtskultur, 2018, S. 211 (211 ff.); *H. Bauer*, „Der Staat" und die „staatlichen" Rechte im Ordnungsrahmen der Rechtsverhältnislehre, in: v. Schlieffen (Hrsg.), Republik – Rechtsverhältnis – Rechtskultur, 2018, S. 263 (263 ff.); *ders.*, Die Bundestreue, 1992, S. 271, dort Fn. 70 m.w.N.; *H. Hill*, NJW 1986, 2602 (2605 f.).

85 S. bereits oben 1. Teil, A., II., sowie *S. Kielmansegg*, Grundrechte im Näheverhältnis, 2012, S. 205 ff.

86 S. dazu 1. Teil, A., III.

87 Etwa das StVollzG, Schulgesetze oder das SG.

88 *F.-J. Peine*, Grundrechtsbeschränkungen in Sonderstatusverhältnissen, in: HGR III, 2009, § 65 Rn. 10.

Nach alledem stellt das Rechtsverhältnis nach dem hiesigen Verständnis also „die intersubjektive Dimension des objektiven Rechts"[89] dar, also die Beziehung zwischen den Akteuren Bürger und Staat, die ihrerseits durch das einfache Recht ausgestaltet wird.

Fraglich bleibt allerdings, welchen Umfang das Sonderstatusverhältnis als Rechtsverhältnis besitzt. Bezieht man dies auf die einfach-rechtliche Konturierung, so stellt sich die Frage, wo der Bereich spezifischer Normen beginnt und an welcher Stelle er endet. Am anschaulichsten mag hierbei die Trennung von Außen- und Innenrecht sein, also der Trennung zwischen dem Binnenbereich des Staates auf der einen und dem allgemeinen Staat-Bürger-Verhältnis auf der anderen Seite[90]. Mag die Einfachheit dieser Unterscheidung überzeugen, so wenig ist sie tauglich für eine tiefergehende Betrachtung einschlägiger Verhältnisse. Dies liegt insbesondere darin begründet, dass eine solch starre Unterscheidung außer Acht lässt, dass die Grenzen zwischen diesen Bereichen mitunter fließend sind[91]. Am plakativsten gilt dies für den Bereich der Grundrechte, da Betroffene im Sonderstatus trotz ihrer Nähe zum Staat auch Grundrechtsträger bleiben und somit der Bereich des allgemeinen Staat-Bürger-Verhältnisses in den Binnenbereich des Staates hineinragt. Auch ist damit wenig über die spezifischen Eigenheiten des Sonderstatusverhältnisses gesagt. Gleiches mag für die Unterscheidung zwischen Grund- und Betriebsverhältnis gelten[92].

Dazu tritt die folgende Erkenntnis: Die Heterogenität der Sonderstatusverhältnisse sperrt sich gegen allzu umfassende Tendenzen der Verallgemeinerung – den Sonderstatus als solchen, als abstraktes und allgemeingültiges Rechtsverhältnis gibt es nicht. Zu unterschiedlich sind die verfolgten Eingliederungszwecke, spezifischen Regelungsmaterien und eingegliederten Personenkreise. Das bedeutet nicht, dass jegliche Abstraktion ausgeschlossen ist. Sie muss aber die jeweiligen Besonderheiten einzelner Sonderstatusverhältnisse im Blick behalten. Insofern ist nicht das Sonderstatusverhältnis als solches das maßgebliche Rechtsverhältnis, sondern das jeweilige in einem spezifischen Bereich – der zumeist einem Teilbereich der Exekutive zugeordnet ist. Insofern lässt sich auch von verschiedenen Verwaltungsrechtsverhältnissen[93] sprechen, deren Besonderheiten jeweils

---

89 *S. Kielmansegg*, Grundrechte im Näheverhältnis, 2012, S. 201.

90 *H. Maurer/C. Waldhoff*, Allgemeines Verwaltungsrecht, 19. Aufl., 2017, § 3 Rn. 5 f.; *D. Ehlers*, Verwaltungsrecht, in: Erichsen/Ehlers (Hrsg.), Allgemeines Verwaltungsrecht, 14. Aufl., 2010, § 3 Rn. 7; *S. Kielmansegg*, Grundrechte im Näheverhältnis, 2012, S. 237; vgl. ferner *H. Krüger*, VVDStRL 15 (1957), 109 (114 f.).

91 *H. Krüger*, NJW 1953, 1369 (1369 f.).

92 Dazu eingehend *C. H. Ule*, VVDStRL 15 (1957), 133 (152).

93 *S. Kielmansegg*, Grundrechte im Näheverhältnis, 2012, S. 230 ff., 268.

betrachtet werden können. Ein solches Verständnis trägt zugleich dem Umstand Rechnung, dass es sich bei der Kategorie der Sonderstatusverhältnisse nicht um eine Rechtsfigur, sondern um eine deskriptive Kategorie handelt[94].

Der Heterogenität und Unbestimmtheit dessen, was unter solchen Verhältnissen zu verstehen ist, ist es daher geschuldet, sich auf bestimmte Verhältnisse zu beschränken, die für die hier anzustellende Untersuchung als besonders aussagekräftig gelten mögen. Darüber hinaus sind Gemeinsamkeiten zu suchen, die der Abstraktion zugänglich sind und weiterführende Erkenntnisse versprechen. Aus diesem Grund werden im Folgenden einzelne Aspekte herausgearbeitet, die für die weitere Untersuchung der leistungsrechtlichen Dimension wesentlich sind. In der Sache handelt es sich hierbei um die verschiedenen Dimensionen des Sonderstatus, dem Verhältnis von Konfusion und Opposition, der Relevanz der Freiwilligkeit bei der Begründung des Sonderstatus und schließlich den bedeutsamen Aspekt der Reziprozität.

I. Dimensionen des Sonderstatus

Die Heterogenität des Sonderstatus drückt sich zunächst in verschiedenen Dimensionen räumlicher, zeitlicher und sachlicher Gestalt aus.

1. Der räumliche Aspekt

Die Vorstellung, dass sich der Einzelne in die Sphäre des Staates begibt, ist besonders greifbar, wenn man dies auf die räumliche Perspektive bezieht. Ein solch räumliches Denken mag am plastischsten bereits in der Impermeabilitätslehre angeklungen sein[95].

Im Regelfall geht die Begründung eines Sonderstatusverhältnisses mit einer räumlichen Eingliederung einher: der Schüler in die Schule, der Beamte in die Behörde, der Strafgefangene in die Strafvollzugsanstalt und schließlich der Soldat in die Kaserne. Hierbei variiert der Grad der jeweiligen Vereinnahmung. Am intensivsten mag sie in sogenannten totalen Institutionen[96] sein. Diese lassen sich als solche Organisationen staatlicher Art verstehen, deren Angehörige nahezu gänzlich in den Einrichtungsbetrieb integriert sind und einer Kontrolle unterliegen, die auf die Erreichung eines bestimmten Zwecks zielt[97]. Damit

---

94 Vgl. dazu bereits 1. Teil, A., IV.

95 Hauptvertreter dieser Lehre waren *Laband*, *Jellinek* und *Anschütz*, s. *W. Krebs*, Verwaltungsorganisation, in: HStR V, 3. Aufl., 2007, § 108 Rn. 32, dort Fn. 105 m.w.N.

96 Dazu *E. Goffman*, Asyle, 1973, S. 13 ff.

97 *M. Morlok*, in: Dreier (Hrsg.), GGK, Bd. 3, 2. Aufl., 2008, Art. 141 WRV Rn. 5.

angesprochen sind vornehmlich etwa der Strafvollzug, aber auch Krankenhäuser und vergleichbare Einrichtungen. Hinsichtlich der erfolgten Vereinnahmung tritt bei ihnen der räumliche Aspekt in besonderem Maße hervor: So umfassen die verschiedenen Funktionsbedingungen einzelner Institutionen etwa die ständige Anwesenheit und regelmäßige Kontrolle (etwa Krankenhäuser, Schulen) oder zielen gerade darauf ab, die körperliche Bewegungsfreiheit einzuschränken (etwa Strafvollzug, eingeschränkt gilt dies auch für Kasernen). Spannt man den Bogen etwas weiter, so tritt dieser Aspekt auch bei Beamten zutage, die gegebenenfalls im Rahmen ihrer Dienstausübung dazu verpflichtet sind, an ihrem Arbeitsplatz zu verbleiben.

Durch diese räumliche Art der Vereinnahmung ist zum einen der Zugriff auf die Rechtsgüter des Einzelnen wesentlich erleichtert. Das folgt schon daraus, dass die Eingliederung in einen solchen Betrieb mit einer vielfältigen und generalklauselartigen Anordnungsbefugnis der jeweilig staatlichen Stelle einhergeht[98]. Dies bedeutet nicht, dass der Vorbehalt des Gesetzes nicht gälte. Es geht hierbei vielmehr darum, dass die Leiter der jeweiligen staatlichen Organisation deren jeweilige Funktionsbedingungen zu realisieren suchen und dies oftmals in einer Weise geschieht, die zwar grundsätzlich von gesetzlichen Ermächtigungen gedeckt ist, in ihrer Art und Weise aufgrund der Mannigfaltigkeit aber nur schlecht detailliert normiert werden kann. Ferner kommt der staatlichen Stelle die Aufgabe zu, diese Rechtsgüter zu schützen. Denn es handelt sich um einen Raum, über den sie verfügt und dessen Gefahren sie abwenden muss, sollten sie von ihm ausgehen[99].

Zum anderen ist die räumliche Perspektive bzw. Vereinnahmung des Einzelnen von Relevanz, da die staatliche Stelle in diesen Konstellationen über den Raum verfügt, in dem Freiheitsausübung überhaupt erst stattfinden kann. Dies verleitet zu der „Feststellung, daß freie Entfaltung ohne einen Entfaltungsraum schlechthin nicht gedacht werden kann“[100]. Insofern ist der Entfaltungsraum als Grundlage für jegliche Freiheitsausübung anzusehen. Diesem Entfaltungsraum ist damit ein Spannungsverhältnis immanent – bezogen auf den Bürger als Standort der Freiheitsentfaltung, für den Staat hingegen Standort seiner gestaltenden Tätigkeiten. Wenn sich der Einzelne der Ordnung und den Abläufen

98 *M. Morlok*, Strafvollzug und Grundrechte, in: Bemmann/Manoledakis (Hrsg.), Probleme des staatlichen Strafens, 1989, S. 45 (48 ff.); *H. Wissmann*, Generalklauseln, 2008, S. 116.

99 Vgl. *K. Laubenthal*, Strafvollzug, 7. Aufl., 2015, S. 130 f.

100 *W. Loschelder*, Vom besonderen Gewaltverhältnis zur öffentlich-rechtlichen Sonderbindung, 1982, S. 188.

des staatlichen Betriebs, also für ihn fremdbestimmten Bedingungen seiner Freiheitsausübung, unterwirft, ist somit dieser Entfaltungsraum in besonderem Maße bedroht[101]. Zur Wahrnehmung seiner grundrechtlichen Freiheiten ist der Einzelne daher dort in stärkerem Maße von leistenden Freiheitsgewährungen des Staates gänzlich abhängig – anders als dies in der Normallage der Fall ist[102]. Die besondere Verdichtung zwischen status postivus und status negativus in Sonderstatusverhältnissen wird damit augenfällig[103], wie auch die Wesentlichkeit des totalen Charakters solcher Verhältnisse für Leistungsrechte insgesamt.

2. *Der zeitliche Aspekt*

Die Einverleibung in die staatliche Sphäre hat jedoch nicht nur einen räumlichen, sondern auch einen zeitlichen Aspekt. Es geht hierbei darum, dass der Funktionszweck der jeweiligen Einrichtung häufig erst über einen gewissen Zeitraum hinweg erreicht wird, etwa in Gestalt des Verbüßens einer Haftstrafe für den Strafgefangenen oder die Dauer der Rekonvaleszenz eines Patienten im Krankenhaus[104]. Für die Dauer der Einverleibung besteht dann eine eingeschränkte Möglichkeit der Freiheitswahrnehmung durch den jeweilig Betroffenen.

Die zeitliche Dimension der Sonderstatusverhältnisse weist damit zwei Gesichtspunkte auf, deren Betrachtung aus grundrechtlicher Sicht lohnend erscheint. Zunächst ist es der Zeitpunkt der Begründung des Verhältnisses, der sich näher untersuchen lässt. Für den Beamten ist dies der Zeitpunkt seiner Ernennung, für den Strafgefangenen der Moment, in dem er dem Anstaltsbetrieb einverleibt wird. Die Qualität des Begründungsaktes, etwa die Frage, inwieweit ihm Eingriffscharakter beizumessen ist, mag relevant für die grundrechtliche Betrachtung werden[105].

---

101 *W. Loschelder*, Vom besonderen Gewaltverhältnis zur öffentlich-rechtlichen Sonderbindung, 1982, S. 204 ff.; *S. Kielmansegg*, Grundrechte im Näheverhältnis, 2012, S. 174 warnt hierbei vor einer Überhöhung dieses Kriteriums. Er erörtert, dass keinesfalls exklusive Verfügbarkeit des Raumes für die Freiheitsausübung der Bürger wie für staatliches Handeln gefordert sei – ungeachtet etwaiger Abgrenzungsschwierigkeiten, die solche Sphärenkonstruktionen bedingen.

102 Für das Soldatenrecht *T. Tetzlaff*, Das Soldatenrecht der Bundesrepublik Deutschland im Lichte neuerer Grundrechtsfunktionen, 2000, S. 276.

103 *T. Tetzlaff*, Das Soldatenrecht der Bundesrepublik Deutschland im Lichte neuerer Grundrechtsfunktionen, 2000, S. 276.

104 *W. Loschelder*, Vom besonderen Gewaltverhältnis zur öffentlich-rechtlichen Sonderbindung, 1982, S. 228 ff.

105 Dazu unten 3. Teil, B., I., 1.

Die Besonderheiten, die der Sonderstatus begründet, erschöpfen sich jedoch nicht in einem einmaligen Akt, sondern sind vielmehr von zeitlicher Dauer. Am Beispiel des Strafgefangenen lässt sich dies besonders anschaulich betrachten. Nach der Aufnahme in den Strafvollzug ist er für einen bestimmten Zeitraum den Funktionsbedingungen der Justizvollzugsanstalt, täglichen Routinen und den Anordnungen der Justizbeamten unterworfen. Währenddessen vermag er sich mit weiteren Beeinträchtigungen konfrontiert sehen, die etwa im Zeitpunkt der Begründung des Sonderstatus nicht vorherzusehen waren. Insofern ist auch die Dauer des Verhältnisses grundrechtlich relevant. Dabei mag auch eine additive Betrachtung einzelner Grundrechtsbeeinträchtigungen angebracht erscheinen, die in ihrer Gesamtheit womöglich eine eigene Eingriffsqualität aufweisen[106].

Zusammenfassend kann hinsichtlich der zeitlichen Dimension von Sonderstatusverhältnissen daher vereinfacht von Begründungsakt und Eingliederungsfolgen des Verhältnisses gesprochen werden[107].

3. *Der sachliche Aspekt*

Bereits angeklungen war, dass die eingliedernde staatliche Stelle ihrerseits spezifischen Funktionsbedingungen unterliegt, unter denen sie operiert. Damit sind zugleich die Modalitäten der Grundrechtsausübung durch den Staat präformiert, indem dort bestimmte Vorgaben für die Funktionsabläufe der öffentlichen Institutionen bestehen. So können grundrechtliche Garantien oftmals auch nur in diesem abgesteckten Raum ihre Wirkung entfalten.

Aber auch die Eingliederung von Bürgern in die staatliche Nähe verfolgt bestimmte Zwecke, die insoweit zu berücksichtigen sind. So dient etwa die Eingliederung des Strafgefangenen in die Strafvollzugsbehörde den entsprechenden Strafzwecken und der angestrebten Resozialisierung, die Kasernierung des Soldaten der Einsatzfähigkeit des Heeres und die Aufnahme des Schülers in den Schulbetrieb schließlich der Erfüllung des Bildungs- und Erziehungsauftrags. Hinsichtlich des Eingegliederten lassen sich dabei wiederum zwei Dimensionen unterscheiden. Zunächst ist der Personenkreis derer zu betrachten, die als Funktionsträger selbst Aufgaben des Staates wahrnehmen. Des Weiteren existiert der Personenkreis, der zwar funktionell eingegliedert ist, allerdings ohne dass damit die Ausübung einer staatlichen Funktion aktiv einhergeht. Dieser Unterschied ist es, der im weiteren Verlauf einer näheren Behandlung bedarf.

---

106 Dazu unten 3. Teil, B., I., 2., c).

107 Ähnlich *S. Kielmansegg*, Grundrechte im Näheverhältnis, 2012, S. 342 ff., der von Primär- und Folgebeeinträchtigungen spricht; dazu auch unten 3. Teil, A., I., 2., a).

Die Funktionalität der Eingliederung wird damit wesentlich bestimmt durch den jeweiligen Eingliederungszweck. In dessen Rahmen bedient sich der Staat damit entweder natürlicher Personen, um handlungsfähig zu sein oder diese Personen stellen das notwendige personale Substrat der Zweckverwirklichung dar. Auch mag ein großer Teil der jeweiligen Funktionsbedingungen der Einrichtung sich um Fragen der organisatorischen Eingliederung der jeweiligen Personen drehen. So ist davon auszugehen, dass etwa im Strafvollzug die Funktionsbedingungen, d.h. insbesondere die organisatorischen Abläufe und Strukturen, wesentlich auf die eingegliederten Strafgefangenen abzielen. Für die nähere Ausgestaltung der Relation zwischen staatlichem Akteur und eingegliederter Person sind sie entscheidend, wenn sie auch lediglich Rahmenbedingungen darstellen[108].

II. Konfusion und Opposition

Ein weiterer wesentlicher Aspekt für die vorliegende Untersuchung ist das Verhältnis zwischen Konfusion und Opposition[109]. Sonderstatusverhältnisse sind Staat-Bürger-Verhältnisse. Sie beschreiben somit die Beziehung zwischen Grundrechtsverpflichtetem und Grundrechtsberechtigten. Tritt der Einzelne als grundrechtsberechtigtes Individuum nun in die Sphäre des Staates, so wird sein allgemeines Staatsbürgerverhältnis um den Eingliederungsstatus ergänzt. Innerhalb dessen ist er dem Staat auf eine spezifische Weise funktional zugeordnet. Wie bereits angeklungen, ist der Reigen funktionaler Zuordnungen dabei umfassend. So kann der Einzelne als Teil des Staates dessen Funktionen selbst wahrnehmen. Die funktionale Zuordnung erfolgt jedoch auch dann, wenn er nicht selbst staatliche Funktionen wahrnimmt, sondern in den staatlichen Bereich auf andere Weise, zuweilen auf passive Weise, funktional eingegliedert wird.

Der grundrechtsberechtigte Bürger sieht sich damit entweder mit einer Konfusions- oder Oppositionslage konfrontiert[110]. Im regulären Staatsbürgerverhältnis begegnet er staatlichen Stellen ohnehin opponierend, d.h. in Geltendmachung seiner Grundrechte als subjektive Abwehrrechte gegen den Staat[111]. Gleichwohl verschärft sich diese Lage und gewinnt eine eigenständige Qualität,

---

108 Vgl. *W. Loschelder*, Vom besonderen Gewaltverhältnis zur öffentlich-rechtlichen Sonderbindung, 1982, S. 228 f.

109 Vgl. *S. Kielmansegg*, Grundrechte im Näheverhältnis, 2012, S. 270.

110 *S. Kielmansegg*, Grundrechte im Näheverhältnis, 2012, S. 270.

111 BVerfGE 7, 198 (204 f.), 50, 290 (337); 68, 193 (205); 115, 320 (358); *H. Dreier*, in: ders. (Hrsg.), GGK, Bd. 1, 3. Aufl., 2013, Vorb. Rn. 84.

sobald der Einzelne in die staatliche Sphäre eingegliedert wird: Es erfolgt eine funktionale Zuordnung des Einzelnen, die ihm gleichwohl nicht zwingend die Wahrnehmung von Aufgaben des Staates aufträgt. Von einer Konfusionslage ist hingegen dann zu sprechen, wenn in der Person des eingegliederten Bürgers Grundrechtsberechtigung und Grundrechtsverpflichtung dergestalt zusammenfallen, dass die eingegliederte Person Aufgaben des Staates wahrnimmt. Gleichwohl bleibt in gewissem Maße die allgemeine Oppositionslage bestehen, da sich an ihrer Grundrechtsträgerschaft nichts ändert[112].

Damit sind zwei Verhältnisse umschrieben, in denen jeweils die Frage der Grundrechtsbindung eine hervorgehobene Rolle spielt. Ob für eine Unterscheidung zwischen grundrechtsgebundenen und grundrechtsungebundenen Akteuren in Sonderstatusverhältnissen die Terminologie des aktiven und passiven Sonderstatus eine taugliche ist, mag allerdings fraglich sein[113]. Gewarnt sei hierbei insbesondere vor einer Vermengung der Frage nach der Grundrechtsbindung des Akteurs im Sonderstatus mit der Frage der Freiwilligkeit seines Eintritts in die Eingliederungslage[114]. Dass es sich hierbei um zwei verschiedene Aspekte handelt, die voneinander zu trennen sind, wird der weitere Gang der Untersuchung zeigen.

Bezüglich dieser Unterscheidung mag davon auszugehen sein, dass diejenigen Akteure, die staatliche Funktionen wahrnehmen, regelmäßig die Gruppe der Grundrechtsverpflichteten darstellen. Für die leistungsrechtliche Betrachtung ist dies insofern von Belang, als in der Konfusionslage anzunehmen ist, dass hier aufgrund der staatlichen Nähe leistungsrechtliche Tendenzen seltener aktiviert werden als dies im Rahmen der Oppositionslage der Fall ist. Leistungsrechte, so die These, dienen eben im gesteigerten Maße dazu, die strukturellen Nachteile der Oppositionslage zu kompensieren.

---

112 BVerfGE 33, 1 (10 f.).

113 So wohl *L. Michael/M. Morlok*, Grundrechte, 6. Aufl., 2017, Rn. 745 f.

114 *L. Michael/M. Morlok*, Grundrechte, 6. Aufl., 2017, Rn. 746 weisen am Beispiel des Wehrdienstleistenden nach, dass er zwar grundsätzlich unfreiwillig in die Pflicht genommen werde und demnach dem passiven Sonderstatus zuzurechnen sei. Zugleich stünde er allerdings aufgrund seiner Grundrechtsbindung im Rahmen der Dienstausübung in einem aktiven Sonderstatus. Nach Ansicht der Autoren ist demnach in Gestalt des Wehrdienstleistenden ein Zusammentreffen von aktivem und passivem Sonderstatus möglich. Nimmt man jedoch wie die Autoren an, dass die Freiwilligkeit das Abgrenzungskriterium zwischen aktivem und passivem Sonderstatus ist, so ist ein Zusammenfallen des aktiven und passiven Sonderstatus dem Grunde nach ausgeschlossen.

1. *Konfusionslagen*

Die Konfusionslage ist vornehmlich dadurch gekennzeichnet, dass sich die natürliche Person, die grundsätzlich dem allgemeinen Staatsbürgerverhältnis zuzuordnen ist, auf die Seite des Staates begibt und eine ihr zugewiesene Funktion als Teil des Staatsapparats ausübt; damit überlagern sich die Bereiche des regulären Distanzverhältnisses und der staatlichen Aufgabenwahrnehmung[115].

Der Staat ist auf solche Funktionsträger angewiesen: Um auf die Erreichung des Gemeinwohls hinzuwirken und insofern handlungsfähig zu sein, ermöglicht ihm der jeweilige Funktionsträger im Wege der Stellvertretung die Vornahme verschiedenster Rechtsakte sowie die Ausübung staatlicher Befugnisse[116]. Dieser Aspekt tritt in besonderem Maße im schillernden Begriff des Amtes[117] zutage, der vor allem im Bereich des Beamtenrechts auf vielfältige Weise diskutiert wird[118]. Im organisationsrechtlichen Sinne meint der Amtsbegriff den institutionalisierten, auf eine Person zugeschnittenen Aufgabenbereich[119]. Für die vorliegende Betrachtung ist indes der funktionale Aspekt des Amtsbegriffs maßgeblich. So ist hiernach die Aufgabe erfasst, die im Rahmen der Geschäftsverteilung der jeweiligen Behörde einem bestimmten Amtsträger übertragen ist[120]. Umfassender ist das abstrakt-funktionelle Verständnis, welches den gesamten Aufgabenkreis mit in die Betrachtung einbezieht[121]. Ferner mag sinnbildlich für das Amt sein, dass die Aufgabenerledigung fremd- bzw. uneigennützig erfolgen

115 *J. Isensee*, Gemeinwohl im Verfassungsstaat, in: HStR IV, 3. Aufl., 2006, § 71 Rn. 133; *S. Kielmansegg*, Grundrechte im Näheverhältnis, 2012, S. 249; *W. Loschelder*, Staatseingliederung als Institutionalisierungsproblem, in: Merten (Hrsg.), Das besondere Gewaltverhältnis, 1985, S. 9 (25 f.).

116 *J. Isensee*, Gemeinwohl im Verfassungsstaat, in: HStR IV, 3. Aufl., 2006, § 71 Rn. 132; *ders.*, Gemeinwohl und öffentliches Amt, 2014, S. 101; *S. Kielmansegg*, Grundrechte im Näheverhältnis, 2012, S. 249.

117 *J. Isensee*, Gemeinwohl und öffentliches Amt, 2014, S. 100 ff.

118 Vgl. *R. Summer*, Das Amt im statusrechtlichen Sinne, in: Pechstein (Hrsg.), Beiträge zum Beamtenrecht, 2007, S. 45 (64 ff.) m.w.N.

119 *H. Maurer/C. Waldhoff*, Allgemeines Verwaltungsrecht, 19. Aufl., 2017, § 21 Rn. 37.

120 *R. Summer*, Amt und Funktion, in: Pechstein (Hrsg.), Beiträge zum Beamtenrecht, 2007, S. 159 (165 f.); *P. Kunig*, Das Recht des öffentlichen Dienstes, in: Schoch (Hrsg.), Besonderes Verwaltungsrecht, 15. Aufl., 2013, S. 661 (691).

121 *R. Summer*, Amt und Funktion, in: Pechstein (Hrsg.), Beiträge zum Beamtenrecht, 2007, S. 159 (166 f.); *ders.*, Das Amt im statusrechtlichen Sinne, in: Pechstein (Hrsg.), Beiträge zum Beamtenrecht, 2007, S. 45 (49).

soll[122], was in gesteigertem Maße auf die bestehende Konfusion hinweist. Das Amt wird ausgeübt durch den Amtswalter[123], in dessen Person sich letztlich die Konfusionslage niederschlägt.

Fernab des Amtsbegriffs zeigen sich Konfusionslagen auch in anderen Verhältnissen, die ebenfalls dadurch geprägt sind, dass die beteiligten Akteure Staatsfunktionen wahrnehmen. Auf diese Weise ließen sich auch sog. Beliehene der Konfusionslage zuordnen. Ob auch sie in einem staatlichen Näheverhältnis stehen, erscheint allerdings fraglich. Dies mag vornehmlich daran liegen, dass Beliehene dem Staat als Vertragspartner begegnen, was insofern auf ein System der Gleichordnung und Kooperation hinweist und damit auf den ersten Blick das für Näheverhältnisse typische Spezifikum der Eingliederung vermissen lässt. Festhalten lässt sich allerdings insofern, dass eine staatliche Nähe jedenfalls in funktionaler Sicht durchaus festgestellt werden kann: Zwar handelt es sich um private Akteure, die nicht zwingend in einem Dienstverhältnis zum Staat stehen; sie sind jedoch mit hoheitlichen Verwaltungsaufgaben betraut, weshalb sie innerhalb dieses übertragenen Aufgabenbereichs als Hoheitsträger anzusehen sind[124]. Insofern sind hierbei verschiedene Ebenen zu berücksichtigen. Vergleichbares gilt etwa in Ansehung der angesprochenen Beamten. Ausgeführt wurde bereits ihr Funktionsstatus. Sie begegnen dem Staat jedoch auch in Fragen ihrer Anstellung, also der klassischen Domäne des Dienstrechts, die ebenfalls einer staatlichen Nähe nicht fern sind. Insofern lässt sich hierbei vom Personalstatus sprechen[125]. Somit lässt sich festhalten, dass Konfusionslagen insbesondere im Kontext der funktionalen Wahrnehmung staatlicher Aufgaben in vielgestaltiger Weise bestehen können.

Nach alledem zeigt sich, dass in den angesprochenen Konstellationen die jeweilige Konfusion vielschichtig sein kann. Sie besteht vornehmlich zwischen Grundrechtsberechtigung und Grundrechtsverpflichtung, zwischen fremdnütziger Aufgabenwahrnehmung zugunsten des Gemeinwohls und komplementärer eigennütziger Inanspruchnahme, zwischen staatlicher Neutralität und individuellem Eigeninteresse, also letztlich zwischen Nähe und Distanz.

---

122 *W. Loschelder*, Vom besonderen Gewaltverhältnis zur öffentlich-rechtlichen Sonderbindung, 1982, S. 246.

123 *H. Maurer/C. Waldhoff*, Allgemeines Verwaltungsrecht, 19. Aufl., 2017, § 21 Rn. 38.

124 *H. Dreier*, in: ders., GGK, Bd. 1, 3. Aufl., 2013, Art. 1 III Rn. 39; *W. Erbguth/A. Guckelberger*, Allgemeines Verwaltungsrecht, 9. Aufl., 2018, § 6 Rn. 22 f.; *S. Detterbeck*, Allgemeines Verwaltungsrecht, 16. Aufl., 2018, Rn. 192 ff.

125 *S. Kielmansegg*, Grundrechte im Näheverhältnis, 2012, S. 252; *H. Maurer/C. Waldhoff*, Allgemeines Verwaltungsrecht, 19. Aufl., 2017, § 21 Rn. 41.

2. *Oppositionslagen*

Kommt der eingegliederten Person hingegen keine funktionale Bedeutung zu, die zu einer Grundrechtsbindung führt, so unterliegt sie keiner Konfusion. Insofern bleibt es dann bei der allgemeinen Oppositionslage des regulären Staatsbürgerverhältnisses, die jedoch aufgrund der staatlichen Nähe in spezifischer Weise modifiziert wird.

Genannt sei etwa der Behördenbesuch zum Erhalt eines Ausweisdokumentes, bei dem der Einzelne sich in die räumliche Sphäre des Staates begibt. Durch die räumliche Einverleibung unterliegt der Besucher der Behörde deren zahlreichen Einwirkungsmöglichkeiten. Das folgt bereits daraus, dass die staatliche Stelle ihre Funktionsabläufe regelt und dabei die Modalitäten des Aufenthalts in ihren Gebäuden festlegt: Etwa welche Räume von der Öffentlichkeit aufgesucht werden dürfen, ob zuvor Sicherheitskontrollen durchzuführen sind, nach welchem Modus die Vergabe eines Termins zur Vorsprache erfolgt oder inwieweit Vorkehrungen etwa zur Sicherung der körperlichen Integrität der Besucher getroffen werden. Die räumliche Nähe erleichtert den Zugriff auf die Rechtsgüter des Einzelnen, was die Situation als besondere hervortreten lässt. In diesen Konstellationen nimmt der Betroffene keine Aufgaben des Staates wahr, er ist weniger Subjekt als mehr Objekt staatlichen Handelns innerhalb einer staatlichen Organisationseinheit[126]. Nicht die Ausübung einer Funktion, sondern die Inanspruchnahme der öffentlichen Institution und der angebotenen Leistung steht hierbei im Mittelpunkt.

Aufgrund der Nutzung staatlicher Leistungen können solche Verhältnisse damit als Nutzungsverhältnisse beschrieben werden[127], wobei die Nutzung der öffentlichen Organisationseinheiten entweder ohne Zwang (wie im Fall des bereits erwähnten Gangs zur Behörde) oder mit Zwang erfolgen kann. Nutzungsverhältnisse, die mittels Zwang zur Nutzung auffordern, sind etwa das Schulverhältnis oder der Strafvollzug, in dem die Nutzung der Organisationseinheit

---

126 *S. Kielmansegg*, Grundrechte im Näheverhältnis, 2012, S. 171 f.; *R. Breuer*, VVDStRL 44 (1986), 211 (217); *K. Lange*, VVDStRL 44 (1986), 169 (184).

127 In der Literatur findet sich für solche Verhältnisse oftmals der Begriff des „Anstaltsverhältnisses“. Der Begriff soll allerdings daher vermieden werden, da er Gefahr läuft, mit dem Rechtsbegriff der „Anstalt des öffentlichen Rechts“ gleichgesetzt zu werden, so auch *S. Kielmansegg*, Grundrechte im Näheverhältnis, 2012, S. 2. Die hier erwähnten Nutzungsverhältnisse umfassen zwar auch Verhältnisse zwischen solchen Anstalten und betroffenen Bürgern, der Begriff geht aber zugleich darüber hinaus.

den Betroffenen vorgeschrieben wird und gegebenenfalls auch vollstreckt werden mag.

In Abgrenzung zur Konfusionslage ist darauf hinzuweisen, dass auch Nutzungsverhältnisse zum Teil funktionalen Charakter aufweisen, insbesondere dann, wenn die Mitwirkung der Nutzer zum Erreichen des öffentlichen Zwecks erforderlich ist[128]. Zwar ist jede Erfüllung öffentlicher Aufgaben grundrechtsgebunden[129]; ihre aktive Mitwirkung führt jedoch nicht zwangsläufig dazu, Akteure in Nutzungsverhältnissen dem staatlichen Wirkungskreis zuzurechnen und sie gar als grundrechtsverpflichtet anzusehen. Sie sind nur dann grundrechtsgebunden, wenn sie der staatlichen Gewalt in einer spezifischen Weise zugerechnet werden können[130]. Dies mag insbesondere bei unfreiwillig begründeten Nutzungsverhältnissen regelmäßig nicht vorliegen. Der Schüler, der zur Verwirklichung des Ausbildungsziels am Unterricht teilnimmt, wird durch dieses Tun nicht Adressat der Grundrechte – auch wenn sein Handeln insofern als funktional zur Erreichung des Bildungsauftrags der Schule angesehen werden mag. Nutzungsverhältnisse zeichnen sich nicht primär dadurch aus, öffentliche Aufgaben zu erledigen; ihr Beitrag zur Erfüllung des öffentlichen Zwecks fügt sich in komplementärer Weise der staatlichen Aufgabenerledigung an.

Diese Charakteristika des Nutzungsverhältnisses mögen besonders anschaulich im Rahmen der Nutzung einer Anstalt des öffentlichen Rechts zu Tage treten. Mit *Otto Mayer* versteht man unter einer öffentlichen Anstalt einen „Bestand von Mitteln, sächlichen wie persönlichen, welche in der Hand eines Trägers öffentlicher Verwaltung einem besonderen öffentlichen Zwecke dauernd zu dienen bestimmt sind“[131]. Da unter diesen Begriff nahezu jede öffentliche Verwaltungstätigkeit des Staates gefasst werden kann, ist eine nähere Begriffsprägung unumgänglich[132]. Schon *Otto Mayer* gebrauchte den Begriff in ambivalenter Weise: zum einen als Beschreibung einer Organisationsform, zum anderen als dynamischen Begriff für die Wirkweise der handelnden Verwaltung[133]. Nach

128 *S. Kielmansegg*, Grundrechte im Näheverhältnis, 2012, S. 171 f., der dafür die Schule oder den Strafvollzug als Beispiele nennt.

129 *L. Michael/M. Morlok*, Grundrechte, 6. Aufl., 2017, Rn. 468; *R. Poscher*, Grundrechte als Abwehrrechte, 2003, S. 203 ff.

130 Vgl. *K. Stern*, Staatsrecht III/1, 1988, S. 1205.

131 *O. Mayer*, Deutsches Verwaltungsrecht, Bd. 2, 3. Aufl., 1924, S. 268, 331 f.

132 *W. Krebs*, NVwZ 1985, 609 (611, 613); *W. Rüfner*, Die Verwaltung 17 (1984), 19 (23 ff.); *H.-W. Laubinger*, Die nutzbare Anstalt des öffentlichen Rechts – ein Fabelwesen, in: Geis (Hrsg.), FS Maurer, 2001, S. 649 m.w.N.

133 Zu diesem Ergebnis gelangen statt vieler *R. Breuer*, VVDStRL 44 (1986), 211 (216 f.); *H.-W. Laubinger*, Die nutzbare Anstalt des öffentlichen Rechts – ein Fabelwesen,

heutigem Verständnis wird eine Anstalt des öffentlichen Rechts[134] daher als eine – jedenfalls in organisatorischer Hinsicht – verselbständigte Verwaltungseinheit angesehen[135]. Sie bildet einen Organisationstyp der öffentlichen Verwaltung, bei dem die Erbringung von Leistungen im Rahmen eines Benutzungsverhältnisses an außerhalb der Verwaltung stehende Rechtssubjekte, also vornehmlich Bürger, grundsätzlich im Vordergrund steht[136]. Anstalten des öffentlichen Rechts können als rechtsfähig ausgestaltet sein oder nicht; hieran bemisst sich zugleich der Grad ihrer Selbständigkeit[137]. Die Aufgaben einer Anstalt sind zudem durch ihre Zwecksetzung geprägt, also der Erfüllung eines öffentlichen Zwecks[138].

Dass die Nutzung einer Behörde oder Anstalt ein Sonderstatusverhältnis begründet, wird mitunter bestritten. Das liegt zum einen an der zeitlichen Dauer solcher Verhältnisse, die regelmäßig kürzer ausfallen mag, als dies etwa bei Funktionsträgern wie etwa den Beamten der Fall ist. Ferner seien diese Verhältnisse jederzeit aufhebbar, da sie maßgeblich durch den räumlichen Aufenthalt geprägt seien; daher sollen solch flüchtige Konstellationen nicht ausreichen,

---

in: Geis (Hrsg.), FS Maurer, 2001, S. 650; *W. Löwer*, DVBl 1985, 928 (930); *W. Rüfner*, DÖV 1985, 605 (606); *W. Krebs*, NVwZ 1985, 609 (610); *H. Göttrup*, Die kommunale Leistungsverwaltung, 1973, S. 116 f.

134 Ein erster Schritt zur Begriffsprägung besteht darin, den Anstaltsbegriff dem öffentlichen Recht zuzuordnen. Ein funktionaler Begriff, mit dem sich auch juristische Personen des Privatrechts erfassen ließen, ist hingegen abzulehnen, vgl. dazu *H. Jecht*, Die Öffentliche Anstalt, 1963, S. 80; *R. Breuer*, VVDStRL 44 (1986), 211 (224); *J. Wolf*, Anstalt des öffentlichen Rechts als Wettbewerbsunternehmen, 2002, S. 91 f.

135 *H. Jecht*, Die Öffentliche Anstalt, 1963, S. 62 ff.; *W. Berg*, NJW 1985, 2294 (2295); *J. Wolf*, Anstalt des öffentlichen Rechts als Wettbewerbsunternehmen, 2002, S. 89; *T. Pencereci/C. Brandt*, LKV 2008, 293 (294); ähnlich bereits *A. Köttgen*, VVDStRL 6 (1929), 105 (125) und *F. Fleiner*, Institutionen des Deutschen Verwaltungsrechts, 3. Aufl., 1913, S. 299 f.

136 *H. Maurer/C. Waldhoff*, Allgemeines Verwaltungsrecht, 19. Aufl., 2017, § 23 Rn. 54; *H. Roth*, Die kommunalen öffentlichen Einrichtungen, 1998, S. 30; *W. Löwer*, DVBl 1985, 928 (937 f.).

137 *D. Holz/N. Kürten/S. Grabolle*, KommJur 2014, 281 (282); *H. Maurer/C. Waldhoff*, Allgemeines Verwaltungsrecht, 19. Aufl., 2017, § 23 Rn. 55 ff.; *W. Rüfner*, DV 17 (1984), 19 (19); dazu bereits *F. Fleiner*, Institutionen des Deutschen Verwaltungsrechts, 3. Aufl., 1913, S. 299 f.

138 *O. Mayer*, Deutsches Verwaltungsrecht, Bd. 2, 3. Aufl., 1924, S. 268; *A. Köttgen*, VVDStRL 6 (1929), 105 (114); *W. Krebs*, NVwZ 1985, 609 (610); *W. Berg*, NJW 1985, 2294 (2300).

ein Sonderstatusverhältnis zu perpetuieren[139]. Dem ist zu entgegnen, dass aufgrund der bereits angesprochenen Heterogenität der Sonderstatusverhältnisse und des deskriptiven Charakters ohnehin nur schwerlich von einem spezifischen „Verhältnis" gesprochen werden kann. Wenn überhaupt, dann kann allenfalls von spezifischen Verwaltungsrechtsverhältnissen gesprochen werden, ohne dass hierbei eine Anlehnung an die umstrittene Figur des Verwaltungsrechtsverhältnisses beabsichtigt ist[140]. Überdies ergibt sich die Notwendigkeit der Festlegung auf starre begriffliche Vorstellungen nicht: Die Faktoren, die für die hier angestrebte leistungsrechtliche Betrachtung relevant sind, existieren unabhängig von ihrer zeitlichen Dauer und räumlichen Flüchtigkeit und lassen sich insofern trotz ihrer Volatilität für die grundrechtliche Betrachtung fruchtbar machen – und dies eben unabhängig davon, ob man sie als „stabile" Sonderstatusverhältnisse einordnet[141].

3. *Zusammenfassung*

Wie gezeigt lassen sich die eingegliederten Akteure entweder der Konfusions- oder Oppositionslage zuordnen. Die Unterscheidung bietet einen ersten Zugriff auf die vielgestaltigen Möglichkeiten der verschiedenen Eingliederungslagen und orientiert sich an den Kategorien der Grundrechtsbindung und Grundrechtsverpflichtung, die auch für die Frage der Aktivierung leistungsrechtlicher Gehalte der Grundrechte relevant werden.

III. Das Kriterium der Freiwilligkeit

Ein weiterer Aspekt, der Sonderstatusverhältnisse in besonderer Weise kennzeichnet, ist der Gesichtspunkt der Freiwilligkeit desjenigen, der in ein

139 *W. Loschelder*, Grundrechte im Sonderstatus, in: HStR IX, 3. Aufl., 2011, § 202 Rn. 44; *K. Stern*, Staatsrecht III/1, 1988, S. 1380; *H.-U. Evers*, Das besondere Gewaltverhältnis, 1972, S. 4; *I. v. Münch*, Verfassung und Verwaltung, in: Erichsen/Martens (Hrsg.), Allgemeines Verwaltungsrecht, 8. Aufl., 1988, § 3, S. 54; *F.-J. Peine*, Grundrechtsbeschränkungen in Sonderstatusverhältnissen, in: HGR III, 2009, § 65 Rn. 9.

140 Vgl. *S. Kielmansegg*, Grundrechte im Näheverhältnis, 2012, S. 231 m.w.N.; s. auch bereits 1. Teil, B., II., 2.

141 In eine ähnliche Richtung geht auch *W. Loschelder*, Grundrechte im Sonderstatus, in: HStR IX, 3. Aufl., 2011, § 202 Rn. 44, wenn er davon spricht, dass in solchen Verhältnissen jedenfalls das grundrechtliche Modell der Distanzlage nicht anwendbar ist. Gleichwohl hält er die Wirkungen solcher Nutzungsverhältnisse für zu unspezifisch, als dass sie eine eigenständige Kategorie der Sonderstatusverhältnisse begründen könnten.

Sonderstatusverhältnis eintritt. Denkbar ist, dass die Entscheidung, sich sehenden Auges in ein solches Verhältnis zu begeben und dabei Beeinträchtigungen der Freiheit in Kauf zu nehmen, ein Faktor für die Frage der Leistungsgewährung darstellt[142]. Im Kontext der Grundrechte und ihrer Wirkungsdimensionen könnte insofern ein Grundrechtsverzicht im Rahmen solcher Verhältnisse angenommen werden. Läge ein solcher vor, so wäre unter Umständen auch für die Entfaltung der leistungsrechtlichen Dimension kein Raum. Lässt sich die Figur des Grundrechtsverzichts hingegen nicht tauglich machen, bleibt zu fragen, auf welche Weise das Kriterium der Freiwilligkeit dann seine Wirkung für die leistungsrechtliche Betrachtung zu entfalten vermag.

1. Die Bedeutung der Freiwilligkeit für Sonderstatusverhältnisse

Hierbei ist die bereits angesprochene zeitliche Dimension der Sonderstatusverhältnisse zu berücksichtigen, die zwischen Begründungsakt und Eingliederungsfolgen differenziert. Bezüglich des Begründungsakts ist davon auszugehen, dass er entweder freiwillig oder unfreiwillig erfolgen kann. Mit Blick auf mögliche Eingliederungsfolgen ist festzuhalten, dass hierbei eine Vielzahl möglicher Grundrechtsbeeinträchtigungen denkbar ist, die der Einzelne mitunter nicht zu antizipieren vermag. Auch insofern gilt es zu klären, inwieweit ein Einverständnis des Betroffenen möglich ist.

a) Grundrechtsverzicht

Kennzeichnend für den Grundrechtsverzicht ist die Intention des Erklärenden, in rechtlich verbindlicher Weise auf die Ausübung eines Grundrechts zu verzichten[143]. Damit grenzt er sich von einem bloß tatsächlichen Grundrechtsnichtgebrauch, der als Ausübung persönlicher Freiheit anzusehen ist, entscheidend ab[144].

---

142 *H. Krüger*, VVDStRL 15 (1957), 109 (122) bezeichnet die freiwillige Eingehung eines solchen Verhältnisses als unzulässigen Nebenprozess gegenüber der Konstituierung des Gemeinwesens; nur die Allgemeinheit könne eine solche Gewalt konstituieren, nicht der freiwillige Akt Einzelner.

143 *G. Robbers*, JuS 1985, 925 (925 f.); *H. Sodan*, in: ders. (Hrsg.), Grundgesetz, 4. Aufl., 2018, Vorb. Rn. 43; *M. Antoni*, in: Hömig/Wolff (Hrsg.), Grundgesetz, 12. Aufl., 2018, Vorb. Rn. 14; *I. v. Münch/P. Kunig*, in: dies. (Hrsg.), GGK, Bd. 1, 6. Aufl., 2012, Vorb. Art. 1–19 Rn. 44.

144 *T. Kingreen/R. Poscher*, Grundrechte, 33. Aufl., 2017, Rn. 195; *H. D. Jarass*, in: ders./Pieroth (Hrsg.), GG, 14. Aufl., 2016, Vorb. Rn. 35; *H. Sodan/J. Ziekow*, Grundkurs Öffentliches Recht, 7. Aufl., 2016, § 24 Rn. 19; *J. Ipsen*, Der Staat 52 (2013), 266 (275).

Die Möglichkeit des Grundrechtsverzichts wird verschiedentlich diskutiert. So wird für bestimmte Fälle etwa ein Grundrechtsverzicht grundsätzlich ausgeschlossen; sie betreffen insbesondere die Garantie der Menschenwürde aus Art. 1 Abs. 1 GG[145]. Dies speist sich vornehmlich aus dem Einwand der objektiv-rechtlichen Wirkung dieses Grundrechts, die im Rahmen der Menschenwürdegarantie gerne hervorgehoben wird. Unabhängig von der Ausgestaltung einzelner Freiheitsrechte ist damit jedoch der wesentliche Kritikpunkt bereits angesprochen: die objektiv-rechtliche Dimension der Grundrechte und die daraus resultierende Unverfügbarkeit des Einzelnen hinsichtlich der Dispositionsbefugnis über seine Grundrechtsberechtigung[146].

Dabei variieren die Auffassungen darüber, wie weit diese objektive Dimension bei einzelnen Grundrechten reicht. So soll bei Grundrechten, die im besonderen Maße als Ausdruck subjektiver Freiheitsausübung anzusehen sind, die objektive Dimension einem temporären Verzicht auf das Grundrecht nicht entgegenstehen[147]. Dies mag in gesteigerter Weise etwa für solche Grundrechte gelten, die dem Schutz der Privatheit dienen. Damit verbleibt die Frage, was der Einzelne geheim halten möchte, vornehmlich dem Grundrechtsträger zur Beantwortung[148].

Die Überlegungen zu einem Grundrechtsverzicht stehen damit in einem Spannungsfeld zwischen der subjektiven und objektiven Wirkung der Grundrechte. Aufgrund der spezifischen Eigenheiten der jeweiligen Grundrechte vermag dieses Spannungsfeld nicht im Grundsatz in eine Richtung aufgelöst werden. Daher kann die Problematik des Grundrechtsverzichts nur jeweils in Ansehung des betroffenen Grundrechts und der bestehenden Situation geklärt werden[149]. Für die vorliegende Betrachtung der Eingliederung in den Sonderstatus erscheint ein solches Verständnis angebracht, wonach sich der Grundrechtsverzicht als die Einwilligung in eine konkrete Grundrechtsbeeinträchtigung

---

145 *H. Dreier*, in: ders. (Hrsg.), GGK, Bd. 1, 3. Aufl., 2013, Vorb. Rn. 133; *T. Kingreen/R. Poscher*, Grundrechte, 33. Aufl., 2017, Rn. 199; *M. Antoni*, in: Hömig/Wolff (Hrsg.), Grundgesetz, 12. Aufl., 2018, Vorb. Rn. 14; *K. Stern*, Staatsrecht III/2, 1994, S. 923.

146 *S. Kielmansegg*, Grundrechte im Näheverhältnis, 2012, S. 337; *A. Bleckmann*, JZ 1988, 57 (58); *L. Michael/M. Morlok*, Grundrechte, 6. Aufl., 2017, Rn. 536.

147 *H. Dreier*, in: ders., GGK, Bd. 1, 3. Aufl., 2013, Vorb. Rn. 132.

148 Vgl. BVerfGE 65, 1 (43); 85, 386 (396 f.); *H. Dreier*, in: ders., GGK, Bd. 1, 3. Aufl., 2013, Vorb. Rn. 132.

149 Für das Sonderstatusverhältnis so auch *S. Kielmansegg*, Grundrechte im Näheverhältnis, 2012, S. 338 f.; im Übrigen *A. Bleckmann*, JZ 1988, 57 (59).

darstellt, also als Grundrechtsausübungsverzicht[150] in einer spezifischen Konstellation oder schlichtweg als Disposition über Grundrechtsinhalte[151]. Seine Folge besteht dann in einer Unterbrechung der Zurechnung der Grundrechtsbeeinträchtigung zum Staat[152].

aa) Begründungsakt als Anknüpfungspunkt

Die Heterogenität der Diskussion um die Frage des Grundrechtsverzichts erschwert die Anwendung der Figur auf die hier zu betrachtenden Sonderstatusverhältnisse. Wählt man den Begründungsakt eines solchen Verhältnisses als Anknüpfungspunkt des Grundrechtsverzichts, so müsste es sich für dessen Wirksamkeit zunächst überhaupt um eine Grundrechtsbeeinträchtigung handeln, in die der Betroffene dann einwilligt. Auf den ersten Blick ließe sich eine solche dadurch annehmen, dass mit der Begründung des Verhältnisses verschiedenste (Haupt-)Pflichten einhergehen und damit zumindest der Anwendungsbereich der allgemeinen Handlungsfreiheit aus Art. 2 Abs. 1 GG eröffnet zu sein scheint. So geht etwa mit der Begründung des Soldatenverhältnisses die Grundpflicht des Soldaten einher, der Bundesrepublik Deutschland treu zu dienen und das Recht und die Freiheit der deutschen Bevölkerung zu verteidigen (§ 7 SG).

Ob insofern ein Grundrechtsverzicht anzunehmen ist, ist allerdings fraglich. Dieser wäre darin zu erblicken, dass der Betroffene auf die Ausübung derjenigen Grundrechte verzichtet, die durch die mit Begründung des Verhältnisses einhergehenden Pflichten eingeschränkt werden. Dabei ist jedoch insbesondere zweifelhaft, ob hier die Grenze zur aktiven Grundrechtsausübung verschwimmt[153]: So ist dem Einzelnen im Rahmen seiner grundrechtlichen Freiheiten schließlich

---

150 Diese Terminologie verwenden etwa *D. Merten*, Grundrechtsverzicht, in: HGR III, 2009, § 73 Rn. 24; *ders.*, Landesgesetzgebungspflichten kraft Bundesrahmenrechts?, in: Wilke (Hrsg.), FS 125 Jahre Juristische Gesellschaft zu Berlin, 1984, S. 431 (452); *H. Bethge*, Grundrechtswahrnehmung, Grundrechtsverzicht, Grundrechtsverwirkung, in: HStR IX, 3. Aufl., 2011, § 203 Rn. 99; *H. Dreier*, in: ders. (Hrsg.), GGK, Bd. 1, 3. Aufl., 2013, Vorb. Rn. 132; *M. Kloepfer/H. Greve*, Staatsrecht kompakt, 2. Aufl., 2016, Rn. 525 ff., um zu verdeutlichen, dass der Verzicht inhaltlich wie auch zeitlich als beschränkt anzusehen ist. Das BVerfG benutzt diese Terminologie in einer jüngeren Entscheidung ebenfalls: BVerfG NVwZ 2016, 1804 (1806 f.). Kritisch zur Terminologie *J. Pietzcker*, Der Staat 17 (1978), 527 (537 f.).

151 *L. Michael/M. Morlok*, Grundrechte, 6. Aufl., 2017, Rn. 534; *J. Pietzcker*, Der Staat 17 (1978), 527 (531).

152 *L. Michael/M. Morlok*, Grundrechte, 6. Aufl., 2017, Rn. 539.

153 *A. Geiger*, NVwZ 1989, 35 (37); *G. Robbers*, JuS 1985, 925 (926 f.).

auch das Recht verbürgt, derartige Rechtsverhältnisse einzugehen, welche die Auferlegung von Pflichten mit sich bringen[154]. Es ist auch ein Ausdruck von Freiheit, sich rechtlich binden zu wollen. Dabei verbleibt dem Einzelnen, wie dies etwa das Beispiel der Vertragsfreiheit zeigt, mitunter ein weiter Spielraum der Selbstbindung, der bei objektiver Betrachtung eines Dritten nicht zwingend zu einem gerechten Ausgleich zwischen den verschiedenen Interessen führen muss[155]. Bereits diese Abgrenzungsschwierigkeiten zeigen, dass von einem ausdrücklichen Verzicht des Betroffenen insofern nicht gesprochen werden kann.

Erschwerend für die Annahme eines Grundrechtsverzichts tritt hinzu, dass die Eingehung von belastenden Pflichten nicht isoliert betrachtet werden kann. So verkennt eine isolierte Betrachtung einzelner (Haupt-)Pflichten, dass in diesen Verhältnissen zusätzlich auch bestimmte Vorteile gewährt werden, die zur Kompensation dieser Einbußen beitragen können[156]. Dafür spricht die Annahme, dass der Staat bestimmte Sonderstatusverhältnisse überhaupt erst eröffnet, weil damit auch Verpflichtungen des Eingegliederten einhergehen, die er letztlich bezweckt. Die Betrachtung muss insoweit also stets in einem Gesamtzusammenhang erfolgen. Ferner ist anzunehmen, dass Betroffene ein Sonderstatusverhältnis und die damit verbundene Pflichtenauferlegung auch nur deshalb begründen, da sie mit der Inanspruchnahme solcher Vorteile rechnen. Dies zeigt, dass die Motivlage mit Blick auf einen möglichen Grundrechtsverzicht nicht so eindeutig zu bestimmen ist.

Die Annahme eines Grundrechtsausübungsverzichts oder teilweisen Verzichts wirkt nach alldem daher allzu konstruiert und starr. Sie kann insbesondere die Motivlage der Betroffenen nur unzureichend abbilden. Daraus folgt, dass das Kriterium der Freiwilligkeit zwar hinsichtlich der Eingliederung durchaus eine legitimierende Wirkung entfalten mag – schließlich kann, wie bereits angesprochen, die Begründung eines Sonderstatusverhältnisses als Freiheitsausübung verstanden und daher etwa auf der Ebene der Rechtfertigung von Grundrechtseingriffen Relevanz entfalten. Die Figur des Grundrechtsverzichts taugt gleichwohl nicht zur Erfassung dieses Aspekts[157].

---

154 *K. Stern*, Staatsrecht III/1, 1988, S. 1554 f.; *J. Schwabe*, Probleme der Grundrechtsdogmatik, 1977, S. 98 f., 120 ff.

155 *C. Schubert*, in: Münchener Kommentar zum BGB, Bd. 2, 7. Aufl., 2016, § 242 Rn. 497; *U. Di Fabio*, in: Maunz/Dürig (Begr.), Grundgesetz-Kommentar, 81. EL, Art. 2 Rn. 101 f.

156 Ähnlich *S. Kielmansegg*, Grundrechte im Näheverhältnis, 2012, S. 343.

157 So auch *F. Werner*, JZ 1954, 557 (560 f.).

bb) Eingliederungsfolgen

Hinsichtlich der Eingliederungsfolgen ist die Annahme eines möglichen Grundrechtsverzichts ebenfalls fraglich. Dies folgt daraus, dass nach allgemeiner Auffassung ein Verzicht nur unter strengen Voraussetzungen möglich sein soll. Gefordert wird hierbei insbesondere die mögliche Einsichtsfähigkeit des Verzichtenden hinsichtlich der Tragweite seiner Entscheidung, worunter auch die Tragweite in zeitlicher Hinsicht fallen dürfte[158]. Bezüglich des Begründungsaktes wird man hierbei wohl annehmen können, dass derjenige, der sich freiwillig in ein Sonderstatusverhältnis begibt, auch mit den unmittelbar einhergehenden Freiheitseinbußen einverstanden ist. So ist sich etwa der Beamte bei seiner Ernennung darüber im Klaren, dass mit Dienstantritt auch spezifische Pflichten einhergehen. Bezüglich der Eingliederungsfolgen hingegen ist fraglich, inwieweit diese von der ursprünglichen Einwilligung gedeckt sind. Dabei geht es letztlich um die Reichweite der zum Zeitpunkt des Begründungsaktes erfolgten Einwilligung und ihre Fähigkeit, zeitlich nachfolgende Grundrechtsbeeinträchtigungen ebenfalls zu umfassen[159]. Hierbei einen „Blanko-Verzicht" pro futuro anzunehmen, würde sicherlich den Forderungen hinsichtlich des Bewusstseins über die Tragweite des Grundrechtsverzichts nicht gerecht[160].

Erschwerend tritt dabei hinzu, dass die Abgrenzung zwischen Begründungsakt und Begründungsfolgen nicht völlig trennscharf durchführbar ist. Dies folgt bereits daraus, dass sich solche Pflichten, die konstitutiv mit dem Sonderstatusverhältnis verknüpft sind, womöglich im späteren Verlauf in einer spezifischen Weise aktualisieren, was dazu führt, dass sie vom Anwendungsbereich der ursprünglichen Einwilligung nicht mehr gedeckt sind. Mag sich etwa für den Beamten die Pflicht, am Arbeitsplatz zu erscheinen, zu Beginn des Beamtenverhältnisses als Grundrechtsbeeinträchtigung darstellen, in die er ohne Bedenken einwilligt, ändert sich womöglich das Bild, wenn im Laufe der Zeit diese Pflicht nur unter Inkaufnahme größerer Risiken zu erfüllen ist, etwa weil vor Ort Gefahren auftreten, die vorher nicht abzusehen waren. So konstruiert dieses Beispiel zugegebenermaßen auch sein mag, so sehr verdeutlicht es dennoch einleuchtend die mitunter unmögliche Antizipation von Grundrechtseingriffen im

---

158 *H. Dreier*, in: ders., GGK, Bd. 1, 3. Aufl., 2013, Vorb. Rn. 131.

159 *S. Kielmansegg*, Grundrechte im Näheverhältnis, 2012, S. 339.

160 *S. Kielmansegg*, Grundrechte im Näheverhältnis, 2012, S. 340; *E. Kempf*, JuS 1972, 701 (703); *C.-F. Menger*, VerwArch 56 (1965), 177 (185 f.); *M. Sachs*, NWVBl. 2004, 209 (213); zur Einwilligungslehre in diesem Kontext *W. Leisner*, DVBl 1960, 617 (621).

zeitlichen Verlauf des Sonderstatusverhältnisses, was die Abgrenzung zwischen Begründungsakt und Begründungsfolgen erschwert.

Insofern lässt sich festhalten, dass sich die Freiwilligkeit desjenigen, der sich in ein Sonderstatusverhältnis begibt, nicht im Rahmen eines Grundrechtsverzichts auswirkt. Inwieweit sie als relevanter Belang für die leistungsrechtliche Betrachtung handhabbar gemacht werden kann, bleibt damit offen.

b) Der vorgelagerte Verknüpfungsakt als Anknüpfungspunkt

Kielmansegg hat ferner darauf hingewiesen, dass in einem möglichen Grundrechtsverzicht ohnehin nur eine Scheinlösung zu erblicken sei[161]. Er argumentiert, dass schon die objektiven Anforderungen der betroffenen Grundrechte erfüllt werden müssten, die ein Grundrechtsverzicht nicht umgehen könne[162]. Anders ausgedrückt: Wenn bestimmte Eingliederungslagen schon einem objektiven Maßstab der Grundrechte nicht gerecht werden, so kann auch ein Grundrechtsverzicht des Betroffenen nicht darüber hinwegtäuschen[163]. Als Anknüpfungspunkt für eine solche Beurteilung wählt er das Vorfeld der Einwilligungserklärung, welches zeitlich vor dem Begründungsakt liegt[164]. Ansatzpunkt seien hierbei die Konditionen für die Aufnahme in ein Eingliederungsverhältnis: Da diese ausschließlich der Staat bestimme (etwa die Aufnahme in den öffentlichen Dienst von bestimmten Eignungsvoraussetzungen des Bewerbers abhängig macht), handele es sich hierbei um einen einseitigen Akt, der am Maßstab der Grundrechte gemessen werden müsse[165]. Er stuft damit die Verknüpfung von Zugang und Freiheitsbeschränkung als grundrechtsbeeinträchtigend ein[166]. Damit wird der Blickwinkel auf das zeitliche Vorfeld des Begründungsaktes gelenkt. Da die Eingliederungsbedingungen für die Betroffenen nicht verhandelbar seien, sei eine Einwilligung bzw. ein Grundrechtsverzicht in diesen Konstellationen nicht möglich; maßgeblich sei vielmehr der objektive Gehalt der

161 *S. Kielmansegg*, Grundrechte im Näheverhältnis, 2012, S. 342.

162 *S. Kielmansegg*, Grundrechte im Näheverhältnis, 2012, S. 340.

163 Vgl. dazu auch *L. Michael/M. Morlok*, Grundrechte, 6. Aufl., 2017, Rn. 537: „Wenn sich der Staat über solche objektiv-rechtlichen Gebote hinwegsetzt, ist der in solchem Zusammenhang erklärte Grundrechtsverzicht unwirksam.".

164 *S. Kielmansegg*, Grundrechte im Näheverhältnis, 2012, S. 340 ff.

165 *S. Kielmansegg*, Grundrechte im Näheverhältnis, 2012, S. 340 f. unter Verweis auf BVerfGE 108, 282 (296).

166 *S. Kielmansegg*, Grundrechte im Näheverhältnis, 2012, S. 340 ff.

Grundrechte, an dem dieser Verknüpfungsakt gemessen werden müsse, wobei die Freiwilligkeit insofern eine untergeordnete Rolle spiele[167].

Eine solche Verknüpfung sei hierbei im gesteigerten Maß im Rahmen der Folgebeeinträchtigungen kritisch, da sie als „Maßnahmen der eingliederungsbedingten Verhaltensregulierung“[168] ohne jegliche Einflussmöglichkeit der Betroffenen festgelegt würden. Hinsichtlich des Begründungsaktes erachtet er eine solche Verknüpfung zwischen Zugang und Freiheitsbeschränkung hingegen als unkritisch, da die Einheit von Pflichten und Rechten letztlich konstitutiv für solche Rechtsverhältnisse sei[169].

2. *Die Bedeutung der Freiwilligkeit für die leistungsrechtliche Betrachtung*

Betrachtet man die Verknüpfung von Zugang und Freiheitsbeschränkung genauer, so ist darin die Verknüpfung eines Rechts und verschiedener Pflichten zu erblicken. Hierin ist ein System wechselbezüglicher Verpflichtungen zwischen Bürger und Staat zu sehen: So verpflichtet sich der Staat dazu, dem Bürger dann Zugang zu gewähren, wenn dieser im Gegenzug im Wege der Auferlegung von Pflichten auf bestimmte Freiheiten verzichtet. Anders ausgedrückt ließe sich auch formulieren, dass in der Verknüpfung von Zugang und Freiheitsbeschränkung letztlich die Festlegung der Eingliederungskonditionen zu erblicken ist. Dies sei im Folgenden am Beispiel des Soldaten illustriert: Das Soldatenverhältnis ist geprägt durch zahlreiche wechselbezüglichen Rechte und Pflichten. So korrespondieren etwa der Gehorsamspflicht des Soldaten (§ 11 SG) die vielfältigen Pflichten des Vorgesetzten (§ 10 SG). Betrachtet man die zahlreichen Rechte und Pflichten in einem Gesamtzusammenhang, so ergibt sich ein Mosaik, welches letztlich die Konditionen einer Eingliederung in das Soldatenverhältnis beschreibt.

Zutreffend ist hierbei, dass auf die Aushandlung dieser Konditionen der eingliederungswillige Bürger letztlich keinen Einfluss hat, da sie einseitig vom Staat diktiert werden; eine Einwilligung seinerseits ist insofern für diesen Prozess unbeachtlich[170]. Einmal ausgehandelt, müssen diese Eingliederungskonditionen,

167 *S. Kielmansegg*, Grundrechte im Näheverhältnis, 2012, S. 342.
168 *S. Kielmansegg*, Grundrechte im Näheverhältnis, 2012, S. 343.
169 *S. Kielmansegg*, Grundrechte im Näheverhältnis, 2012, S. 343.
170 *S. Kielmansegg*, Grundrechte im Näheverhältnis, 2012, S. 342; vgl. ferner *A. Podlech*, Das Grundrecht der Gewissensfreiheit und die besonderen Gewaltverhältnisse, 1969, S. 51 f.

das Mosaik verschiedener Rechte und Pflichten, jedoch ihrerseits dem Maßstab der Grundrechte gerecht werden.

Legt man diesen Maßstab an, so ist die Willensrichtung desjenigen, der in den Sonderstatus eintritt, allerdings maßgeblich. Dies folgt schon daraus, dass die nähere Ausgestaltung verschiedener Sonderstatusverhältnisse die Willensrichtung des Betroffenen in den Vordergrund stellt. Nimmt man etwa den Fall an, dass ein Betroffener unfreiwillig in ein Sonderstatusverhältnis eingegliedert wird (etwa Strafgefangene), so sind die Eingliederungskonditionen in verstärktem Maße auf das fehlende Willensmoment ausgerichtet: Die Bedingungen für die Eingliederung umfassen dann nämlich neben verschiedensten Rechten und Pflichten auch Mechanismen, die zur Überwindung der Willensrichtung des Betroffenen beitragen. Geradezu exemplarisch mag dies für den Strafvollzug gelten, der mit der Vielzahl seiner Regelungen ständig darauf zielt, die Freiheitsausübung des Einzelnen zu reglementieren und damit auf die Willensrichtung des Einzelnen entscheidend einwirkt.

Dies muss nach einem objektiven grundrechtlichen Maßstab in einer Weise geschehen, die dem Grundsatz der Verhältnismäßigkeit Rechnung trägt; ein relevanter Belang dieser Abwägung ist hierbei selbstverständlich auch die Willensrichtung des Einzelnen, die sich letztlich in der grundrechtlichen Sphäre widerspiegelt. So ist davon auszugehen, dass bezüglich der konkreten Intensität der Grundrechtsbeeinträchtigung[171] ein solches Verhalten belastender wirkt, welches gegen den Willen des Betroffenen erfolgt. Der objektive Maßstab nimmt damit Erwägungen des Einverständnisses des Grundrechtsträgers in sich auf. Als Ergebnis einer solchen Abwägung ist ferner vorstellbar, dass die Willensrichtung des Einzelnen nicht gänzlich zu verwerfen ist – die Eingliederungskonditionen und deren Mechanismen können vielmehr auch im Wege kompensierender Ersatzleistungen den Mangel an Freiwilligkeit zumindest aufzufangen versuchen. Gerade hierin ist ein Anknüpfungspunkt für die leistungsrechtliche Dimension zu sehen, die damit ihre Wirkung schon im Rahmen der Eingliederungskonditionen entfaltet.

Nach alledem ist der Aspekt der Freiwilligkeit zwar nicht relevant für die Aushandlung der Eingliederungskonditionen, er stellt jedoch einen relevanten Belang des grundrechtlichen Maßstabs dar, dem die Eingliederungskonditionen von Sonderstatusverhältnissen genügen müssen. In den Fällen, in denen die Freiwilligkeit des Einzelnen zugunsten der Eingliederung nicht vorausgesetzt wird, mag er sich besonders deutlich auswirken. Dabei sind vor allem

---

171 Zur Terminologie *L. Michael*, JuS 2001, 148 (150).

die Mechanismen, die zur Überwindung der Willensrichtung des Betroffenen greifen oder sie zumindest zu kompensieren versuchen, an diesem Maßstab zu messen. Hieraus folgt, dass eine Unterscheidung in freiwillig begründete und unfreiwillig begründete Sonderstatusverhältnisse lohnend erscheint, da unfreiwillig begründete Sonderstatusverhältnisse tendenziell eher der Gefahr erliegen, in unverhältnismäßiger Weise Grundrechte zu beschränken. Begrifflich soll dafür unterschieden werden zwischen sogenannten aktiven und passiven Sonderstatusverhältnissen[172]: Handelt der Einzelne in diesem Sinne freiwillig, so lässt sich dies als aktiver Sonderstatus beschreiben. Geht der Einzelne das Sonderstatusverhältnis hingegen unfreiwillig ein, so soll vom passiven Sonderstatus gesprochen werden.

a) Aktiver Sonderstatus

Maßgeblich für eine solche Unterscheidung ist jeweils der Zeitpunkt der erstmaligen Begründung des Verhältnisses. Jener ist deshalb relevant, da zu dieser Zeit ein Beziehungsgeflecht zwischen Staat und Bürger entsteht, welches maßgeblich auf wechselseitigen Verpflichtungen basiert[173]. Die Freiwilligkeit insofern auf mögliche Eingliederungsfolgen zu erstrecken, ist – wie bereits gezeigt wurde – nicht zuletzt aufgrund der mangelnden Antizipationsmöglichkeit von Folgebeeinträchtigungen im Ergebnis wenig zielführend. Ob ein Sonderstatusverhältnis hingegen freiwillig oder unfreiwillig begründet wird, lässt sich – ungeachtet faktischer Zwänge – jedenfalls formal eindeutig feststellen.

Als aktive Sonderstatusverhältnisse sollen die Konstellationen beschrieben werden, in denen der Betroffene aktiv, also freiwillig, in die staatliche Nähe tritt. Dabei sei insbesondere hervorgehoben, dass der jeweilige Akteur damit aus freien Stücken in ein Verhältnis eintritt, welches ihm verschiedene Pflichten auferlegt. Exemplarisch ist hierbei das Beamtenverhältnis. Ohne eine Ernennung, die letztlich von dem Einverständnis des jeweilig Betroffenen getragen sein muss, kommt das Verhältnis nicht zustande; die Beamtenernennung stellt insofern einen mitwirkungsbedürftigen Verwaltungsakt dar[174].

---

172 Diese Terminologie geht zurück auf *L. Michael/M. Morlok*, Grundrechte, 6. Aufl., 2017, Rn. 745 f.

173 Ausführlich dazu 1. Teil, B., IV., 2., a).

174 *P. Kunig*, Das Recht des öffentlichen Dienstes, in: Schoch (Hrsg.), Besonderes Verwaltungsrecht, 15. Aufl., 2013, S. 661 (692); *U. Battis*, in: ders. (Hrsg.), BBG, 5. Aufl., 2017, § 10 Rn. 2.

Bezieht man die Unterscheidung zwischen Konfusions- und Oppositionslagen mit in die Betrachtung ein, so lassen sich auf beiden Ebenen aktive Sonderstatusverhältnisse ausmachen. Dabei stellt das Beamtenverhältnis eine Konfusionslage dar, die aktiv begründet wird. Gleiches gilt für solche Verhältnisse, deren Nähe zum Staat weniger intensiv ausgeprägt ist. Aus diesem Grund lassen sich auch Beliehene – zumindest in funktionaler Hinsicht – einer aktiven Konfusionslage zuordnen, da sie innerhalb ihres übertragenen Aufgabenbereichs als Hoheitsträger anzusehen sind. Bezogen auf die Oppositionslage sind aktive Sonderstatusverhältnisse vornehmlich dadurch gekennzeichnet, dass sich der Einzelne aus freien Stücken in die staatliche Nähe begibt, um ein Leistungsangebot des Staates in Anspruch zu nehmen. Die staatliche Nähe macht sich hierbei häufig auch als räumliche Nähe bemerkbar. So mag der Nutzer eines Schwimmbads, der ein angebotenes Leistungsspektrum des Staates wahrnimmt, ebenso hierunter fallen wie derjenige, der im Rahmen eines Behördenbesuchs eine konkrete Leistung der Verwaltung, wie etwa den Erhalt eines Reisepasses[175], begehrt.

b) Passiver Sonderstatus

Indem auf die Freiwilligkeit der Begründung des Pflichtenverhältnisses abgestellt wird, ist eine gleichzeitige Existenz des aktiven und passiven Sonderstatus ausgeschlossen[176]. Bezieht man das Koordinatensystem der Konfusions- und Oppositionslage mit in die Betrachtung ein, so ergibt sich für passive Konfusionslagen, dass die entsprechenden Akteure zwar Aufgaben des Staates wahrnehmen, die Begründung des Sonderstatus jedoch nicht freiwillig erfolgte. So nimmt etwa der Wehrdienstleistende Aufgaben des Staates wahr, mag insofern also als Funktionsträger angesehen werden. Die Begründung dieses Verhältnisses erfolgt für ihn jedoch aufgrund der Pflicht, Wehrdienst zu leisten, in unfreiwilliger Weise. Oppositionslagen lassen sich hingegen als passiv charakterisieren, wenn die Nutzung eines staatlichen Leistungssystems, also etwa eine staatliche Institution, dem Nutzer mit Zwang vorgeschrieben wird. Dies ist etwa bei Schülern der Fall, die zur Nutzung der Bildungseinrichtungen im Wege der

---

175 Zuzugeben ist, dass sich bei solch flüchtigen Verhältnissen die Frage nach den Grenzen der Sonderstatusverhältnisse stellt. Dabei ist zu beachten, dass der Begriff des Sonderstatusverhältnis hier in einem deskriptiven Sinne zur Veranschaulichung des spezifischen Pflichtengeflechts zwischen Staat und Bürger begriffen wird und nicht derart entgrenzt, dass er mit der umstrittenen Figur des Verwaltungsrechtsverhältnis gleichzusetzen ist, vgl. 1. Teil, A., II., 2. und 1. Teil, B., II., 2.

176 Vgl. abweichend *L. Michael/M. Morlok*, Grundrechte, 6. Aufl., 2017, Rn. 745 f.

Schulpflicht – notfalls auch zwangsweise – verpflichtet sind[177]. Auch Strafgefangene verbleiben in einer Oppositionslage zum Staat und sind ferner im Rahmen der Abgeltung ihrer Strafe, nicht zuletzt rein faktisch, dazu verpflichtet, das Leistungsspektrum der Strafvollzugsanstalt in Anspruch zu nehmen und sich damit den jeweiligen Funktionsbedingungen dieser Institution zu unterwerfen. Neben den offenkundigen Unterschieden zwischen dem Schul- und Strafgefangenenverhältnis variiert hierbei das Maß der Unfreiwilligkeit der Eingliederung. Während die Schulpflicht dadurch ihre Realisierung erfahren kann, dass eine von mehreren möglichen Schulen gewählt wird, verbleibt dem Strafgefangenen diese Wahlmöglichkeit in der Regel nicht. Begreift man diese Institutionen als soziale Gebilde, lässt sich daher von einer Mitgliedschaft auf relativer oder absoluter Zwangsbasis sprechen[178].

Bezogen auf die leistungsrechtliche Betrachtung mag festgehalten werden, dass diese besondere Spielart der Grundrechte in passiven Sonderstatusverhältnissen in besonderem Maße gefordert ist, um solche Nachteile auszugleichen, die der Einzelne aufgrund seiner fehlenden Freiwilligkeit als besonders gravierend empfindet.

3. *Zusammenfassung*

Die Willensrichtung der Akteure in Sonderstatusverhältnissen ist ein Spezifikum, welches im Rahmen der leistungsrechtlichen Betrachtung zu berücksichtigen ist. Sie ist ein Bestandteil der wechselbezüglichen Beziehung zwischen Staat und Bürger in Eingliederungslagen und kann als Belang in Erwägungen einbezogen sein, die auf die Gewährung kompensatorischer Ersatzleistungen gerichtet sind. In zeitlicher Hinsicht lässt sich hierbei vornehmlich an die Begründung des Sonderstatusverhältnisses anknüpfen, die entweder in aktiver oder passiver Weise erfolgen kann. Dabei darf die Bedeutung der Freiwilligkeit nicht überhöht und gar ein Grundrechtsverzicht der Eingegliederten angenommen werden, da dieser strengen Anforderungen unterliegt, insbesondere hinsichtlich der Kenntnis des Verzichtenden bezüglich der Tragweite seiner Entscheidungen. Aus diesem Grund mag er für etwaige Folgebeeinträchtigungen nicht in Ansatz gebracht werden. Überdies ist der Aspekt der Freiwilligkeit im Rahmen des

---

177 *A. Podlech*, Das Grundrecht der Gewissensfreiheit und die besonderen Gewaltverhältnisse, 1969, S. 52.

178 *A. Podlech*, Das Grundrecht der Gewissensfreiheit und die besonderen Gewaltverhältnisse, 1969, S. 50, 52; vgl. ferner *J. Schwabe*, Probleme der Grundrechtsdogmatik, 1977, S. 98 f.

objektiven grundrechtlichen Maßstabs zu berücksichtigen, anhand dessen die Eingliederungskonditionen zu messen sind. Hierbei zeigt sich, dass das fehlende Einverständnis in sogenannten passiven Sonderstatusverhältnissen in besonderem Maße zur Kompensation[179] – und damit zur Aktivierung der leistungsrechtlichen Dimension – auffordert.

IV. Der Aspekt der Reziprozität

Bereits angeklungen war, dass den Akteuren in Sonderstatusverhältnissen unterschiedliche Rechte und Pflichten zukommen, die aufeinander bezogen sind. Dieser Aspekt soll im Folgenden näher betrachtet werden, da er Anhaltspunkt für die Notwendigkeit zu gewährender Leistungen in Sonderstatusverhältnissen sein kann. Dies betrifft insbesondere die Wechselbezüglichkeit des Geflechts von Rechten und Pflichten, die im Folgenden unter dem Aspekt der Reziprozität behandelt wird.

1. Zum Begriff der Reziprozität

Im soziologischen Kontext entfaltet der Gedanke der Reziprozität seine Bedeutung in Gestalt von Austauschbeziehungen, wobei der Grad der Beziehung je nach Art des Austausches variiert[180]. Es handelt sich hierbei um Verhältnisse, in deren Rahmen beiderseitig Vorteile im Hinblick auf den Vorteil des anderen gewährt werden[181]. Besonders anschaulich findet dies im Rahmen der sogenannten direkten Reziprozität statt[182]: Hierbei geht es um ein synallagmatisches Verhältnis, um ein „Geben und Nehmen" zwischen zwei Akteuren, die auf dem klassischen Wege des Warentauschs Leistung und Gegenleistung wechselseitig

179 Zum Begriff der Kompensation ausführlich 3. Teil, A., I., 2., c).

180 *A. W. Gouldner*, The Norm of Reciprocity: A Preliminary Statement, in: American Sociological Review 25 (1960), 161 (164 f., 171 ff.); *G. C. Homans*, Social Behaviour as Exchange, in: American Journal of Sociology 63 (1958), 597 ff.; *H. Becker*, Man in reciprocity, 1956, passim; *B. Malinowski*, Crime and Custom in Savage Society, 1926, S. 46 ff.; *C. Stegbauer*, Reziprozität, 2. Aufl., 2011, S. 33; zur Reziprozität als Verhaltensmuster ausführlich *H. Hof*, Grenzen der Reziprozität, in: Jakob/Fikentscher (Hrsg.), Korruption, Reziprozität und Recht, 2000, S. 179 (181 ff.).

181 *W. Fikentscher*, Reziprozität als Begriff der Rechtsanthropologie – einige Bemerkungen, in: Jakob/Fikentscher (Hrsg.), Korruption, Reziprozität und Recht, 2000, S. 129 (131).

182 *V. Boehme-Neßler*, Rechtstheorie 39 (2008), 521 (522); *C. Stegbauer*, Reziprozität, 2. Aufl., 2011, S. 33 f.

austauschen, so etwa im Rahmen des Kaufs in Gestalt von „Geld gegen Ware“[183]. Da sich dieses Verhältnis in einem einmaligen Akt erschöpfen kann, lässt es sich als am wenigsten beziehungsstiftend bezeichnen[184]. Daneben existieren auch solche Gegenseitigkeitsbeziehungen, die kontinuierlicher bestehen. Damit angesprochen ist der Typus der sogenannten generalisierten Reziprozität[185]. Dieser ist dadurch gekennzeichnet, dass die Erbringung der jeweiligen Leistungen nicht auf einen unmittelbaren Ausgleich zielt, ein Geben sich also nicht unmittelbar mit einem Nehmen verrechnen lässt[186]. Als Beispiel hierfür lassen sich solche Beziehungen nennen, die über einen längeren Zeitraum generalisierende Wirkung entfalten – etwa zwischen verschiedenen Generationen wie Eltern und ihren Kindern oder innerhalb der Familie und Verwandtschaft[187].

Der Gedanke der Reziprozität durchzieht das Verfassungsrecht ebenso wie das einfache Recht[188]. Er mag gar als fundamentaler Rechtsgedanke angesehen werden[189]. Im Zivilrecht ist dies besonders augenfällig und konkretisiert sich im Gedanken des Austausches synallagmatischer Leistungen[190]. Nicht nur die Reziprozität zwischen Privaten, sondern auch diejenige zwischen Bürger und Staat kann Gegenstand der Betrachtung sein. Beide Akteure interagieren täglich in vielfältiger Weise, sei es kooperativ oder mit entgegengesetzter Willensrichtung. Dies beschreibt ein Verhältnis der Reziprozität, welches nicht nur in staatlichen Näheverhältnissen auftritt. Es ist geprägt durch eine Vielzahl reziproker Verpflichtungen, die sich letztlich auf die Verfassung rückführen lassen. In diesem

---

183 *F. Hillebrandt*, Praktiken des Tauschens, 2009, S. 93 ff.; vgl. zur Bedeutung des Tauschs bereits *G. Simmel*, Philosophie des Geldes, 5. Aufl., 1930, S. 30 ff.

184 *C. Stegbauer*, Reziprozität, 2. Aufl., 2011, S. 33.

185 Vgl. *C. Lévi-Strauss*, Les structures élémentaires de la parenté, 1967, Kap. 15 ff.

186 *V. Boehme-Neßler*, Rechtstheorie 39 (2008), 521 (522); *C. Stegbauer*, Reziprozität, 2. Aufl., 2011, S. 67.

187 *C. Stegbauer*, Reziprozität, 2. Aufl., 2011, S. 67 ff. m.w.N.; *H. Becker*, Man in reciprocity, 1956, S. 238 ff.

188 Vgl. *T. Ramm*, Die sozialen Grundrechte im Verfassungsgefüge, in: Böckenförde/Jekewitz/Ramm (Hrsg.), Soziale Grundrechte, 1981, S. 17 (25 f.).

189 *N. Luhmann*, Rechtssoziologie, 3. Aufl., 1987, S. 156 f.; *V. Boehme-Neßler*, Rechtstheorie 39 (2008), 521 (534).

190 *T. Ramsauer*, Reziprozität im Zivilrecht. Die Reziprozitätserwartungen beim Austauschgeschäft, dargestellt am schuldrechtlichen Austauschvertrag, in: Jakob/Fikentscher (Hrsg.), Korruption, Reziprozität und Recht, 2000, S. 235 (236 ff.).

Sinne können Verfassungen daher als Gegenseitigkeitsordnungen verstanden werden[191].

> „Auch der moderne demokratische Staat stellt Forderungen an seine Bürger: Sie müssen das Recht befolgen, Steuern zahlen, Wehrdienst leisten, auf private Gewalt verzichten und andere Einschränkungen ihrer Freiheit hinnehmen. Reziprok dazu erwarten die Bürger Leistungen ihres Staates: in erster Linie Sicherheit und Schutz vor innerer und äußerer Gewalt. (...) Die Machtausübung des Staates legitimiert sich nur daraus, dass er reziprok dazu Leistungen für seine Bürger erbringt. Die grundsätzliche reziproke Strukturierung des Verfassungsrechts setzt sich in einzelnen, ebenfalls reziproken Prägungen unterschiedlicher Rechtsgebiete fort.“[192]

2. Reziprozität der Sonderstatusverhältnisse

Zeigt sich der Gedanke der Reziprozität damit bereits als dem allgemeinen Staatsbürgerverhältnis immanent, so lässt er sich auch für solche Verhältnisse fruchtbar machen, in denen sich Staat und Bürger in gesteigertem Maße nähern.

a) Der Bezugspunkt der Reziprozität

Fraglich ist allerdings, worin der Bezugspunkt einer solchen Reziprozität liegt. Ein klassisches Verhältnis von Leistung zu Gegenleistung in Gestalt eines Warenaustauschs lässt sich dabei auf den ersten Blick nicht ausmachen. Insofern bleibt zu hinterfragen, worin die wechselseitigen Interaktionen liegen, die in solchen Verhältnissen auftreten. Auch bleibt fraglich, ob sie sich in einem solchen Maß entsprechen, dass sie die jeweiligen Akteure auch auf Dauer zu den entsprechenden Handlungen motivieren können – und insofern eine vorübergehende Unbalanciertheit ebenfalls verkraftbar erscheint[193].

Als Bezugspunkt für die Gegenseitigkeit zwischen Staat und Bürger soll im Folgenden das bereits angesprochene Pflichtengeflecht zwischen beiden Akteuren dienen[194]: Die Betrachtung der zeitlichen Dimension der

---

191 Dazu ausführlich *G. Haverkate*, Verfassungslehre, 1992, S. 144 ff.; *S. Wesche*, Reziprozität im Strafrecht und im öffentlichen Recht, in: Jakob/Fikentscher (Hrsg.), Korruption, Reziprozität und Recht, 2000, S. 295 (306).

192 *V. Boehme-Neßler*, Rechtstheorie 39 (2008), 521 (542).

193 Vgl. *N. Luhmann*, Zur Funktion der „subjektiven Rechte“, in: Lautmann/Maihofer/Schelsky (Hrsg.), Jahrbuch für Rechtssoziologie und Rechtstheorie, 1970, S. 321 (324); *V. Boehme-Neßler*, Rechtstheorie 39 (2008), 521 (522).

194 Vgl. dazu bereits *H. Rehm*, Annalen 18 (1885), 65 (153 ff.), der von einem „Gewalt- und Forderungsverhältnis“ spricht. Grundpflichten im allgemeinen

Sonderstatusverhältnisse offenbarte bereits, dass mit dem Begründungsakt des Verhältnisses zahlreiche Verpflichtungen sowohl für den Staat als auch für den Bürger in Kraft treten. Sie spielten auch im Kontext der Freiwilligkeit eine entscheidende Rolle. Um festzustellen, ob es sich bei diesem Pflichtengeflecht wirklich um eine reziproke Beziehung zwischen Bürger und Staat handelt, soll es im Folgenden Gegenstand einer näheren Untersuchung sein.

b) Das Pflichtengeflecht im Sonderstatusverhältnis

Dabei empfiehlt sich eine Befassung mit bestehenden Pflichtenverhältnissen. Zur Veranschaulichung soll zunächst ein Überblick über verschiedene Verhältnisse geworfen werden. Dabei wird auf die bereits angesprochenen Kategorien zurückgegriffen und die Sonderstatusverhältnisse behandelt, für die sie exemplarisch stehen: das Beamtenverhältnis als aktives Verhältnis der Konfusionslage, dem wehrpflichtigen Soldaten auf Zeit als Erscheinungsform der passiven Konfusionslage; der Anstaltsbenutzung als Verhältnis einer aktiven Oppositionslage, sowie dem Strafgefangenen als Akteur in der passiven Oppositionslage.

aa) Konfusionslage

(1) Das Beamtenverhältnis

Den sicherlich umfangreichsten Bestand verschiedener Verpflichtungen weist das Beamtenverhältnis auf[195]. Allem voran ist hierbei die allgemeine Dienstpflicht zu nennen, wonach der Beamte mit vollem persönlichem Einsatz sich seines Berufs zu widmen hat (§ 61 Abs. 1 S. 1 BBG, § 34 S. 1 BeamtStG); die übrigen Pflichten des Beamten flankieren diese grundlegende Pflicht[196]. Den hierarchischen Charakter des Verhältnisses verdeutlicht die Gehorsams- oder Folgepflicht, wonach Beamte etwa verpflichtet sind, die dienstlichen Anordnungen ihrer Vorgesetzten auszuführen (§ 62 Abs. 1 S. 1, 2 BBG, § 35 S. 1, 2 BeamtStG)[197]. Sie korreliert mit der Remonstrationspflicht, die – aufgrund der

---

Staat-Bürger-Verhältnis mögen hingegen zu unspezifisch sein, um von einem reziproken System auszugehen, vgl. zur Thematik der Grundpflichten *F. Dühr*, Prinzip und System der Grundpflichten, 2002, S. 6, 139 ff.

195 Vgl. dazu allgemein *W. Thiele*, DöD 1988, 273 (273 ff.).

196 *P. Kunig*, Das Recht des öffentlichen Dienstes, in: Schoch (Hrsg.), Besonderes Verwaltungsrecht, 15. Aufl., 2013, Rn. 132.

197 *W. Loschelder*, Weisungshierarchie und persönliche Verantwortung in der Exekutive, in: HStR V, 3. Aufl., 2007, § 107 Rn. 87 ff.; *U. Battis*, in: ders. (Hrsg.), BBG, 5. Aufl., 2017, § 62 Rn. 3.

persönlichen Verantwortung der Beamten für die Rechtmäßigkeit ihrer Handlungen – im Falle von Bedenken gegen die Rechtmäßigkeit dienstlicher Anordnungen den Gang zum Vorgesetzten vorschreibt (§ 63 Abs. 1, 2 S. 1 BBG, § 36 Abs. 1, Abs. 2 S. 1 BeamtStG)[198].

Erwähnenswert sind des Weiteren speziellere Pflichten, die insbesondere das Verhalten im Rahmen der Dienstausübung betreffen. So betrifft die Neutralitätspflicht (§ 60 Abs. 1 S. 2 BBG, § 33 Abs. 1 S. 2 BeamtStG) die unparteiische Aufgabenwahrnehmung des Beamten und verlangt – zur Sicherung der Funktionsfähigkeit der öffentlichen Verwaltung – die Zusammenarbeit mit jeder verfassungsmäßig zustande gekommenen Regierung[199]. Nicht beeinflussen soll die Neutralitätspflicht die politische Anschauung des jeweiligen Beamten. Ihm ist es vorbehalten, seine eigenen politischen Überzeugungen im Rahmen des Gebots der Zurückhaltung politischer Betätigung (§ 60 Abs. 2 BBG, § 33 Abs. 2 BeamtStG) zu vertreten[200]. Für den Bestand des öffentlichen Dienstes ist es jedoch unabdingbar, dass Beamte einen Minimalkonsens über die tragenden Strukturprinzipien parlamentarischer Demokratie teilen[201]. Aus diesem Grund wird die politische Treuepflicht des Beamten gefordert, also die Pflicht, sich zur freiheitlichen demokratischen Grundordnung zu bekennen und für dessen Erhaltung einzutreten (§ 60 Abs. 1 S. 3 BBG, § 33 Abs. 1 S. 3 BeamtStG). Weiter zu beachten ist ferner die Pflicht zur Amtsverschwiegenheit (§ 67 ff. BBG, § 37 BeamtStG) und die Residenzpflicht (§ 72 BBG).

Den Verpflichtungen auf der Seite des Staates korrespondieren entsprechende Rechte auf Seiten des Bürgers. Allen voran, und insbesondere im leistungsrechtlichen Kontext, ist hierbei die Fürsorgepflicht anzusprechen. Als sogenannten hergebrachten Grundsatz des Berufsbeamtentums beinhaltet Art. 33 Abs. 5 GG auch die Fürsorgepflicht[202]. Als Kehrseite der Verpflichtung zur Treue seitens des

---

198 *R. Simianer*, ZBR 2004, 149 (151 f.); *H. Günther*, ZBR 1988, 297 (298).

199 *U. Battis*, in: ders. (Hrsg.), BBG, 5. Aufl., 2017, § 60 Rn. 7; *G. Püttner*, Zur Neutralitätspflicht des Beamten, in: König/Laubinger/Wagener (Hrsg.), FS Ule, 1977, S. 383 (385 f.).

200 *A. Hagenah*, Die Pflicht von Beamten zur Zurückhaltung bei politischer Tätigkeit und öffentlichen Äußerungen, 2002, S. 64 f.

201 *U. Battis*, in: ders. (Hrsg.), BBG, 5. Aufl., 2017, § 60 Rn. 13; *H.-H. Schrader*, Rechtsbegriff und Rechtsentwicklung der Verfassungstreue im öffentlichen Dienst, 1985, S. 99 ff.

202 So nach der h.M. und Rechtsprechung, BVerfGE 8, 332 (356 f.); 43, 154 (165 f.); 58, 68 (76 f.); 106, 225 (232); *R. Summer*, PersV 1988, 76 (76); *H. Schnellenbach*, VerwArch 2001, 2 (3); *H. Steiner*, PersV 2007, 510 (511); *B. Pieroth*, in: Jarass/Pieroth (Hrsg.), GG, 14. Aufl., 2016, Art. 33 Rn. 80; *W. G. Leisner*, in: Sodan (Hrsg.), Grundgesetz,

Beamten seinem Dienstherrn gegenüber[203], zielt die Fürsorgepflicht des Dienstherrn darauf ab, für das Wohl des Beamten zu sorgen, also insbesondere seine Individualrechtsgüter zu schützen und die Ausübung seiner Freiheitsrechte in angemessenem Umfang zu fördern[204]. Eine einfach-rechtliche Ausgestaltung hat die Fürsorgepflicht in § 45 BeamtStG und § 78 BBG erfahren. Auf diese Weise finden etwaige Leistungsrechte bereits im einfachen Recht ihre Grundlage, ein verfassungsrechtlicher Rekurs ist nicht vonnöten, gleichwohl kommt den Vorschriften eine ergänzende Funktion zu[205]. Der allgemeine Anspruch auf Fürsorge kann in vielerlei Hinsicht zu subjektiven Rechten konkretisiert werden[206]. Denkbar sind etwa Anhörungs- und Beratungsrechte, berufliche Förderung und insbesondere solche Rechte, die dem Schutz der Rechtsgüter des Beamten dienen[207].

Ferner ist der Staat verpflichtet, Beamten eine funktionsgerechte Besoldung zukommen zu lassen. Sie ist so zu bemessen, dass der Beamte dadurch in den Stand versetzt wird, sich dem öffentlichen Dienst mit voller Arbeitskraft widmen zu können[208]. Die Besoldung und Versorgung der Beamten wurzeln damit in der Verpflichtung, die das sogenannte Alimentationsprinzip als hergebrachter Grundsatz des Beamtentums dem Dienstherrn auferlegt[209]. Schließlich sei noch die staatliche Pflicht zur Führung von Personalakten genannt (§ 106 Abs. 1 BBG,

4. Aufl., 2018, Art. 33 Rn. 32; *P. Badura*, Staatsrecht, 7. Aufl., 2018, D 103; *U. Domgörgen*, in: Hömig/Wolff (Hrsg.), Grundgesetz, 12. Aufl., 2018, Art. 33 Rn. 19; *F. Mayer*, Verfassungsrechtliche Probleme einer Reform des öffentlichen Dienstes, in: Achterberg (Hrsg.), FS Scupin, 1973, S. 249 (255); vgl. zur Kontroverse, inwieweit die Fürsorgepflicht unter das Treueverhältnis nach Art. 33 Abs. 4 GG gefasst werden mag *H. Günther*, ZBR 2013, 14 (16 ff.) m.w.N.

203 BVerfGE 43, 154 (165); *S. Werres*, Beamtenverfassungsrecht, 2011, S. 32; *P. Badura*, Staatsrecht, 7. Aufl., 2018, D 105.

204 *H. Steiner*, PersV 2007, 510 (514 f.); *P. Kunig*, Das Recht des öffentlichen Dienstes, in: Schoch (Hrsg.), Besonderes Verwaltungsrecht, 15. Aufl., 2013, Rn. 155 ff.; *P. Badura*, Staatsrecht, 7. Aufl., 2018, D 105.

205 *S. Werres*, Beamtenverfassungsrecht, 2011, S. 32.

206 Vgl. zu speziellen Fürsorgeverpflichtungen etwa *P. Kunig*, Das Recht des öffentlichen Dienstes, in: Schoch (Hrsg.), Besonderes Verwaltungsrecht, 15. Aufl., 2013, Rn. 152 ff.

207 *U. Battis*, in: ders. (Hrsg.), BBG, 5. Aufl., 2017, § 78 Rn. 8.

208 BVerfGE 8, 1 (14); 117, 330 (350 f.); 119, 247 (269); 130, 263 (292); *U. Battis*, in: ders. (Hrsg.), BBG, 5. Aufl., 2017, § 4 Rn. 16; die Einzelheiten sind hier freilich umstritten, vgl. statt vieler *F.-R. Jach*, RiA 2014, 1 ff.

209 *H. Lecheler*, Der öffentliche Dienst, in: HStR V, 3. Aufl., 2007, § 110 Rn. 45; *F. Brosius-Gersdorf*, in: Dreier (Hrsg.), GGK, Bd. 2, 3. Aufl., 2015, Art. 33 Rn. 194; *M. Deja*, Die Besoldung und Versorgung der Beamten nach den Maßstäben des Alimentationsprinzips als Landeskompetenz, 2012, S. 57 ff.

§ 50 BeamtStG), mit der wiederum Rechte der Beamten, etwa einem Einsichtsrecht, einhergehen (§§ 110 ff. BBG). Ferner besteht ein Anspruch auf eine angemessene Amtsbezeichnung[210].

(2) Der wehrpflichtige Soldat auf Zeit

Mit der Aussetzung der allgemeinen Wehrpflicht hat diese Bezugsgruppe deutlich an Relevanz verloren. Die Möglichkeit der Verpflichtung ist allerdings grundsätzlich bestehen geblieben, das zeigt bereits der Wortlaut des Art. 12a Abs. 1 GG. Insofern behält dieses spezifische Verhältnis seine Relevanz für die Zukunft. Hinsichtlich der grundlegenden Pflichten und Rechte ergibt sich im Übrigen kein Unterschied zwischen Berufssoldat und dem wehrpflichtigen Soldaten auf Zeit, lediglich das Willensmoment hinsichtlich der Begründung divergiert.

Die Grundpflicht des Soldaten beschreibt § 7 SG. Hiernach hat der Soldat die ausdrückliche Pflicht, der Bundesrepublik zu dienen, was einen entsprechenden Verteidigungsauftrag beinhaltet. Bedeutend für das Soldatenverhältnis ist ferner die Gehorsamspflicht (§ 11 SG), von der letztlich die Einsatzfähigkeit und hierarchische Struktur der Streitkräfte entscheidend abhängt. Darüber hinaus wird der Soldat auf Kameradschaft (§ 12 SG), wahrheitstreue Aussagen (§ 13 SG) und Verschwiegenheit (§ 14 SG) verpflichtet. Dem Vorgesetzten eines Soldaten werden nach § 10 SG zahlreiche allgemeine Pflichten auferlegt, insbesondere hat er nach § 10 Abs. 3 SG für seine Untergebenen zu sorgen. Hinsichtlich der staatlichen Verpflichtung verweist das Soldatengesetz explizit auf das Dienst- und Treueverhältnis und konstatiert hierbei eine allgemeine Fürsorgepflicht des Staates (§ 31 SG), die die Einzelregelungen des Gesetzes ergänzt und durchdringt[211].

bb) Oppositionslage

(1) Die Anstaltsbenutzung

Das Pflichtengeflecht zwischen Anstalten und deren Benutzer lässt sich indes nur allgemein betrachten. Dies folgt schon aus der Vielzahl möglicher Anstaltsformen. Ferner ist ein differenzierter Blick erforderlich, da Anstalten sowohl rechtsfähig als auch nichtrechtsfähig ausgestaltet sein können. Bei nichtrechtsfähigen Anstalten des öffentlichen Rechts bildet die Erbringung von Leistungen unstreitig das oberste Ziel[212]. Im Gegensatz zu rechtsfähigen Anstalten verbleiben die

210 BVerfGE 38, 1 (12) zum Richteramt.

211 *W. Stauf*, in: ders. (Hrsg.), SG, 2012, § 31 Rn. 1.

212 *K. Lange*, VVDStRL 44 (1986), 169 (172); vgl. dazu bereits oben 1. Teil, B., II., 2.

nichtrechtsfähigen Teil eines weiteren Verwaltungsträgers, der in der Regel die jeweilig zugehörige Körperschaft darstellt[213]. Durch ihre rechtliche Selbständigkeit sind rechtsfähige Anstalten damit in gesteigertem Maße unabhängig von staatlichen Einflüssen. Das bedeutet, dass sie als Teil mittelbarer Staatsverwaltung damit dem unmittelbaren staatlichen Zugriff in spezifischer Weise entrückt sind. Diese Selbständigkeit erschwert es, das Pflichtengeflecht zwischen ihnen und den mit ihnen in Kontakt geratenen Bürgern offen zu legen. Fragt man allerdings nach dem Pflichtengeflecht zwischen rechtsfähigen Anstalten und den Anstaltsnutzern, so steht auch hier – wie bei nichtrechtsfähigen – die Erfüllung eines öffentlichen Zwecks im Vordergrund, der sich letztlich in einem von ihr angebotenen Leistungsspektrum niederschlägt. Insofern ist die rechtliche Selbständigkeit zwar ein Faktor, der hierbei nicht unerwähnt bleiben soll; das spezifische Pflichtenverhältnis zwischen Anstalt und Nutzer ändert er aber für die vorliegende Betrachtung nur unwesentlich.

Auf Seiten der Anstalt sind hierbei solche Verpflichtungen zu nennen, die ihnen durch die jeweilige Satzung auferlegt werden. Wie bereits erwähnt wurde, steht dabei die Leistungserbringung im Vordergrund; maßgeblich sind damit solche Verpflichtungen, die letztlich auf zu gewährende Rechte der jeweiligen Nutzer zielen. So mag etwa Aufgabe eines Studentenwerks sein, gastronomische Einrichtungen (Mensa etc.) zu betreiben, sich um die Bereitstellung studentischen Wohnraums zu bemühen und der Studienförderung nachzugehen. Hierbei wird ersichtlich, dass die Leistungserbringung häufig auch in einen räumlichen Kontext einzuordnen ist, also ein Leistungsort besteht. Darüber hinaus besteht für die Anstalt die Pflicht, Benutzer vor Störungen anderer Benutzer zu schützen und gegebenenfalls auch auf die Interessen der Anstaltsnutzer, etwa durch Anpassung des angebotenen Leistungsspektrums, einzugehen[214]. Der Anstaltsnutzer fügt sich in das Pflichtengeflecht zwischen beiden Akteuren ein, indem er im Rahmen der Voraussetzungen der Leistungserbringung von diesen Angeboten entsprechend Gebrauch macht. Das Beziehungsgeflecht erscheint hierbei mitunter weniger komplex als dies etwa bei Funktionsträgern der Fall ist[215]. Dies mag vornehmlich darin begründet liegen, dass eine Vielzahl von Anstalten mit ihren jeweiligen Sachgebieten jeweils nur bestimmte Lebensbereiche der

213 *H. Maurer/C. Waldhoff*, Allgemeines Verwaltungsrecht, 19. Aufl., 2017, § 23 Rn. 55.

214 *K. Lange*, VVDStRL 44 (1986), 169 (184).

215 Was z.T. zur Folge hat, dass manche Autoren solche Verhältnisse nicht als Sonderstatusverhältnisse ansehen, dazu bereits oben 1. Teil, B., II., 2.

Anstaltsnutzer betreffen, wenngleich das Beispiel des Studentenwerks zeigt, dass eine solche Limitierung nicht zwingend erscheint.

(2) Das Strafgefangenenverhältnis

Rechte und Pflichten innerhalb des Strafvollzugs werden in detaillierter Weise im Strafvollzugsgesetz geregelt. Sinnbildlich für den Status des Strafgefangenen normiert § 4 Abs. 2 S. 1 StVollzG, dass der Gefangene den Beschränkungen des Strafvollzugsgesetzes unterliegt. Seine Verpflichtung erstreckt sich hierbei darauf, die im Einzelfall auf Grundlage des StVollzG angeordneten Beschränkungen seiner Freiheitsrechte zu dulden und spezifischen Weisungen Folge zu leisten[216]. Unter Berücksichtigung seines körperlichen Zustands und seiner körperlichen Fähigkeiten ist er verpflichtet, eine ihm zugewiesene Arbeit oder sonstige Beschäftigung auszuüben, § 41 Abs. 1 S. 1 StVollzG[217]. Ferner hat er die notwendigen Maßnahmen zum Gesundheitsschutz und zur Hygiene zu unterstützen, § 56 Abs. 2 StVollzG. Mit Blick auf die maßgeblichen Eingliederungskonditionen hat der Strafgefangene sich nach der Tageseinteilung der Anstalt zu richten, die zwischen Arbeitszeit, Freizeit und Ruhezeit differenziert, § 82 Abs. 1 S. 1 StVollzG. Er darf durch sein Verhalten nicht das geordnete Zusammenleben stören (§ 82 Abs. 1 S. 2 StVollzG) und hat die Anordnungen der Vollzugsbediensteten zu befolgen (§ 82 Abs. 2 S. 1 StVollzG). Seinen Haftraum hat er in Ordnung zu halten und schonend zu behandeln (§ 82 Abs. 3 StVollzG) und Umstände, die eine Gefahrenlage begründen, hat er unverzüglich zu melden (§ 82 Abs. 4 StVollzG). Sein persönlicher Gewahrsam richtet sich zudem nach der Zustimmung der Vollzugsbehörde, § 83 Abs. 1 StVollzG. Die Pflicht zum Ersatz von Aufwendungen, die durch eine eigene Verletzung oder der Verletzung Dritter entstehen, normiert § 93 Abs. 1 S. 1 StVollzG.

Darüber hinaus besteht keine Pflicht der aktiven Mitwirkung an der eigenen Behandlung[218]. Insbesondere konstatiert die Vorschrift des § 4 Abs. 1 S. 1 StVollzG keine Mitwirkungspflicht des Strafgefangenen, obwohl sie davon spricht, dass der Gefangene an der Gestaltung seiner Behandlung und an der Erreichung seines Vollzugzieles mitwirkt. Der Gesetzgeber verzichtete in Anerkennung der

---

216 *J.-M. Jehle*, in: Schwind/Jehle/Laubenthal (Hrsg.), Strafvollzugsgesetz – Bund und Länder, 6. Aufl., 2013, § 4 Rn. 4.

217 Zur Vereinbarkeit mit Art. 12 Abs. 3 GG s. BVerfGE 98, 169 (205), sowie ferner *C. Dahmen*, Die Verpflichtung zur Arbeit im Strafvollzug, 2011, S. 71 ff.

218 *J.-M. Jehle*, in: Schwind/Böhm/Jehle/Laubenthal (Hrsg.), Strafvollzugsgesetz – Bund und Länder, 6. Aufl., 2013, § 4 Rn. 5; *R.-P. Calliess*, Strafvollzugsrecht, 3. Aufl., 1992, S. 59.

Subjektqualität der Strafgefangenen auf eine allgemeine Mitwirkungspflicht und beließ es bei speziellen Mitwirkungspflichten[219]. Über seine Rechte und Pflichten wird der Strafgefangene belehrt, § 5 Abs. 2 StVollzG[220].

Hinsichtlich der staatlichen Verpflichtungen fordert das Strafvollzugsgesetz maßgeblich die Einräumung von Rechten an Strafgefangene oder richtet gezielte Aufträge an die Strafvollzugsbehörde. So wird etwa ausdrücklich das Recht des Strafgefangenen konstatiert, mit Personen außerhalb der Anstalt im Rahmen der gesetzlichen Vorschriften verkehren zu dürfen (§ 23 S. 1 StVollzG); dies bedeutet im Umkehrschluss, dass die Behörde entsprechende Vorkehrungen zu treffen hat, dies zu ermöglichen. Das Strafvollzugsgesetz geht hierbei gar einen Schritt weiter, indem es den Auftrag festschreibt, den Verkehr mit Personen außerhalb der Anstalt zu fördern (§ 23 S. 2 StVollzG). Diese Förderungspflicht umfasst, aktiv auf die Aufrechterhaltung und Entwicklung von Außenkontakten hinzuwirken und geht damit über die bloße Zurverfügungstellung von Kommunikationsmitteln (insb. §§ 28 ff. StVollzG) hinaus[221]. In vergleichbarem Maße schreibt das Gesetz der Justizbehörde die Gesundheitsfürsorge des Inhaftierten vor (§ 56 Abs. 1 S. 1 StVollzG). Als gesetzliche Konkretisierung der Anstaltsseelsorge aus Art. 141 WRV i.V.m. Art. 140 GG ist ferner die Vorschrift des § 53 StVollzG zu verstehen, wonach die religiöse Betreuung durch einen Seelsorger nicht versagt werden darf.

3. Der Ertrag der Betrachtung

a) Allgemeines

Nach alledem lässt sich das Pflichtengeflecht, welches zwischen Staat und Bürger mit Begründung des Sonderstatusverhältnisses entsteht, wie folgt zusammenfassen: Jedes der beschriebenen Verhältnisse beinhaltet Hauptpflichten, die das Sonderstatusverhältnis in seiner funktionalen Ausrichtung definieren und letztlich dessen rechtliche Verbindlichkeit ausdrücken[222]. In der Konfusionslage besteht diese Hauptpflicht in der Wahrnehmung der jeweiligen Funktion. So besteht für den Beamten die allgemeine Dienstpflicht, die ihm die Wahrnehmung des

219 Vgl. BT-Drs. 7/3998, S. 6.

220 Der Gefangene hat hiernach einen Anspruch auf kostenfreie und jederzeitige Verfügbarkeit des Textes des Strafvollzugsgesetzes, vgl. OLG Naumburg NStZ 2014, 230 (230).

221 *H.-D. Schwind*, in: Schwind/Jehle/Laubenthal (Hrsg.), Strafvollzugsgesetz – Bund und Länder, 6. Aufl., 2013, § 23 Rn. 4.

222 Vgl. *S. Kielmansegg*, Grundrechte im Näheverhältnis, 2012, S. 324.

übertragenen Aufgabenkreises auferlegt. Gleiches gilt für den Soldaten, der seine dienende Grundpflicht erfüllen muss. In der Oppositionslage besteht die Hauptpflicht hingegen in der Duldung der auferlegten Restriktionen und möglichen Anordnungen oder gar in der Beteiligung an den spezifischen Funktionsabläufen der jeweiligen Einrichtung[223]. Auf diese Weise hat sich etwa der Anstaltsnutzer den Funktionsbedingungen zu unterwerfen (z.B. im Rahmen der Benutzungssatzung in einem Schwimmbad in entsprechender Rechtsform). Vergleichbares gilt im Strafvollzug, in dem der Inhaftierte in vielgestaltiger Weise Einschränkungen in seine Freiheitsrechte zu dulden hat und sich ferner im Rahmen des Vollzugsziels in spezifischer Weise (etwa Arbeitspflicht) zu beteiligen hat. In der Regel wird man dabei davon ausgehen können, dass es sich dabei tendenziell im Rahmen der aktiven Sonderstatusverhältnisse eher um Handlungspflichten, im Rahmen der passiven Sonderstatusverhältnisse eher um Duldungspflichten handeln mag.

Solche Verpflichtungen berühren auf diese Weise – unabhängig von der Frage, inwieweit sie gerechtfertigt sind – den Anwendungsbereich der Grundrechte. Die Beeinträchtigungen korrelieren mit den auferlegten Pflichten. In diesem Sinne lassen sich etwa Einschränkungen der Bewegungsfreiheit auf die Pflicht zur Anwesenheit, etwa im Rahmen des Dienstverhältnisses, zurückführen.

b) Sonderstatusverhältnisse als Verhältnisse generalisierter Reziprozität

Auffallend ist bei der Zusammenschau, dass die Eingehung der jeweiligen Verpflichtungen nicht zwingend in einem Verhältnis des „do ut des" erfolgt. Dies verdeutlicht etwa in besonderem Maße das Alimentationsprinzip im Beamtenrecht[224]. Hiernach lässt sich die Besoldung nicht konkreten Diensten als Entgelt zuordnen, es handelt sich vielmehr um eine „globale Gegenleistung"[225] – man könnte auch sagen, dass das Austauschverhältnis insofern generalisiert ist und auf diese Weise „*verschiedenartige* Leistungen zu *einem* Verhältnis der Gegenläufigkeit zusammengefaßt werden"[226].

---

223 *S. Kielmansegg*, Grundrechte im Näheverhältnis, 2012, S. 324.

224 Vgl. ferner zum Beamtenrecht als „gegenseitiges" Verhältnis BVerwGE 12, 273 (275); 42, 79 (86); *H. Steiner*, PersV 2007, 510 (511); *U. Westermann*, Dogmatik und Bedeutung der allgemeinen Fürsorge- und Treuepflicht im Arbeits- und Beamtenrecht, 1982, S. 261, 294.

225 *J. Masing*, in: Dreier (Hrsg.), GGK, Bd. 2, 2. Aufl., 2006, Art. 33 Rn. 87.

226 *N. Luhmann*, Zur Funktion der „subjektiven Rechte", in: Lautmann/Maihofer/Schelsky (Hrsg.), Jahrbuch für Rechtssoziologie und Rechtstheorie, 1970, S. 321 (323).

Dies mag verstärkt auch daran liegen, dass die einzelnen Pflichten teils sehr abstrakt formuliert sind[227]. So kann sich die Grundpflicht des Soldaten (§ 7 SG) in vielerlei Hinsicht konkretisieren, die Pflicht zum Gehorsam (§ 11 SG) auf die unterschiedlichsten Befehle bezogen sein. Ähnlich trifft dies auf die Verpflichtung im Strafvollzug zu, nach der die in Vielzahl in Betracht kommenden Beschränkungen der Freiheitsrechte durch die Strafgefangenen zu dulden sind. Diese bestehende „Unspezifität der Anordnungsbefugnisse“[228] ist somit ebenfalls ein Indikator für die Generalisierung solcher Verhältnisse.

Daran ändert auch die Tatsache nichts, dass die Eingehung von Pflichten ihrerseits in der Erwartung erfolgen mag, dass der Staat im Gegenzug bestimmte Pflichten einhält, sprich Leistungen gewährt. Diese Motivlage wird etwa im Rahmen des Beamtenrechts unterstellt, wenn die Fürsorgepflicht des Dienstherrn als „Korrelat“[229] zur besonderen Inpflichtnahme des Beamten bezeichnet wird. Die Herstellung eines Zusammenhangs zwischen einer konkreten Ausprägung der Fürsorgepflicht des Staates und einer spezifischen Pflicht des Beamten im Sinne einer direkten Reziprozität ist hierbei allerdings kein Konzept, das sich durchhalten ließe. Dies liegt schon darin begründet, dass sich sowohl die Fürsorgepflicht als auch die Inpflichtnahme des Beamten auf vielfältige Weise konkretisieren lassen. Für die anderen Verhältnisse gilt Vergleichbares, sind doch die angesprochenen Hauptpflichten der Akteure eher generalklauselartig zu begreifen, da sie die verschiedensten Situationen in der Eingliederungslage aufzugreifen versuchen. Nach alledem lässt sich damit festhalten: Die freiwillige und unfreiwillige Begründung wechselseitiger Verpflichtungen in Sonderstatusverhältnissen lässt sich als ein Verhältnis generalisierter Reziprozität umschreiben.

Eine solche Generalisierung ist indes nicht zwingend als nachteilig anzusehen. Zwar mag das Ideal des gleichwertigen Austauschs nachvollziehbarer mit der Gewährung korrelierender Einzelleistungen erscheinen, da sich Einzelleistungen entsprechend saldieren lassen. Der Nutzen der Generalisierung darf jedoch nicht unterschätzt werden. Einer solch generalisierten Beziehung kommt ein eigener Wert dergestalt zu, dass sie die Grundlage für eine Vielzahl von Handlungen darstellen kann. Vergleichbar ist dies mit solchen Reziprozitätsbeziehungen,

---

227 Vgl. zum Beamtenstatus *U. Westermann*, Dogmatik und Bedeutung der allgemeinen Fürsorge- und Treuepflicht im Arbeits- und Beamtenrecht, 1982, S. 279 f., 294.

228 *M. Morlok*, Strafvollzug und Grundrechte, in: Bemmann/Manoledakis (Hrsg.), Probleme des staatlichen Strafens, 1989, S. 45 (51); vgl. ferner *A. Podlech*, Das Grundrecht der Gewissensfreiheit und die besonderen Gewaltverhältnisse, 1969, S. 60 ff.

229 BVerfGE 21, 329 (345); 43, 154 (165); *P. Kunig*, Das Recht des öffentlichen Dienstes, in: Schoch (Hrsg.), Besonderes Verwaltungsrecht, 15. Aufl., 2013, Rn. 151.

in denen die wirtschaftliche Bedeutung der Einzelleistungen in den Hintergrund gerät, da die Akteure der wechselseitigen Kommunikation als solche ein höheres Gewicht beimessen[230]. Auf diese Weise vermag die generalisierte Reziprozitätsbeziehung zwischen Staat und eingegliederter Person die Grundlage für ein Maß an Fürsorge, Loyalität und Engagement darstellen, welches über dasjenige einer möglichen Saldierung hinausgehen kann. Dies kommt in gesteigertem Maße dann etwa zum Ausdruck, wenn davon die Rede ist, dass der Beamte zugunsten der Aufgabenerledigung „seine volle Arbeitskraft zur Verfügung"[231] stellt. Die Gewissheit, eine Tätigkeit zugunsten der Gemeinschaft in Gestalt eines öffentlichen Zwecks zu leisten, mag für viele ein entsprechender Anreiz sein. Sinnbildlich für diese Beständigkeit und Entschlossenheit steht ferner das sogenannte Lebenszeitprinzip[232]. Dieser positive Aspekt gilt freilich nicht für solche Konstellationen, in denen dem Aspekt der Generalisierung ein eigenes Gefährdungspotential zuerkannt werden muss. So mag etwa die Möglichkeit unspezifischer Anordnungsbefugnisse[233] im Strafvollzug zwar die flexiblere Anstaltsführung erlauben, im Hinblick auf die Rechtsgüter der Strafgefangenen ist eine solch generalisierende Tendenz jedoch bereits mit Blick auf die rechtsstaatlich zu fordernde Bestimmtheit des Grundrechtseingriffs auch grundrechtlichen Risiken ausgesetzt.

Bedenken bezüglich der generalisierten Reziprozität ergeben sich ferner hinsichtlich der Anstaltsnutzer. Da Anstalten des öffentlichen Rechts die Leistungserbringung in den Vordergrund stellen und der Kontakt, den der Bürger mit ihnen herstellt, recht flüchtig sein kann[234], ließe sich argumentieren, dass zwar ein Austauschverhältnis stattfindet, dies jedoch in direkter Weise und nicht auf Grundlage eines generalisierten Verhältnisses. Nimmt man etwa das Beispiel des Schwimmbads, so zahlt der Anstaltsnutzer für die Benutzung des Schwimmbads ein Entgelt. Hierbei handelt es sich letztlich um ein Verhältnis des „do ut des", wie es auch bestünde, würde das Schwimmbad etwa durch Private betrieben. Gleichwohl gilt dies nicht konstitutiv für sämtliche Leistungsgewährung durch Anstalten: Nicht nur einzelne Leistungen, sondern ein umfassendes Leistungsangebot

---

230 Vgl. *H. Hof*, Grenzen der Reziprozität, in: Jakob/Fikentscher (Hrsg.), Korruption, Reziprozität und Recht, 2000, S. 179 (183).

231 BVerfGE 21, 329 (345) – st. Rspr.

232 Vgl. umfassend hierzu *M. Oberle-Kahn*, Ursprünge des beamtenrechtlichen Lebenszeitprinzips, 1990, passim.

233 *M. Morlok*, Strafvollzug und Grundrechte, in: Bemmann/Manoledakis (Hrsg.), Probleme des staatlichen Strafens, 1989, S. 45 (51).

234 Dazu bereits oben 1. Teil, B., II., 2.

gewähren etwa Studierendenwerke, die über einen längeren Zeitraum auf die vielfältigen Bedürfnisse der Studierenden reagieren. Engt man daher den Blickwinkel darauf ein, dass Anstaltsnutzer sich den jeweiligen Funktionsbedingungen unterordnen und im Rahmen der jeweiligen Voraussetzungen vom Leistungsspektrum der Anstalt Gebrauch machen, können auch hierbei zumindest gewisse Tendenzen der Generalisierung des Verhältnisses ausgemacht werden.

c) Zur Symmetrie der Verhältnisse

aa) Symmetrie als Idealtyp

Der Idealtyp einer reziproken Beziehung besteht in einem symmetrischen Verhältnis, welches sich durch die Gleichheit der wechselseitig erbrachten Leistungen auszeichnet[235]. Die Symmetrie dient dazu, das Reziprozitätsverhältnis möglichst konstant aufrecht zu erhalten, indem sie sich als Anreiz darstellt, die jeweiligen Interaktionen nicht einzustellen, also Leistungen fortlaufend in adäquater Weise zu erwidern[236]. Vereinfacht ließe sich auch davon sprechen, dass sich erhaltene Leistung und empfangene Gegenleistung, sofern sie eine entsprechende Verrechenbarkeit aufweisen und saldiert werden, bei einem Idealbild der Symmetrie letztlich entsprechen. Sicherlich gibt es ebenfalls reziproke Verhältnisse, die sich gerade durch eine Asymmetrie auszeichnen. Der Idealtypus eines symmetrischen Verhältnisses kann in solchen Fällen jedoch durch den Gedanken der Kompensation verwirklicht werden. Er zielt darauf ab, erlittene Einbußen aufzufangen und durch Vorteilsgewährung die Differenz zwischen Vor- und Nachteil möglichst zu nivellieren.

Inwieweit eine solche Symmetrie zwischen Bürger und Staat anzunehmen ist, ist allerdings fraglich. Dies zeigt sich bereits im Kontext des allgemeinen Staatsbürgerverhältnisses: Der Staat verfügt hierbei etwa über das Gewaltmonopol, die Bürger verzichten also auf die Anwendung von Gewalt zur Sicherung ihrer Rechte[237]. Ferner nehmen sie weitere zahlreiche Einschränkungen ihrer Freiheit hin, indem sie etwa rechtliche Vorgaben befolgen oder ihren steuerlichen Verpflichtungen nachkommen[238]. Dieses vermeintliche Ungleichgewicht zulasten

---

235 Vgl. *C. Stegbauer*, Reziprozität, 2. Aufl., 2011, S. 120 f.; *V. Boehme-Neßler*, Rechtstheorie 39 (2008), 521 (522).

236 *V. Boehme-Neßler*, Rechtstheorie 39 (2008), 521 (522).

237 *M. Herdegen*, in: Maunz/Dürig (Begr.), Grundgesetz-Kommentar, Stand: 81. EL, Art. 79 Rn. 180; *H.-J. Becker*, NJW 1995, 2077 (2078).

238 *V. Boehme-Neßler*, Rechtstheorie 39 (2008), 521 (542).

des Bürgers wird jedoch durch rechtsstaatliche Vorkehrungen entschärft, die diese Nachteile auszugleichen suchen; zentral mögen hierbei die Grundrechte und die Möglichkeit effektiven Rechtsschutzes genannt sein. Solche Mechanismen sind es, die zur Herstellung der Machtsymmetrie zwischen Bürger und Staat dienen. Damit ist zugleich ein Verhältnis der Reziprozität umschrieben, welches auf die Symmetrie zwischen Staat und Staatsbürger zielt.

An diesem Verhältnis ändert auch der Eintritt in ein staatliches Näheverhältnis nichts. Gleichwohl treten durch ihn neue Faktoren hinzu, die die beschriebene Symmetrie zwischen beiden Akteuren in spezifischer Weise beeinflussen: Das Reziprozitätsverhältnis des allgemeinen Staatsbürgerverhältnisses wird ergänzt bzw. modifiziert durch wechselseitige Verpflichtungen innerhalb des Sonderstatus. Dessen Generalisierung erschwert es, die Symmetrie solcher Verhältnisse festzustellen. Im Gegensatz zum einfachen Warentausch lassen sich die wechselseitigen Verpflichtungen kaum quantifizieren, weshalb eine Saldierung beider Seiten zur Feststellung einer Symmetrie des Verhältnisses nicht in Betracht kommt. Der Blick auf die Entstehung der Rechtsfigur des besonderen Gewaltverhältnisses und dem einhergehenden Gewaltbegriff zeigt ferner auf, dass das Verhältnis zwischen Staat und Bürger im Laufe der Zeit überwiegend Aspekte der Asymmetrie aufwies[239].

Ein Indiz zur Beurteilung der Symmetrie solcher Verhältnisse könnte in der Motivlage der jeweiligen Akteure bestehen. Eine solche Annahme beruht auf der Prämisse, dass in symmetrischen Verhältnissen entsprechende Anreize zur Aufrechterhaltung der Wechselbezüglichkeit bestehen. Anders ausgedrückt lässt sich fragen, was die jeweiligen Akteure mit ihrer Einbeziehung überhaupt bezwecken und ob diese Gründe in einer Weise vorliegen, dass sie als Anreiz für die Fortführung der Sonderstatusverhältnisse dienen können. Mit Blick auf die staatliche Seite kann dabei hiervon ausgegangen werden: Mit der Einbeziehung von Personen in Sonderstatusverhältnisse verfolgt der Staat regelmäßig die Erfüllung seiner Staatsaufgaben, also solche Maßnahmen, deren Ausübung im öffentlichen Interesse liegen[240]. In Reinform mag dies bei den angesprochenen Akteuren in der Konfusionslage der Fall sein. Hier muss sich der Staat natürlicher Personen bedienen, um handlungsfähig mit Blick auf seinen verfolgten

239 *W. Loschelder*, Vom besonderen Gewaltverhältnis zur öffentlich-rechtlichen Sonderbindung, 1982, S. 356 ff.

240 Begrifflich lassen sich hierbei viele Kategorien trennen: Am deutlichsten mögen solche Aufträge sein, die dem Staat unmittelbar durch die Verfassung aufgetragen sind. Zum weiten Feld der Begrifflichkeiten im Rahmen der Staatsaufgaben s. ausführlich *J. Isensee*, Staatsaufgaben, in: HStR IV, 3. Aufl., 2006, § 73 Rn. 5 ff., 12.

Zweck zu sein. Aber auch im Rahmen der Oppositionslagen verfolgt der Staat das öffentliche Interesse. So sollen etwa durch Schulen der Bildungsauftrag verfolgt werden, durch den Strafvollzug die Verwirklichung des Strafzwecks und schließlich die Resozialisierung Strafgefangener. Dass der Staat hierbei reziprok Leistungen bereitstellt und sich etwa gesteigerten Mechanismen zur Fürsorge verpflichtet, spricht dafür, dass seine Motivlage einer symmetrischen Beziehung entspricht.

Hinsichtlich des Bürgers ist allerdings ein differenzierender Blick vonnöten. So mag für Funktionsträger gelten, dass sie als Beschäftigte im Auftrag des Staates – sei es etwa als Angestellte des öffentlichen Dienstes oder gar als Beamte – ein gewisses Entgelt für ihre Tätigkeit erwarten oder eine entsprechende Besoldung, die ihnen ihre Tätigkeit ermöglicht. Daneben mögen mit der staatlichen Aufgabenwahrnehmung auch ideelle Werte verbunden sein. Demjenigen, der als Teil des Staates Aufgaben von öffentlichem Interesse wahrnimmt, mag an der Förderung des Gemeinwohls gelegen sein. Betrachtet man das Arbeitsverhältnis, so ist schließlich im Staat ein zuverlässiger Arbeitgeber zu erblicken, dessen Vorzüge die Einbeziehung in die staatliche Sphäre attraktiv erscheinen lassen[241]. Bei passiven Akteuren in der Oppositionslage hingegen, wie etwa Strafgefangenen, kann sich der Einzelne aufgrund des staatlichen Zwangs nicht des Verhältnisses entziehen. Insofern mag der Gedanke der symmetrischen Beziehung, die einen Anreiz zur wechselseitigen Interaktion gibt, an dieser Stelle nicht weiterführend sein. Dem Strafgefangenen kann es dem folgend vielmehr nur darum gehen, im Rahmen der Funktionsbedingungen der jeweiligen Institution einen größtmöglichen Freiheitsraum in Anspruch zu nehmen. Die Betrachtung der jeweiligen Motivlagen ist daher nur bedingt hilfreich zu Beurteilung der Frage, inwieweit von einem symmetrischen Verhältnis gesprochen werden kann.

bb) Die Einwirkungsmöglichkeit des Bürgers

Sind allgemeine Aussagen zur Symmetrie der Sonderstatusverhältnisse damit nur schwer zu treffen, lässt sich dennoch auf einen Aspekt hinweisen, der die Symmetrie gegenseitiger Inpflichtnahme in diesen Verhältnissen in spezifischer Weise zulasten des Staates beeinflusst. Es handelt sich hierbei um die Möglichkeit des Bürgers, in staatlicher Nähe in höherem Maße auf den Staat einzuwirken, als

241 Vgl. zur Asymmetrie von Arbeitsbeziehungen S. *Voswinkel*, Reziprozität und Anerkennung in Arbeitsbeziehungen, in: Adloff (Hrsg.), Vom Geben und Nehmen, 2005, S. 237 (237 ff.)

dies in der Distanzlage gegeben ist[242]. In einem solchen Sinne meint Reziprozität dann nicht lediglich das Begründen wechselseitiger Verpflichtungen, sondern das Begründen wechselseitiger Einwirkungs- oder gar Störungsmöglichkeiten unter den Bedingungen des jeweiligen Pflichtenverhältnisses.

Auf diesen Aspekt hat *Kielmansegg* hingewiesen[243]. Er benennt das wechselseitige Einwirkungspotential zwischen Staat und Bürger als kennzeichnendes Element des Sonderstatusverhältnisses, welches rechtlich auszubalancieren sei[244]. Dies folge aus der gesteigerten Dichte unmittelbarer Berührungspunkte zwischen diesen Akteuren. Von besonderer Relevanz ist für ihn hierbei das spezifische Einwirkungspotential des Bürgers auf den Staat:

> „Die räumliche wie die funktionale Eingliederung hat zur Konsequenz, dass das Verhalten des Einzelnen sich unmittelbar auf die Funktionsabläufe und die Integrität seines institutionellen Umfeldes auswirkt. Die direkte Berührung mit dem sachlichen und personalen Substrat sowie den internen Abläufen des Staates rückt dieses Substrat und diese Abläufe in den engeren Wirkungskreis der Lebensäußerungen des Einzelnen. Dieses Phänomen ist der Normalkonstellation der Distanz zwischen Staat und Bürger fremd und seiner Grundstruktur gegenläufig.“[245]

In Anbetracht der Symmetrie des Verhältnisses zwischen Bürger und Staat ist damit im Hinblick auf Sonderstatusverhältnisse auf einen Aspekt aufmerksam gemacht, der sich zugunsten des Bürgers auswirkt.

C. Zusammenfassung und Ausblick

Die Untersuchung von Sonderstatusverhältnissen macht eine Beschäftigung mit der Entstehungsgeschichte dieser Kategorie erforderlich. Zahlreiche Argumente und insbesondere die Skepsis, die dieser Konstellation der Nähe zwischen Bürger und Staat entgegengebracht wird, lassen sich oftmals nur im Kontext der entschiedenen Abkehr vom besonderen Gewaltverhältnis begreifen. Der Diskussion ist es daher förderlich, letzteres als Rechtsfigur seiner Zeit zu begreifen. Der Nutzen für die leistungsrechtliche Betrachtung speist sich hierbei

---

242 Vgl. *W. Loschelder*, Staatseingliederung als Institutionalisierungsproblem, in: Merten (Hrsg.), Das besondere Gewaltverhältnis, 1985, S. 9 (25 f.)

243 *S. Kielmansegg*, Grundrechte im Näheverhältnis, 2012, S. 174 ff.

244 *S. Kielmansegg*, Grundrechte im Näheverhältnis, 2012, S. 174 ff.; *W. Loschelder*, Staatseingliederung als Institutionalisierungsproblem, in: Merten (Hrsg.), Das besondere Gewaltverhältnis, 1985, S. 9 (26) spricht diesbezüglich von der Notwendigkeit der Synchronisation der beiden Elemente.

245 *S. Kielmansegg*, Grundrechte im Näheverhältnis, 2012, S. 176.

insbesondere aus der umfangreichen Diskussion, welche das Spannungsverhältnis zwischen Staatsferne und Staatsnähe im Laufe der Zeit auf vielfältige Weise thematisierte. Dies deutet bereits darauf hin, dass sich solche Näheverhältnisse durch fließende Übergänge auszeichnen und letztlich in ihrer Ausgestaltung als heterogen in Erscheinung treten. Dieser Heterogenität kann dadurch Rechnung getragen werden, dass eine Beschränkung auf Aspekte für die leistungsrechtliche Betrachtung stattfindet. Dabei lassen sich vier wesentliche Gesichtspunkte hervorheben: die Dimensionen des Sonderstatusverhältnisses in sachlicher, räumlicher und zeitlicher Gestalt, das Verhältnis von Konfusion und Opposition, das Kriterium der Freiwilligkeit und das reziproke Pflichtengeflecht zwischen den Akteuren.

Mit Blick auf die möglichen Dimensionen kann die Eingliederung zunächst in räumlicher Hinsicht stattfinden, wobei der Grad der Vereinnahmung zwischen flüchtiger (etwa im Kontext des Anstaltsbenutzers) und totaler Weise (etwa im Strafvollzug) variieren kann. In einem solchen Sinne mag der Raum freiheitlicher Betätigung als Grundlage jeglicher Freiheitsausübung angesehen werden. Auch wird damit auf die Gefahr gedeutet, welche von einer gesteigerten Zugriffsmöglichkeit des Staates in räumlicher Hinsicht ausgehen mag. Ferner kommt der Eingliederung in die Sphäre des Staates auch eine zeitliche Dimension zu. Hierbei kann unterschieden werden zwischen der Begründung des Verhältnisses und der sich anschließenden Dauer, die wiederum eigene Eingliederungsfolgen mit sich bringen mag. Nicht nur in räumlicher und zeitlicher, sondern schließlich auch in sachlicher Weise ist eine Eingliederung möglich. Damit angesprochen ist der jeweilig einschlägige Eingliederungszweck, zu dessen Verwirklichung eine Eingliederung entweder aus Gründen der Handlungsfähigkeit des Staates erforderlich ist oder weil die Eingliederung von bestimmten Personengruppen zielgerichtet bezweckt wird.

Daran anknüpfend lässt sich eine Unterscheidung eingegliederter Personen vornehmen, die der Konfusions- oder Oppositionslage angehören können. Bei ersterer fallen hierbei Grundrechtsberechtigung und Grundrechtsverpflichtung in der Person des eingegliederten Bürgers zusammen, da er als Funktionsträger Aufgaben des Staates wahrnimmt. Einen Akteur der Konfusionslage stellt prototypisch der Beamte dar. In der Oppositionslage findet zwar ebenfalls eine gewisse funktionale Eingliederung statt; diese ist aber primär auf die Erreichung des Eingliederungszwecks gerichtet, der nicht in der Wahrnehmung hoheitlicher Aufgaben besteht. Aus der Oppositionslage folgt für die betroffenen eingegliederten Personen ferner, dass sie grundsätzlich nicht als grundrechtsverpflichtete Stelle anzusehen sind. Beispiele für Akteure in einer solchen Lage sind etwa Strafgefangene oder Schüler.

Das Koordinatensystem, welches die Konfusions- und Oppositionslage aufspannt, wird engmaschiger, indem man es um den Faktor der Freiwilligkeit erweitert. Dabei ist zu unterscheiden hinsichtlich der Freiwilligkeit des Begründungsaktes und mit Bezug auf die Eingliederungsfolgen. Da letztere nicht umfassend im Vorfeld antizipiert und damit nicht vollends autonom eingegangen werden können, taugt dieses Kriterium hierbei nur bedingt. Auch stellt die Figur des Grundrechtsverzichts keine handhabbare Möglichkeit dar, der Freiwilligkeit entsprechende Relevanz in Sonderstatusverhältnissen zu verleihen. Die Frage der Freiwilligkeit erhält im leistungsrechtlichen Kontext vielmehr dadurch ihre besondere Bedeutung, dass von ihr eine legitimierende Wirkung für eventuelle Grundrechtseingriffe ausgehen kann. Zwar mag sie nicht die Zurechnung einer solchen Beeinträchtigung zum Staat unterbrechen, gleichwohl erhält sie im Rahmen der Abwägung konfligierender Interessen eine gesteigerte Bedeutung. Auf diese Weise ist sie maßgeblich als relevanter Belang des grundrechtlichen Maßstabs anzusehen, dem die Eingliederungskonditionen von Sonderstatusverhältnissen genügen müssen. Auf dieser Grundlage lässt sich schließlich eine Unterscheidung zwischen aktivem und passivem Sonderstatus vornehmen, wobei die Freiwilligkeit hinsichtlich der Begründung dieses Verhältnisses den Bezugspunkt darstellt. Dabei wirkt sich die Willensrichtung der Betroffenen dergestalt aus, dass in passiven Verhältnissen die Aktivierung leistungsrechtlicher Wirkungsdimensionen besonders zu fordern ist.

Sonderstatusverhältnisse zeichnen sich ferner dadurch aus, dass sie Verhältnisse generalisierter Reziprozität darstellen. Damit ist ein Pflichtengeflecht zwischen Staat und Bürger umschrieben, in dem beide Akteure wechselseitig verschiedene Verpflichtungen eingehen. Hierbei hat die Bestandsaufnahme einzelner Sonderstatusverhältnisse gezeigt, dass hinsichtlich der eingegliederten Personen Hauptpflichten isoliert werden können, die in der Konfusionslage in der Wahrnehmung bestimmter Aufgaben (als Funktionsträger) bestehen; in der Oppositionslage bestehen solche Hauptpflichten in der Duldung der auferlegten Einschränkungen, wobei gegebenenfalls auch die Beteiligung am Funktionsablauf der jeweiligen Institution gefordert sein kann. Insgesamt bleibt fraglich, inwieweit bei einem solchen Verhältnis generalisierter Reziprozität von einer symmetrischen Beziehung gesprochen werden kann, die dem Idealtyp der Reziprozität im Sinne eines „do ut des“ entspricht. Für eine Symmetrie spricht hierbei der bislang unterschätzte Aspekt der spezifischen Einwirkungsmöglichkeit des eingegliederten Bürgers.

Nicht zu verkennen ist nach alledem eine Schwächung der grundrechtlichen Position des eingegliederten Bürgers. Sie ergibt sich zum einen durch das Eintreten in das beschriebene Pflichtengeflecht zum Zeitpunkt der Begründung des Verhältnisses, zum anderen im Rahmen der möglichen Eingliederungsfolgen. Offen bleibt letztlich, inwieweit hierbei subjektive Rechte des Einzelnen bestehen können. Die Notwendigkeit ihrer Gewährleistung mag sich dann ergeben, wenn dies grundrechtlich geboten erscheint, die Eingliederungslage also in einer Weise grundrechtliche Freiheiten beschränkt, welche die Grundrechtsverwirklichung in solchen Verhältnissen gänzlich in Frage stellt. Die Einzelheiten möglicher Leistungsrechte gilt es damit jedoch noch zu klären. Ihre Herleitung, verfassungsrechtlicher Anknüpfungspunkt und Ausgestaltungsmöglichkeiten werden daher im zweiten Teil der Untersuchung genauer in den Blick genommen. Ferner wird erörtert, wie ein solches Modell konkret aussehen kann, womit sich der dritte Teil näher beschäftigt.

2. Teil: Leistungsrechte in der Verfassung

A. Grundrechtliche Leistungsrechte

I. Allgemeines

Die Suche nach möglichen Leistungsrechten in Sonderstatusverhältnissen beginnt mit einer Aufarbeitung dessen, was gemeinhin unter Leistungsrechten verstanden wird. Auf diese Weise mag der Begriff eine Konturierung erfahren, die für die weitere Untersuchung als Ausgangspunkt dienen soll. Die Existenz grundrechtlicher Leistungsrechte war stets umstritten, die Fülle der strittigen Punkte ist umfassend. Ihren Anfang nahm die Diskussion mit einer im Laufe der Zeit voranschreitenden Ausweitung des Grundrechtsschutzes unter dem Grundgesetz.

1. Die Ausweitung des Grundrechtsschutzes

a) Die Lüth-Entscheidung des BVerfG

Dass Grundrechte primär subjektive Abwehrrechte des Bürgers gegen den Staat sind[246], mag heutzutage niemand ernstlich bestreiten. In Ansehung möglicher weiterer Grundrechtswirkungen, deren Ausgestaltung und Geltungsgrund umstritten sein mag, gilt der „status negativus“[247] oftmals als klassische Grundrechtsfunktion. Die Erfahrungen der Weimarer Zeit und ihr folgend die Zeit des Nationalsozialismus veranlassten den Verfassunggeber zwar dazu, die Stellung der Grundrechte in besonderem Maße zu stärken. Dennoch ist damit über das Abwehrrecht als grundrechtliche Kategorie noch nicht viel gesagt. Die ausgeprägte Dogmatik dieses Rechts nach heutigem Verständnis, das „Klassische“ des Abwehrrechts, beruht vielmehr maßgeblich auf der Rechtsprechung des Bundesverfassungsgerichts[248].

---

246 BVerfGE 7, 198 (204); 50, 290 (337); 68, 193 (205); 115, 320 (358).

247 *G. Jellinek*, System der subjektiven öffentlichen Rechte, 1892, S. 89 ff.; vgl. dazu *W. Brugger*, AöR 136 (2011), 1 (13 ff.).

248 *R. Poscher*, Grundrechte als Abwehrrechte, 2003, S. 18 ff., der verdeutlicht, dass das „Klassische“ des Abwehrrechts nicht exakt historisch zu verstehen ist; so auch *H. Dreier*, in: ders. (Hrsg.), GGK, Bd. 1, 3. Aufl., 2013, Vorb. Rn. 85; *W. Hoffmann-Riem*, Der Staat 43 (2004), 203 (211); vgl. zur Eingriffsabwehr als klassische Grundrechtsfunktion in historischer Hinsicht *D. Grimm*, Rückkehr zum liberalen Grundrechtsverständnis?, in: Grimm (Hrsg.), Die Zukunft der Verfassung, 1990, S. 221 (224 ff.).

Als ein Grundstein verfassungsgerichtlicher Prägung mag das Lüth-Urteil gelten:

> „Ohne Zweifel sind die Grundrechte in erster Linie dazu bestimmt, die Freiheitssphäre des einzelnen vor Eingriffen der öffentlichen Gewalt zu sichern; sie sind Abwehrrechte des Bürgers gegen den Staat. Das ergibt sich aus der geistesgeschichtlichen Entwicklung der Grundrechtsidee wie aus den geschichtlichen Vorgängen, (…). Ebenso richtig ist aber, daß das Grundgesetz (…) in seinem Grundrechtsabschnitt auch eine objektive Wertordnung aufgerichtet hat und daß gerade hierin eine prinzipielle Verstärkung der Geltungskraft der Grundrechte zum Ausdruck kommt (…). Dieses Wertsystem (…) muß als verfassungsrechtliche Grundentscheidung für alle Bereiche des Rechts gelten (…).“[249]

In aller Deutlichkeit formulierte das Bundesverfassungsgericht erstmals, dass die Grundrechte unter dem Grundgesetz auch auf Verhältnisse zwischen zwei Privatrechtssubjekten ausstrahlen. Immer dann, wenn eine Norm des einfachen Rechts von den Gerichten anzuwenden oder auszulegen sei, müsse die objektive Geltungskraft der Grundrechte berücksichtigt werden. Damit war auch gesagt, dass Grundrechte mehr im Stande zu leisten sind, als bloße Abwehrrechte des Einzelnen gegen den Staat zu sein[250]. Auch wenn sich Protest regte[251] – der Weg für die sogenannte objektiv-rechtliche Dimension der Grundrechte als Basis für weitere Grundrechtsausprägungen[252] war frei.

b) Die Diskussion um grundrechtliche Leistungsrechte

In den 70er Jahren erreichte diese Entwicklung ihren Höhepunkt. Die Referate der Staatsrechtslehrertagung von *Wolfgang Martens*[253] und insbesondere *Peter Häberle*[254] entfachten die Diskussion um grundrechtliche Leistungsrechte[255].

---

249 BVerfGE 7, 198 (204 f.).

250 *H. Dreier*, Dimensionen der Grundrechte, 1993, S. 12.

251 Vgl. *F. Kübler*, KritV 83 (2000), 313 (317 f.) m.w.N.; zusammenfassend ferner *E.-W. Böckenförde*, Der Staat 29 (1990), 4 ff.

252 *W. Cremer*, Freiheitsgrundrechte, 2003, S. 193.

253 *W. Martens*, VVDStRL 30 (1972), 7 ff.

254 *P. Häberle*, VVDStRL 30 (1972), 43 ff.

255 Dies teils zusätzlich unter dem Eindruck der numerus-clausus-Entscheidung des BVerfG (BVerfGE 33, 303 ff.): *P. Häberle*, DÖV 1972, 729 (729 ff.); *O. Kimminich*, JZ 1972, 696 (697); *A. v. Mutius*, VerwArch 1973, 183 (185 ff.); *E.-W. Böckenförde*, NJW 1974, 1529 (1535); *E. Friesenhahn*, Der Wandel des Grundrechtsverständnisses, in: ders./Röhl (Hrsg.), Verhandlungen des 50. DJT, 1974, G 14 ff.; *D. Wiegand*, DVBl 1974, 657 (657); *H. Kratzmann*, Grundrechte – Rechte auf Leistungen, 1974, S. 3 ff.; *P. Badura*, Der Staat 14 (1975), 17 (24); *H. Willke*, Stand und Kritik der neueren

Dazu traten die grundrechtlichen Schutzpflichten, die – ausgehend von der ersten Entscheidung zum Schwangerschaftsabbruch des Bundesverfassungsgerichts[256] – durch weitere Entscheidungen des Gerichts[257] zu allmählicher Prominenz gelangten.

Mit Blick auf die grundrechtlichen Leistungsrechte gab auch immer wieder die Rechtsprechung Anlass dazu, sich mit dieser Grundrechtsdimension zu beschäftigen. Dabei traten vornehmlich Urteile des Bundesverfassungsgerichts in den Vordergrund, die wichtigsten seien hier kurz umrissen. So erörterte das Bundesverfassungsgericht schon früh in seiner Entscheidung zur Hinterbliebenenrente, inwieweit die Art. 1 Abs. 1, Art. 2 Abs. 2 S. 1 GG einen grundrechtlichen Anspruch des Einzelnen auf eine angemessene Versorgung durch den Staat beinhalten[258]. Es verhielt sich dort etwaigen Leistungsrechten noch eher skeptisch gegenüber, indem es festhielt, dass aus diesen Grundrechten nicht der Schutz vor materieller Not folgte, sondern vielmehr der Schutz vor Angriffen Dritter erfasst sei[259]. Deutlicher bezog es hingegen in der Entscheidung zum Numerus Clausus Stellung, in der es die Teilhabe an einem bestehenden Leistungssystem als grundrechtlich geschützt ansah[260]. Im Anschluss zeigte sich das Bundesverfassungsgericht deutlich zurückhaltender[261], thematisierte das Erfordernis staatlichen Beistands jedoch erneut in seiner Entscheidung zur Privatschulsubventionierung[262]. Mit einem Grundrecht auf Gewährleistung eines menschenwürdigen Existenzminimums fixierte es schließlich einen originären Leistungsanspruch[263].

Grundrechtstheorie, 1975, S. 216 ff.; *H. H. Rupp*, AöR 1976, 161 (183 f.); *J. Schwabe*, Probleme der Grundrechtsdogmatik, 1977, S. 204 ff.

256 BVerfGE 39, 1 (1 ff.).

257 BVerfGE 46, 160 (165); 49, 89 (142); 53, 30 (57).

258 BVerfGE 1, 97 (97 ff.).

259 BVerfGE 1, 97 (104).

260 BVerfGE 33, 303 (330 f.); hierbei warf das Gericht bereits die Frage auf, inwieweit dies auch die Schaffung von Einrichtungen umfassen könnte, vgl. BVerfGE 33, 303 (333); vgl. dazu umfassend *G. Haverkate*, Rechtsfragen des Leistungsstaates, 1983, S. 206 ff. In eine ähnliche Richtung geht das Gericht im sog. Hochschulurteil, welches staatliche Leistungen zur Förderung der Wissenschaftsfreiheit eines Hochschullehrers thematisiert, vgl. BVerfGE 35, 79 (114 f.).

261 BVerfGE 36, 321 (331 f.).

262 BVerfGE 75, 40 (62 ff.); vgl. dazu *L. Gramlich*, BayVBl. 1987, 490 (491 ff.).

263 BVerfGE 125, 175 (222); *P. Axer*, Das Grundrecht auf Gewährleistung eines menschenwürdigen Existenzminimums und die Sicherung sozialer Grundrechtsvoraussetzungen, in: Anderheiden (Hrsg.), GS Brugger, 2013, S. 335 (338); *J.-H. Hörmann*, Rechtsprobleme des Grundrechts auf Gewährleistung eines menschenwürdigen

c) *Zur Relevanz von Grundrechtstheorien*

aa) *Grundrechtstheorie als Metatheorie*

Eine Beschäftigung mit grundrechtlichen Leistungsrechten kann die viel diskutierten Grundrechtstheorien[264] nicht außer Acht lassen. Grundrechtstheorien bilden den Ausgangspunkt möglicher Leistungsrechte. Die Notwendigkeit ihrer Einbeziehung in die vorliegende Untersuchung speist sich aus ihrer Verflechtung zur Grundrechtsdogmatik: Die Grundrechtstheorie stellt die Basis für etwaige dogmatische Überlegungen dar[265]. Sie trifft Aussagen über dogmatische Instrumente, etwa über deren Gründe und Wirkung. Sie bezieht sich damit auch auf die Dogmatik der Leistungsrechte. Ebenso wie die Verfassungstheorie als Ganzes, stellt sich die Grundrechtstheorie damit als Metatheorie[266] der Grundrechtsdogmatik dar.

Nach *Böckenförde* handelt es sich bei einer Grundrechtstheorie um eine „systematisch orientierte Auffassung über den allgemeinen Charakter, die normative Zielrichtung und die inhaltliche Reichweite der Grundrechte"[267]. Diese einzelnen Aspekte können auf unterschiedlichste Weise näher konturiert werden. Dabei divergieren die Auffassungen insofern als ihnen jeweils ein gewisses Verständnis der Grundrechtsgeltung zugrunde liegt. In seinem grundlegenden Aufsatz macht *Böckenförde* fünf Grundrechtstheorien aus[268]: Der Gewährleistung absoluter Freiheit schlechthin durch subjektive Ansprüche[269] stehen objektivierte Ansätze gegenüber, die grundrechtliche Freiheiten als Institut[270] oder als Mittel der Staatshervorbringung in einem Integrationsprozess[271] ansehen. Auch

---

Existenzminimums, 2013, S. 7 ff.; vgl auch zuletzt BVerfG, Urteil vom 5. November 2019 – 1 BvL 7/16 –.

264 Zur Kritik an Grundrechtstheorien vgl. *J. F. Lindner*, Rechtswissenschaft als Metaphysik, 2017, S. 116 f.; *W. Schmidt*, Jura 1983, S. 169 (180).

265 Vgl. *C. Enders*, in: Friauf/Höfling (Hrsg.), Berliner Kommentar zum Grundgesetz, Bd. 1, Stand: September 2017, Vor Art. 1 Rn. 42.

266 Nach *M. Morlok*, Was heißt und zu welchem Ende studiert man Verfassungstheorie?, 1988, S. 52; vgl. auch *P. Häberle*, AöR 99 (1974), 437 (447 ff.).

267 *E.-W. Böckenförde*, NJW 1974, 1529 (1529).

268 Dazu und im Folgenden grundlegend *E.-W. Böckenförde*, NJW 1974, 1529 ff.

269 Im Sinne des rechtsstaatlichen Verteilungsprinzips *C. Schmitt*, Verfassungslehre, 5. Aufl., 1970, S. 126 f., 158 f.

270 *P. Häberle*, Die Wesensgehaltsgarantie des Art. 19 Abs. 2 Grundgesetz, 3. Aufl., 1983, S. 99.

271 *R. Smend*, Verfassung und Verfassungsrecht (1928), in: ders. (Hrsg.), Staatsrechtliche Abhandlungen, 1955, S. 189 ff.

wird die politische Funktion der Grundrechte betont oder aber ihr sozialstaatlicher Bezug[272].

bb) Grundrechtstheorie und Verfassungstheorie

Grundrechtstheoretische Überlegungen lassen sich nicht ohne Bezug zum großen Ganzen, der Verfassungstheorie, anstellen[273]. Die spezifische Ausgestaltung der Verfassungstheorie führt zu einer in ihren Grundzügen kongruenten Grundrechtstheorie. Das Verständnis von Staat und Verfassung ist so auch für die dogmatische Prägung von Leistungsrechten von Relevanz[274].

Anzusetzen ist demnach bei der Verfassungstheorie[275]. Ihre Ausgestaltung ist es, die die Implikationen mit der Grundrechtstheorie determiniert. Der Begriff der Verfassungstheorie ist einer allgemeinen Definition jedoch nur schwer zugänglich. Zugleich bietet die vorliegende Arbeit keinen Raum für eine umfassende Beschäftigung mit diesem Begriff. Gleichwohl können Leitlinien der Verfassungstheorie ausgemacht werden, welche für die hier relevante Frage der Ausdehnung des Grundrechtsschutzes in Gestalt grundrechtlicher Leistungsrechte von Belang sind.

Morlok identifiziert insgesamt fünf Wesensmerkmale der Verfassungstheorie[276]. Für die vorliegende Betrachtung ist dabei insbesondere der Wirklichkeitsbezug der Verfassungstheorie von Belang[277]. Hiernach ist es ein Merkmal der Verfassungstheorie, die soziale Wirklichkeit bei der Anwendung und Auslegung von Verfassungsrecht nicht außer Acht zu lassen. Wirklichkeitsbezug meint dabei den Bezug eines Rechtssystems zu seiner Umwelt, also dem gesellschaftlichen Kontext des Rechtssystems[278]. Auf diese Weise ist Gegenstand der Verfassungstheorie auch die Beobachtung, inwieweit die durch die Umwelt beeinflussten

---

272 *E.-W. Böckenförde*, NJW 1974, 1529 (1534 ff.) m.w.N.

273 Vgl. *H. Ehmke*, VVDStRL 20 (1963), 53 (69 ff., 81 ff.).

274 Vgl. *K. Stern*, Staatsrecht III/1, 1988, S. 694.

275 Vgl. *M. Jestaedt*, Verfassungstheorie als Disziplin, in: Depenheuer/Grabenwarter (Hrsg.), Verfassungstheorie, 2010, § 1, passim; *E.-W. Böckenförde*, NJW 1976, 2089 (2090 ff.); *U. Di Fabio*, Zur Theorie eines grundrechtlichen Wertesystems, in: HGR II, 2006, § 46 Rn. 29.

276 *M. Morlok*, Was heißt und zu welchem Ende studiert man Verfassungstheorie?, 1988, S. 50 ff.

277 *M. Morlok*, Was heißt und zu welchem Ende studiert man Verfassungstheorie?, 1988, S. 60 ff.

278 *M. Morlok*, Was heißt und zu welchem Ende studiert man Verfassungstheorie?, 1988, S. 71.

Verwirklichungsbedingungen des Verfassungsrechts (noch) gegeben sind[279]. Dieser Wirklichkeitsbezug gilt auch für die Grundrechte des Grundgesetzes. So kann etwa zur Sicherung grundrechtlicher Freiheiten die Ausweitung eines grundrechtlichen Schutzbereichs oder gar die Neuschaffung grundrechtlicher Gewährleistungen – sei es im Wege der Verfassungsänderung, sei es durch verfassungsgerichtliche Rechtsprechung – vonnöten sein[280].

Damit Grundrechte diesem Wirklichkeitsbezug gerecht werden können, bedarf es Möglichkeiten ihrer dynamischen Anpassung. Diese Notwendigkeit leuchtet schon deshalb ein, da der Verfassungstext nicht alle denkbaren Anwendungsfälle grundrechtlicher Garantien in sich aufzunehmen vermag. Grundrechte sind daher als Werte zu begreifen[281]. Im Gegensatz zu Programmen, unter denen mit *Luhmann* Regeln zu verstehen sind, die grundsätzlich für jedermann gelten und die immer dann eingreifen sollen, wenn die Voraussetzungen ihrer Anwendung vorliegen[282], sind Werte abstrakter gefasst und ihrerseits – auf mehrfache und unterschiedliche Art und Weise – konkretisierungsbedürftig. Dies macht es jedoch erforderlich, den grundlegenden Wert einer Verfassungsbestimmung zu abstrahieren. Hat man dies abstrakt herausgearbeitet, so lässt sich der grundrechtliche Wert für eine Vielzahl von Fällen respezifizieren[283].

So lässt sich etwa aus den Kommunikationsfreiheiten des Art. 5 Abs. 1 GG der abstrakte Schutzgehalt der Freiheit geistiger Inhalte und deren Kommunikation in einem pluralistischen Wettbewerb identifizieren[284]. Dieser grundrechtliche Wert lässt sich auf unterschiedliche Art und Weise respezifizieren, etwa dadurch, dass die schützenswerte Kommunikation durch unterschiedliche Medien vermittelt wird. Die Spezifizierung erfolgt so durch die verschiedenen Ausprägungen des Art. 5 Abs. 1 GG, der Pressefreiheit, Rundfunkfreiheit oder Filmfreiheit. Auf diese Weise lässt sich der abstrakte Wert auch zum Schutz

---

279 *M. Morlok*, Was heißt und zu welchem Ende studiert man Verfassungstheorie?, 1988, S. 72 f.

280 *M. Morlok*, Was heißt und zu welchem Ende studiert man Verfassungstheorie?, 1988, S. 72.

281 *M. Morlok*, Was heißt und zu welchem Ende studiert man Verfassungstheorie?, 1988, S. 113.

282 *N. Luhmann*, Rechtssoziologie, 3. Aufl., 1987, S. 88; *M. Morlok*, Was heißt und zu welchem Ende studiert man Verfassungstheorie?, 1988, S. 112.

283 *M. Morlok*, Was heißt und zu welchem Ende studiert man Verfassungstheorie?, 1988, S. 114.

284 *L. Michael/M. Morlok*, Grundrechte, 6. Aufl., 2017, Rn. 201.

etwa des technologischen Wandels, wie den Ausprägungen der Digitalisierung, respezifizieren[285]. Ähnliches mag bezüglich des Schutzes der Privatheit gelten, der in Gestalt verschiedener Abwehrrechte, Art. 13 GG oder Art. 2 Abs. 1 i.V.m. Art. 1 Abs. 1 GG – hier gar als Produkt richterlicher Rechtsfortbildung – spezifiziert werden mag. Dies kann sogar zur Schaffung neuer Grundrechte, wie dem Grundrecht auf Schutz der Vertraulichkeit und Integrität informationstechnischer Systeme, führen[286]. Die Respezifizierung grundrechtlicher Werte dient somit einer dynamischen Grundrechtsgewährleistung, die den nötigen Wirklichkeitsbezug nicht außer Acht lässt.

Auf diese Weise lassen sich jedoch nicht nur einzelne Abwehrrechte für den jeweiligen Anwendungskontext spezifizieren. Die Abstraktion des grundrechtlichen Schutzguts ermöglicht es vielmehr, auch weitere Wirkungsdimensionen der Grundrechte im Wege der Respezifizierung zu erschließen. Als Beispiel hierfür sei Art. 2 Abs. 2 S. 1 GG, also das Recht auf Leben, genannt. Als Abwehrrecht zielt es darauf, die physische Existenz des Menschen vor staatlichem Einfluss zu sichern[287]. Abstrahiert man dieses Recht auf die zuvor beschriebene Weise, so verbleibt der Wert „Leben", der als erhaltungswürdig einzustufen ist[288].

Nimmt man nun den Fall, in dem der Staat zur Abwehr einer Gefahr für das Leben eines Bürgers aktiv eine Handlung vornehmen muss, etwa aufgrund ausgehender Gefahren Dritter, so führt die Respezifizierung des Wertes, die im Ergebnis den Schutz des betroffenen Lebens gewährleisten soll, hierbei nicht zwangsläufig zu dem (bekannten) Anwendungskontext des Abwehrrechts. Sie deutet vielmehr auf die Spezifizierung grundrechtlicher Schutzpflichten hin[289]. Insofern lässt sich konstatieren, dass hier die Spezifizierung des Wertes weitere Wirkungsdimensionen der Grundrechte eröffnet. Verbliebe man in diesem Fall im abwehrrechtlichen Kontext, wäre ein Eingreifen gegen Dritte nicht möglich, von einem effektiven Grundrechtsschutz ließe sich damit nicht sprechen. Letzterer ist allerdings schon deshalb geboten, da der grundrechtliche Wert im Sinne *Alexys* als Prinzip einzuordnen ist, welches es zu optimieren gilt[290].

---

285 Vgl. zu alledem *M. Morlok*, Was heißt und zu welchem Ende studiert man Verfassungstheorie?, 1988, S. 78 f.

286 BVerfGE 120, 274 (308).

287 *H. Schulze-Fielitz*, in: Dreier (Hrsg.), GGK, Bd. 1, 3. Aufl., 2013, Art. 2 II Rn. 20, 25.

288 *J. Dietlein*, Die Lehre von den grundrechtlichen Schutzpflichten, 2. Aufl., 2005, S. 61.

289 Vgl. dazu auch unten 2. Teil, III., 3., a).

290 *R. Alexy*, Theorie der Grundrechte, 3. Aufl, 1996, S. 478; *J. Dietlein*, Die Lehre von den grundrechtlichen Schutzpflichten, 2. Aufl., 2005, S. 61; zur Kritik an Prinzipien *R. Dreier*, Konstitutionalismus und Legalismus, in: Kaufmann (Hrsg.), FS Maihofer, 1988, S. 87 (103) m.w.N.

Zusammenfassend lässt sich sagen, dass die Spezifizierung grundrechtlicher Werte nicht nur im abwehrrechtlichen Koordinatensystem stattfindet. Die Verwirklichung grundrechtlicher Werte kann es vielmehr erfordern, weitere Wirkungsdimensionen der Grundrechte für den konkreten Anwendungskontext zu formulieren[291]. All dies trägt dem Wirklichkeitsbezug Rechnung, der letztlich dem dynamischen Grundrechtsschutz innewohnt.

cc) Die Leistungsdimension der Grundrechte als Spezifizierung grundrechtlicher Werte

Erkennt man dies an, so sind auch Leistungsrechte als Ergebnis der Spezifizierung grundrechtlicher Werte denkbar. Nachzuweisen wäre dann, dass ein Anwendungskontext gegeben ist, der eine solche Spezifizierung nötig macht.

Dabei lohnt die Rückschau auf den bereits angesprochenen Wirklichkeitsbezug der hier entfalteten Grundrechtstheorie. Erörtert wurde bereits, dass nur ein offenes Verständnis der Grundrechte eine dynamische Freiheitsgewährleistung ermöglicht. Mit *Häberle* lässt sich demgemäß von einer „grundrechtssichernden Geltungsfortbildung“[292] sprechen. Betrachtet man die Wirklichkeit grundrechtlicher Verbürgungen nun unter dem Vorzeichen der Leistungsrechte, so lässt sich konstatieren, dass im Laufe der Zeit die Notwendigkeit gestiegen ist, die tatsächlichen Voraussetzungen der Grundrechtsausübung zu gewährleisten[293]. Die Freiheitsbetätigung kann nicht mehr ohne jegliche staatliche Mitwirkungsakte auskommen. Das Substrat der Freiheit hängt damit oftmals von staatlichen Aktivitäten, insbesondere der Rechtsetzung[294], ab. Darin ist ein Wandel der Voraussetzungen der Grundrechtsausübung zu sehen, die ihrerseits rechtlicher oder realer Art sein können. Letztere sind etwa marktwirtschaftliche oder

---

291 *L. Michael/M. Morlok*, Grundrechte, 6. Aufl., 2017, Rn. 510.

292 *P. Häberle*, VVDStRL 30 (1972), 43 (69).

293 *P. Häberle*, VVDStRL 30 (1972), 43 (90 ff.); *K. Hesse*, Verfassung und Verfassungsrecht, in: Benda (Hrsg.), Handbuch des Verfassungsrechts der Bundesrepublik Deutschland, 2. Aufl., 1994, § 1 Rn. 27; *T. Tomandl*, Der Einbau sozialer Grundrechte in das positive Recht, 1967, S. 8; *F. Ossenbühl*, NJW 1976, 2100 (2104 f.); *C. Sailer*, DVBl 1976, 521 (525 ff.); *P. Badura*, Der Staat 14 (1975), 17 (34 f.); *U. Scheuner*, DÖV 1971, 505 (510); *E. Denninger*, Staatsrecht, Bd. 2, 1979, S. 164; *U. Sartorius*, Das Existenzminimum im Recht, 2000, S. 59 ff.; *C. Pagels*, Schutz- und förderungspflichtige Aspekte der Religionsfreiheit, 1999, S. 119.

294 Zum einfachen Recht als Grundrechtsvoraussetzung s. *J. Isensee*, Grundrechtsvoraussetzungen und Verfassungserwartungen an die Grundrechtsausübung, in: HStR IX, 3. Aufl., 2011, § 190 Rn. 161 ff.

soziokulturelle Grundrechtsvoraussetzungen[295]. Dass sich die Voraussetzungen der Grundrechtsausübung wandeln können und daher über weitere Wirkdimensionen der Grundrechte nachgedacht werden muss, beschreibt das Bundesverfassungsgericht auch ähnlich in seiner Entscheidung zum Numerus Clausus, wenn es die zunehmende Bedeutung der Teilhabe an Leistungen hervorhebt, die zur klassischen Form der Freiheitssicherung dazutritt:

> „Je stärker der moderne Staat sich der sozialen Sicherung und kulturellen Förderung der Bürger zuwendet, desto mehr tritt im Verhältnis zwischen Bürger und Staat neben das ursprüngliche Postulat grundrechtlicher Freiheitssicherung vor dem Staat die komplementäre Forderung nach grundrechtlicher Verbürgung der Teilhabe an staatlichen Leistungen.“[296]

Zusammenfassend lässt sich damit sagen, dass eine Änderung äußerer Zustände eingetreten ist, die die Realisierung der grundrechtlichen Schutzgehalte in bestimmten Konstellationen gefährdet. Dem gilt es daher entgegenzuwirken:

> „Eine Änderung der Zustände, welche deren Erfolgssicherheit ernsthaft in Frage stellt (…), muß, wenn man den Wert selbst ernst nimmt, dazu führen, daß über neue Wege nachgedacht wird, ihn zu schützen und zu verwirklichen.“[297]

An dieser Stelle kann die Leistungsdimension der Grundrechte dazu beitragen, die Realisierung dieser Werte zu sichern. Sie dient dazu, das Grundrechtssystem an die sich gewandelten Umweltvoraussetzungen anzupassen. Der spezifische Anwendungskontext besteht hierbei nicht in der klassischen Konstellation des Abwehrrechts, sondern bezieht sich auf ein leistendes Handeln des Staates, das zur Grundrechtswahrnehmung beitragen soll. Die Annahme der Leistungsdimension ist damit eine umwelt-, also wirklichkeitsbezogene Spezifizierung grundrechtlicher Werte. Freilich mag die Respezifizierung hierbei auch von Fall zu Fall variieren; dies hängt eben vom jeweiligen Anwendungskontext ab. So ist dieser in Fragen menschenwürdigen Lebens, wonach der Staat gegebenenfalls ein Existenzminimum zu leisten hat, ein anderer als in anderen Lebensbereichen,

---

295 *J. Isensee*, Grundrechtsvoraussetzungen und Verfassungserwartungen an die Grundrechtsausübung, in: HStR IX, 3. Aufl., 2011, § 190 Rn. 160 ff.; *P. Kirchhof*, Der Staat als Garant und Gegner der Freiheit, 2004, S. 95 ff.; *M. Kloepfer*, Grundrechte als Entstehenssicherung und Bestandsschutz, 1970, S. 16, ferner zu den einzelnen Formen des Grundrechtsvoraussetzungsschutzes a.a.O., S. 17 ff.; *W. Hamel*, Die Bedeutung der Grundrechte im sozialen Rechtsstaat, 1957, S. 23.

296 BVerfGE 33, 303 (330 f.).

297 *M. Morlok*, Was heißt und zu welchem Ende studiert man Verfassungstheorie?, 1988, S. 79.

die eine Handlung des Staates eher weniger erfordern oder in denen die Abwesenheit staatlichen Handelns gar gewollt ist.

Nach alledem wird deutlich: Die Multidimensionalität des Grundrechtsschutzes ist eine Folge des sich gewandelten gesellschaftlichen Kontextes grundrechtlicher Freiheitsverbürgungen. Damit ist ein Grundrechtsverständnis umschrieben, dass sich dadurch auszeichnet, dass es sich nicht auf einen bestimmten Einzelaspekt[298] konzentriert. Eine ausschließliche Geltung bestimmter Grundrechtsauffassungen mag heutzutage zudem wohl niemand annehmen[299], auch das Bundesverfassungsgericht bedient sich verschiedener Grundrechtstheorien im Wechsel[300]. Dies gilt auch für das hiesige Verständnis, wonach verschiedene grundrechtstheoretische Erkenntnisse einen Anhaltspunkt für den Prozess der Wertespezifizierung geben können. Dies ist schon aufgrund der relativen Unbestimmtheit der Werteterminologie erforderlich[301]. Damit bildet das hier dargelegte Verständnis ein flexibles System ab, welches inhaltsoffen ist und demgemäß neue Entwicklungen in sich aufzunehmen vermag[302].

All dies zeigt, dass Grundrechte nicht nur in ihrem abwehrenden Sinne zu verstehen sind. Dazu tritt, dass sich viele Diskussionen der Wirkungsdimensionen der Grundrechte im Laufe der Zeit gelegt haben. Im weiteren Verlauf der Untersuchung wird zu erörtern sein, inwieweit sie für das besondere Verhältnis des Sonderstatusverhältnisses fruchtbar gemacht werden können. Dies kann nicht ohne Ansehung des jeweiligen Grundrechts erfolgen, in dessen Freiheitsraum die Geltendmachung eines solchen Rechts fällt, sowie des spezifischen Anwendungskontexts der Realisierung grundrechtlicher Werte.

2. *Zur Konturierung des Leistungsrechts*

Bei näherer Betrachtung offenbart der Begriff des Leistungsrechts, dass sein genauer Inhalt mitunter schwierig zu bestimmen ist. Solche Unsicherheiten

---

298 *M. Borowski*, Grundrechte als Prinzipien, 2. Aufl., 2007, S. 26 nennt solche Grundrechtstheorien „Ein-Punkt-Theorien".

299 *W. Heintschel von Heinegg/U. R. Haltern*, JA 1995, 333 (335); *P. Häberle*, JZ 1989, 913 (918) spricht von der Notwendigkeit einer „flexiblen Kombination" verschiedener Grundrechtstheorien.

300 *E.-W. Böckenförde*, NJW 1974, 1529 (1536); *J. Dietlein*, Die Lehre von den grundrechtlichen Schutzpflichten, 2. Aufl., 2005, S. 57 ff., jeweils m.w.N.

301 *M. Morlok*, Was heißt und zu welchem Ende studiert man Verfassungstheorie?, 1988, S. 114, 118ff.

302 Zur Notwendigkeit eines solchen Verständnisses s. *M. Borowski*, Grundrechte als Prinzipien, 2. Aufl. 2007, S. 26.

treten insbesondere im Zusammenhang mit anderen Begrifflichkeiten auf, die sich nicht ohne weiteres vom Leistungsbegriff abgrenzen lassen. Daher soll der Begriff in Relation zu diesen, teils entgegenstehenden, Begriffen gesetzt werden, um somit eine genauere Formprägung des Begriffs der Leistung zu erzielen.

a) Abwehrrecht und Leistungsrecht

Abwehrrechte können verschiedentlich von Leistungsrechten unterschieden werden. Die meiste Verbreitung mag hierbei die formale Unterscheidung nach der jeweils erstrebten Rechtsfolge haben, wonach die Abwehrrechte auf eine Unterlassung staatlicher Handlungen zielen, Leistungsrechte hingegen auf die Vornahme einer positiven Handlung des Staates[303]. Mit *Borowski* lässt sich hierbei im Unterlassen die kausale Nichtänderung von Zuständen oder Prozessen in der Wirklichkeit trotz einer bestehenden Handlungsmöglichkeit erblicken[304]. Im Gegensatz dazu kennzeichnet die Leistung, dass ein positives Tun des Staates nicht abgewehrt werden soll, sondern – im Gegenteil – erstrebt wird. Das positive Handeln des Staates besteht hierbei in der kausalen Änderung von Zuständen oder Prozessen in der Wirklichkeit[305].

So eingängig diese formelle Unterscheidung sein mag, so ist sie davon abhängig, was man unter dem Begriff autonomer Freiheit versteht. Differenzieren lässt sich hierbei die vorstaatliche Freiheit[306] von der Freiheit im Rahmen der bestehenden Rechtsordnung. Darauf hat *Borowski* hingewiesen, der aus diesem Grund für eine materielle Betrachtung plädiert[307]: Hiernach sei anzunehmen, dass durch grundrechtliche Freiheitsrechte eine vorstaatliche Freiheit des Einzelnen gewährleistet wird, womit das Abwehrrecht zur Gewährung eines

303 *T. Kingreen/R. Poscher*, Grundrechte, 33. Aufl., 2017, Rn. 96 f.; *H. D. Jarass*, in: ders./ Pieroth (Hrsg.), GG, 14. Aufl., 2016, Vorb. Rn. 4; *L. Michael/M. Morlok*, Grundrechte, 6. Aufl., 2017, Rn. 510, 525 ff.; *H. Sodan*, in: ders. (Hrsg.), Grundgesetz, 4. Aufl., 2018, Vorb. Rn. 14; *I. v. Münch/P. Kunig*, in: dies. (Hrsg.), GGK, Bd. 1, 6. Aufl., 2012, Vorb. Art. 1–19 Rn. 22; *G. Lübbe-Wolff*, Die Grundrechte als Eingriffsabwehrrechte, 1988, S. 33 ff.; *H. Dreier*, in: Dreier (Hrsg.), GGK, Bd. 1, 3. Aufl., 2013, Vorb. Rn. 84, 89.

304 *M. Borowski*, Grundrechte als Prinzipien, 2. Aufl. 2007, S. 211; *M. Borowski*, JöR 50 (2002), 301 (303 f.).

305 *M. Borowski*, Grundrechte als Prinzipien, 2. Aufl. 2007, S. 211; *M. Borowski*, JöR 50 (2002), 301 (303 f.).

306 Vgl. dazu umfassend *G. Lübbe-Wolff*, Die Grundrechte als Eingriffsabwehrrechte, 1988, S. 82 ff. m.w.N.; angesichts dieser Fiktion ist zu bemerken, dass es diesbezüglich stets eines „metaphysikkritischen Bewusstseins" bedarf, vgl. dazu *J. F. Lindner*, Rechtswissenschaft als Metaphysik, S. 91 f., 108 f., 164 ff.

307 *M. Borowski*, Grundrechte als Prinzipien, 2. Aufl., 2007, S. 223 f.

staatsfreien Raumes beitrage. Dem folgend seien solche Fälle, in denen die Beantragung einer Erlaubnis abgelehnt werde – etwa im Rahmen präventiver Verbote mit Erlaubnisvorbehalt – als Anwendungsfall der Abwehrrechte anzusehen, da bereits der Erlaubnisvorbehalt die natürliche Freiheit einschränke und – als Rechtsfolge – zu unterlassen sei[308]. Formal hingegen, d.h. im Rahmen der bestehenden unterverfassungsrechtlichen Rechtsordnung, bestünde die erstrebte Rechtsfolge in der staatlichen Handlung der Erlaubniserteilung, was für den Anwendungsbereich der Leistungsrechte spreche[309].

Dieser Einwand verdeutlicht, dass eine allzu starre Orientierung an den beabsichtigten Rechtsfolgen mitunter nicht zielführend ist, um die Kategorien der Abwehr- und Leistungsrechte voneinander zu trennen. Gleichwohl mag die formale Unterscheidung in einer Vielzahl von Fällen dafür ausreichen. Dies schließt indes nicht aus, die materielle Sichtweise dann zu bemühen, wenn dies aus Gründen effektiver Grundrechtsverwirklichung angebracht erscheint. Eine solche inhaltliche Betrachtung trägt damit letztendlich auch der Sichtweise Rechnung, wonach es weniger auf die rechtstechnische Einkleidung, vielmehr auf das grundrechtliche Prinzip, welches dahintersteht, ankommt[310].

b) Leistung und Teilhabe

Ob man für den Umstand, dass der Einzelne ein aktives Tun des Staates fordern kann, den Begriff des Leistungsrechts wählt, ist strittig. Dies liegt insbesondere an dem Verhältnis zwischen Leistung und Teilhabe. Nähert man sich beiden Begriffen in einem ersten Schritt, so spricht „Teilhabe" dafür, dass es die Teilhabe an etwas Bestehendem meint. Natürlich lässt sich auch an etwas teilhaben, was erst noch geschaffen werden muss. Gleichwohl ist es dieses kreierende Element, was für die „Leistung" spricht, etwas, das noch zu leisten ist, bevor eine Teilhabe möglich erscheint. Eine solche Unterscheidung nimmt den Rechtsgrund der möglichen Rechte in den Blick, originäre Rechte werden als Leistungsrechte und derivative Rechte als Teilhaberechte betrachtet[311]. Dies hat zur Folge, dass

---

308 *M. Borowski*, Grundrechte als Prinzipien, 2. Aufl., 2007, S. 215 f.

309 *M. Borowski*, Grundrechte als Prinzipien, 2. Aufl., 2007, S. 222; vgl. ferner zur Abgrenzung zwischen Freiheit und Leistung hinsichtlich der Nutzung privater öffentlicher Räume *M. Prothmann*, Die Wahl des Versammlungsortes, 2013, S. 138 ff.

310 Vgl. *L. Michael/M. Morlok*, Grundrechte, 6. Aufl., 2017, Rn. 510.

311 Auf diese Weise unterscheiden *W. Martens*, VVDStRL 30 (1972), 7 (21); *T. Kingreen/R. Poscher*, Grundrechte, 33. Aufl., 2017, Rn. 97; *W. Rüfner*, Grundrechtliche Leistungsansprüche, in: Gitter/Thieme/Zacher (Hrsg.), FS Wannagat, 1981, S. 379 (379 f.); *K. Stern*, Staatsrecht III/1, 1988, S. 700.

der Begriff der Teilhabe – mit Blick auf die Ausweitung des Grundrechtsschutzes – in seiner Relevanz eher gering bleibt[312].

Dem stehen Autoren entgegen, die in den Teilhaberechten den Oberbegriff sehen, der auch das Leistungsrecht mit umfasst[313]. Namhaft vertritt *Murswiek*, dass der Teilhabebegriff eine Funktion erfüllt, zu der der Begriff des Leistungsrechts nicht im Stande ist: So sei mit Teilhabe auch die Beteiligung an Verfahren gemeint, in denen unter Umständen keine Leistungen gewährt werden[314]. Ferner sei in dem Teilhabebegriff zugleich die spannende Frage des Gewährleistungsmodus des zu realisierenden Anspruchs angelegt, wohingegen der Leistungsbegriff nur auf den Inhalt des Anspruchs abziele[315]. Das Spektrum unterschiedlicher Auffassungen vervollständigen schließlich Autoren, die den Begriff der Leistung weit verstehen und eine Differenzierung zwischen Teilhabe- und Leistungsrechten nicht weiter vornehmen[316].

Die Vielzahl der verwandten Unterscheidungen macht deutlich, dass eine Begriffsbestimmung, die den Anspruch der Allgemeingültigkeit erhebt, nicht zu leisten ist. Dafür sind die Bezeichnungen zu willkürlich, letztlich von Nuancen abhängig, die so oder anders festgelegt werden können. Auch die Verwendung eines neuen, neutralen Begriffs mag nicht zielführend sein. Gleichwohl lassen sich bestimmte Anspruchsziele ausmachen, die für die weitere Untersuchung relevant sind. Ohne einen Oberbegriff bilden zu müssen, sind zwei Aspekte die möglichen Ziele von Anspruchsrechten: Entweder wird die Schaffung von etwas nicht Vorhandenem angestrebt oder etwas Vorhandenes soll zur Verfügung gestellt werden. Dies ist eine grundlegende Unterscheidung, die zwar verschiedentlich beschrieben wird, für die Frage nach bestehenden Ansprüchen in Sonderstatusverhältnissen aber als Leitlinie dienen soll. Sollte die Untersuchung ferner dennoch eine genaue Begriffsklärung erfordern, so soll dem extensiven Verständnis des Leistungsbegriffs gefolgt werden, wie es *Alexy* vertritt: Hiernach ist jedes Recht auf eine positive Handlung des Staates als Leistungsrecht anzusehen[317].

---

312 Dazu näher 2. Teil, A., II., 1.

313 *D. Murswiek*, Grundrechte als Teilhaberechte, soziale Grundrechte, in: HStR IX, 3. Aufl., 2011, § 192 Rn. 6 ff, 11, 23 ff.; *A. Bleckmann*, Staatsrecht II – Grundrechte, 4. Aufl., 1997, § 11 Rn. 24 ff.; *H. Sendler*, DÖV 1978, 581 ff.

314 *D. Murswiek*, Grundrechte als Teilhaberechte, soziale Grundrechte, in: HStR IX, 3. Aufl., 2011, § 192 Rn. 8.

315 *D. Murswiek*, Grundrechte als Teilhaberechte, soziale Grundrechte, in: HStR IX, 3. Aufl., 2011, § 192 Rn. 10.

316 Statt vieler *R. Alexy*, Theorie der Grundrechte, 3. Aufl., 1996, S. 395 ff., 402.

317 *R. Alexy*, Theorie der Grundrechte, 3. Aufl., 1996, S. 402.

c) *Anspruch und Leistungspflicht*

Die Voraussetzung eines jeden grundrechtlichen Anspruchsrechts ist eine ihm entsprechende objektiv-rechtliche Leistungsverpflichtung des Staates[318]. Für grundgesetzliche Leistungsrechte kann eine solche Verpflichtung unmittelbar aus dem Wortlaut der Verfassung folgen: Auf diese Weise lassen sich etwa Art. 6 Abs. 4 GG (Anspruch jeder Mutter auf den Schutz und die Fürsorge der Gemeinschaft), Art. 6 Abs. 5 GG (Anspruch unehelicher Kinder auf gleiche Lebensbedingungen) und Art. 14 Abs. 3 S. 3 GG (Anspruch auf Entschädigung) interpretieren[319].

Abgesehen von den Fällen ausdrücklicher Formulierungen, lassen sich solche Verpflichtungen des Staates auch im Wege der Interpretation des Verfassungstextes ableiten, was insbesondere im Kontext der Grundrechte in Betracht kommt[320]. Dies folgt bereits aus der angesprochenen Möglichkeit, weitere Wirkungsdimensionen der Grundrechte zu eröffnen. Grundrechte stellen demnach abstrakte Verpflichtungen des Staates dar, die auf diese Weise auf ihre Verwirklichung zielen[321]. Fraglich ist jedoch, in welchen Fällen einer solchen objektiv-rechtlichen Leistungsverpflichtung auch ein entsprechendes Anspruchsrecht entspringt; losgelöst vom grundrechtlichen Kontext mag dies etwa deutlich im Rahmen des Sozialstaatsprinzips zum Ausdruck kommen, welches den Staat zwar objektiv als Staatszielbestimmung die Leistungsgewährung aufgibt, jedoch nicht in vollem Umfang subjektive Rechte des Einzelnen verbürgt[322]. Abstrakt gesprochen geht es damit um das Verhältnis zwischen objektiven Grundrechtsgehalten und subjektiven Rechten[323], konkret um die Frage, ob grundrechtliche Leistungsrechte als subjektive Rechte einzuordnen sind.

---

318 *K. Stern*, Staatsrecht III/1, 1988, S. 710.

319 *K. Stern*, in: Stern/Becker (Hrsg.), Grundrechte-Kommentar, 2010, Einl. Rn. 75; *D. Murswiek*, Grundrechte als Teilhaberechte, soziale Grundrechte, in: HStR IX, 3. Aufl., 2011, § 192 Rn. 52; *P. Badura*, in: Maunz/Dürig (Begr.), Grundgesetz-Kommentar, Stand: 81. EL, Art. 6 Rn. 151 f., 179 ff.; *A. Uhle*, in: Epping/Hillgruber (Hrsg.), BeckOK Grundgesetz, 36. Edition, Art. 6 Rn. 69 f., 75 f.; *F. Brosius-Gersdorf*, in: Dreier (Hrsg.), GGK, Bd. 1, 3. Aufl., 2013, Art. 6 Rn. 210, 224 ff.; *J. Wieland*, in: Dreier (Hrsg.), GGK, Bd. 1, 3. Aufl., 2013, Art. 14 Rn. 129 ff.

320 Vgl. *K. Stern*, Staatsrecht III/1, 1988, S. 711.

321 *L. Michael/M. Morlok*, Grundrechte, 6. Aufl., 2017, Rn. 510.

322 Dazu sogleich unten 2. Teil, A., II., 3.

323 Dazu *M. Herdegen*, in: Maunz/Dürig (Begr.), Grundgesetz-Kommentar, 72. EL, 2014, Art. 1 Abs. 3 Rn. 28.

Auch wenn die Einzelheiten umstritten sind, mag als ein Wesensmerkmal subjektiver Rechte jedenfalls gelten, dass sie für ihren Träger gerichtlich durchsetzbar sind, was im Rahmen grundrechtlicher Leistungsrechte maßgeblich die Geltendmachung vor dem Bundesverfassungsgericht meint[324]. Grundrechte als subjektive Leistungsrechte unterscheiden sich damit insofern von objektiven Normen, die eine Leistungsverpflichtung des Staates nur in der objektiv-rechtlichen Dimension – also ohne eine Durchsetzungsmöglichkeit des Einzelnen – vorschreiben, was als bindender Auftrag an den Gesetzgeber im Sinne eines Staatsziels interpretiert werden kann[325]. Inwieweit einer Leistungspflicht des Staates ein entsprechender Leistungsanspruch des Einzelnen korreliert, hat das Bundesverfassungsgericht in früherer Zeit kaum eindeutig beantwortet[326]. Jedoch kann spätestens seit der Entscheidung des Gerichts zur Gewährung des Existenzminimums[327] davon ausgegangen werden, dass sich objektive Grundrechtsgehalte im Einzelfall zu subjektiven Rechten in Gestalt grundrechtlicher Leistungsrechte verdichten können. Was fraglich bleibt, sind die jeweiligen Voraussetzungen, unter denen eine solche Verdichtung stattfindet. Dabei ist jedoch ein differenzierter Blick vonnöten, der sich Einzelfragen wie der inhaltlichen Ausgestaltung und dogmatischen Prägung solcher Rechte zuwenden muss.

Bis zu dieser Stelle lässt sich das grundsätzliche Verhältnis zwischen Anspruchsrecht und Leistungsverpflichtung jedenfalls wie folgt charakterisieren: Grundrechtliche Leistungsrechte setzen eine entsprechende Leistungsverpflichtung des Staates voraus, eine Leistungsverpflichtung des Staates muss hingegen nicht zwingend zu einer subjektivierten Rechtsposition des Einzelnen führen.

---

324 *M. Borowski*, JöR 50 (2002), 301 (308).

325 Vgl. *K. Hesse*, Grundzüge des Verfassungsrechts der Bundesrepublik Deutschland, 20. Aufl., 1999, Rn. 208; *J. Isensee*, Der Staat 19 (1980), 367 (378); *T. Tomandl*, Der Einbau sozialer Grundrechte in das positive Recht, 1967, S. 24; *E.-W. Böckenförde*, NJW 1974, 1529 (1536); *H. Dreier*, in: Dreier (Hrsg.), GGK, Bd. 1, 3. Aufl., 2013, Vorb. Rn. 82.

326 Betrachtet man etwa die Urteile zur Privatschulfinanzierung, so ist in BVerfGE 75, 40 (62 ff.) maßgeblich die Rede von einer Leistungspflicht des Staates, ohne dass Anspruchsrechte der Privatschulen ausdrücklich genannt werden. *G. Eiselt*, DÖV 1987, 557 (562) spricht gar davon, dass Gericht habe unmittelbaren Subventionsansprüchen eine Absage erteilt und vielmehr eine Handlungspflicht des Landesgesetzgebers konstatiert. In der späteren Entscheidung, BVerfGE 90, 107 (114 f.), wird hingegen eingangs klargestellt, dass sich solche Ansprüche durchaus ergeben können, vgl. *F. Hufen*, JuS 1995, 1129 (1130).

327 BVerfGE 125, 175 (222); vgl. auch zuletzt BVerfG, Urteil vom 5. November 2019 – 1 BvL 7/16 –.

II. Zum Rechtsgrund der Leistungsrechte

Trotz der Vielgestaltigkeit der verwandten Begriffe kann eine grundlegende Unterscheidung möglicher Leistungsrechte vorgenommen werden. Sie betrifft den Rechtsgrund solcher Rechte[328]. Denkbar sind zum einen Rechte, die unmittelbar aus dem jeweilig einschlägigen Grundrecht entspringen, ihm also originär zuzuordnen sind[329]. Davon unterscheiden sich Rechte, die sich daraus ergeben, dass ein bestimmtes Leistungsspektrum zur Verfügung steht, und sich die Frage der gleichen Teilhabe hieran stellt. Hierbei handelt es sich um die sogenannten abgeleiteten oder derivativen Rechte.

1. Derivative Rechte

Im Gegensatz zu staatlichen Eingriffen wirkt sich die Gewährung von Leistungen nicht zwingend negativ für die Grundrechtspositionen des Einzelnen aus. Daher ist umstritten, inwieweit die Leistungsgewährung sich auf eine gesetzliche Grundlage stützen muss[330]. Dabei handelt es sich um den sogenannten Vorbehalt des Gesetzes[331]. Gleichwohl bleibt die Bindung an den allgemeinen Gleichheitssatz aus Art. 3 Abs. 1 GG auch in diesen Konstellationen bestehen, er wird gar in besonderem Maße relevant. So wird etwa im Rahmen von Art. 12 GG stets darauf hingewiesen, dass Subventionen an bestimmte Unternehmer immer auch eine Verzerrung des Wettbewerbs mit sich führen können. Dem folgend ist es ein Gebot der Gleichheit unter dem Grundgesetz, solche Ungleichbehandlungen zu unterlassen.

Dieser Gedanke der Gleichheit wirkt sich auch im Rahmen der sogenannten derivativen oder abgeleiteten Leistungsrechte aus. Gemeint ist damit ein Individualanspruch auf gleiche Teilhabe an bereits vorhandenen staatlichen Leistungen oder auf Leistungen, die einem vergleichbaren Personenkreis auch gewährt wurden[332]. Insofern reagiert der Teilhabeanspruch auf vorangegangenes staatliches Handeln. Ein solcher Anspruch gründet, da es um eine Benachteiligung

---

328 Diese Unterscheidung machte namhaft *W. Martens*, VVDStRL 30 (1972), 7 (21 ff.).

329 *C. Enders*, in: Friauf/Höfling (Hrsg.), Berliner Kommentar zum Grundgesetz, Bd. 1, Stand: September 2017, Vor Art. 1 Rn. 72.

330 Statt vieler *H. D. Jarass*, NVwZ 1984, 473 (473 f.) m.w.N.

331 *F. Ossenbühl*, Vorrang und Vorbehalt des Gesetzes, in: HStR V, 3. Aufl., 2007, § 101 Rn. 11 ff.; *R. Zippelius/T. Würtenberger*, Deutsches Staatsrecht, 32. Aufl., 2008, § 12 Rn. 39 ff.; *L. Michael/M. Morlok*, Grundrechte, 6. Aufl., 2017, Rn. 559 ff.; *C. Degenhart*, Staatsrecht I – Staatsorganisationsrecht, 32. Aufl., 2016, Rn. 313 ff.

332 *M. Borowski*, JöR 50 (2002), 301 (302).

im Verhältnis zu einer begünstigten Gruppe geht, auf dem Gleichbehandlungsgebot, namentlich Art. 3 Abs. 1 GG und besondere Gleichheitssätze des Grundgesetzes. Dieser Bezug zum Gleichheitssatz ist es, der derivative Rechte als Gleichheitsrechte im Leistungsbereich dem klassischen liberalen Grundrechtsverständnis zuordnet[333]. Da in dieser Arbeit jedoch der Blick auf die leistungsrechtliche Dimension gerichtet wird, bleiben derivative Rechte im weiteren Gang der Untersuchung weitestgehend außer Acht.

2. *Originäre Rechte*

Originäre Rechte unterscheiden sich von derivativen dadurch, dass sie nicht an etwas Bestehendes anknüpfen, sondern die Schaffung von Leistungen in schöpferischer Weise beschreiben. Damit handelt es sich nicht um einen Aspekt der Gleichbehandlung, sondern vielmehr um die Fragestellung, inwieweit eine grundrechtliche Garantie die Kreation von Leistungsansprüchen zu begründen vermag. Dem grundgesetzlichen Wortlaut kann dies entweder interpretativ zugeordnet oder aber explizit entnommen werden[334].

Originäre Rechte mögen in diesem Sinne damit als genuine, also echte Leistungsrechte bezeichnet werden. Sie sind nicht zwingend als Antwort auf eine konkrete Grundrechtsbeeinträchtigung zu verstehen, wie dies etwa in Gestalt der Ungleichbehandlung bei derivativen Rechten der Fall ist. Ihre Eigenschaft als originäre Rechte erhalten sie dadurch, dass sie die Schaffung der generellen Grundlagen für den Freiheitsgebrauch, und damit die Überwindung der Differenz zwischen rechtlicher und faktischer Autonomie, anstreben[335]. Da die näheren Einzelheiten solcher Rechte von der Klärung des Leistungsbegriffs abhängen, wird im Laufe der Untersuchung auf den Aspekt des originären Rechtsgrunds zurückzukommen sein.

3. *Zur Rolle des Sozialstaatsprinzips*

Neben Grundrechten, die im Sinne einer leistenden Dimension begriffen werden können, enthält das Grundgesetz in Gestalt des Sozialstaatsprinzips einen weiteren Anknüpfungspunkt, der die Gewährung von Leistungen betrifft.

---

333 *G. Lübbe-Wolff*, Die Grundrechte als Eingriffsabwehrrechte, 1988, S. 17 f.; *M. Borowski*, JöR 50 (2002), 301 (302); *V. Neumann*, DVBl 1997, 92 (97); *K. Stern*, in: Stern/Becker (Hrsg.), Grundrechte-Kommentar, 2010, Einl. Rn. 78 f.; *D. Murswiek*, Grundrechte als Teilhaberechte, in: HStR IX, 3. Aufl., 2011, § 192 Rn. 74.

334 Dazu bereits oben 2. Teil, I., 2., c).

335 Vgl. *R. Alexy*, Theorie der Grundrechte, 3. Aufl., 1996, S. 458.

Explizit wird das Prinzip im Grundgesetz nicht erwähnt, lediglich der Begriff „sozial“ taucht jedoch vereinzelt, maßgeblich in Art. 20 Abs. 1 GG, auf. Auch ist das Sozialstaatsprinzip in Inhalt und Umfang reichlich unbestimmt und entwicklungsoffen; es zu konturieren ist die Aufgabe des Staates, also vornehmlich des Gesetzgebers[336]. Verallgemeinernd lässt sich sagen, dass ihm im Rahmen seines weiten Gestaltungsspielraums[337] aufgetragen wird, soziale Gerechtigkeit und Sicherheit zu realisieren, dem Sozialbezug einzelner Freiheitsrechte (etwa der Eigentumsfreiheit) Rechnung zu tragen, soziale Ausgleichsregelungen zu schaffen und schließlich dem Einzelnen das menschenwürdige Existenzminimum zu sichern[338].

Ob dem Sozialstaatsprinzip darüber hinaus auch ein anspruchsbegründender Charakter zugeschrieben werden kann, ist allerdings fraglich. Schon die geläufige Verwendung des Sozialstaatsprinzips „in Verbindung mit“[339] einzelnen Freiheitsgrundrechten macht deutlich, dass dem Sozialstaatsprinzip eine Ausrichtung zu eigen ist, die es allenfalls ergänzend zu einzelnen Freiheitsverbürgungen treten lässt. Definitive Einzelkonsequenzen, also insbesondere subjektive Rechte, lassen sich aufgrund seiner Unschärfe nicht unmittelbar aus ihm herleiten[340].

Aufgrund seiner programmatischen Natur erscheint es daher vielmehr angezeigt, das Sozialstaatsprinzip zur Grundrechtsinterpretation heranzuziehen[341].

---

336 *H. F. Zacher*, Das soziale Staatsziel, in: HStR II, 3. Aufl., 2004, § 28 Rn. 3; *G. Roellecke*, in: Umbach/Clemens (Hrsg.), Grundgesetz, 2002, Art. 20 Rn. 186; *F. E. Schnapp*, in: v. Münch/Kunig (Hrsg.), GGK, Bd. 1, 6. Aufl., 2012, Art. 20 Rn. 51; BVerfGE 1, 97 (105); 65, 182 (193); 70, 278 (288); 75, 348 (359 f.).

337 BVerfGE 10, 354 (371); 18, 257 (273); 43, 13 (19); 70, 278 (288).

338 *H. M. Heinig*, Der Sozialstaat im Dienst der Freiheit, 2008, S. 17 f.; *K.-J. Bieback*, EuGRZ 1985, 657 (658); vgl. BVerfGE 22, 180 (204); 27, 253 (283); vgl. BVerfG, Urteil vom 5. November 2019 – 1 BvL 7/16 – (Rn. 119 juris).

339 *M. M. Meinke*, In Verbindung mit, 2006, S. 34 ff., 195 ff.; vgl. ferner *M. Breckwoldt*, Grundrechtskombinationen, 2015, S. 120 ff.; *G. Robbers*, in: Kahl/Waldhoff/Walter (Hrsg.), BK, Stand: 189. EL, Art. 20 Abs. 1 Rn. 1385.

340 *F. Müller/B. Pieroth/L. Fohmann*, Leistungsrechte im Normbereich einer Freiheitsgarantie, 1982, S. 64; *W. Rüfner*, Grundrechtliche Leistungsansprüche, in: Gitter/Thieme/Zacher (Hrsg.), FS Wannagat, 1981, S. 379 (382); *R. Breuer*, Grundrechte als Anspruchsnormen, in: Bachof/Heigl/Redeker (Hrsg.), Festgabe BVerwG, 1978, S. 89 (93 f.); *E. Grabitz*, Freiheit und Verfassungsrecht, 1976, S. 42 ff.; *K. Hesse*, Grundzüge des Verfassungsrechts der Bundesrepublik Deutschland, 20. Aufl., 1999, § 6 Rn. 213; *H. M. Heinig*, Der Sozialstaat im Dienst der Freiheit, 2008, S. 407, Fn. 300 m.w.N.

341 *W. Heintschel v. Heinegg/U. R. Haltern*, JA 1995, 333 (342); *K.-J. Bieback*, EuGRZ 1985, 657 (663) m.w.N.

In dieser Eigenschaft spielt es damit weniger eine Rolle bei dem Rechtsgrund möglicher Leistungsrechte, als vielmehr hinsichtlich der inhaltlichen Ausgestaltung des jeweiligen Grundrechts[342]. Einen solchen Part übernahm das Sozialstaatsprinzip auch in der Entscheidung zum Grundrecht auf die Gewährung eines menschenwürdigen Existenzminimums aus Art. 1 Abs. 1 GG i.V.m. Art. 20 Abs. 1 GG[343]. Das Bundesverfassungsgericht spricht hierbei davon, dass Art. 1 Abs. 1 GG den Anspruch begründe[344]. Das Sozialstaatsprinzip hingegen diene in dieser Verbindung vornehmlich dazu, dem Gesetzgeber den Auftrag zu erteilen, das Existenzminimum unter Berücksichtigung seines Gestaltungsspielraums zu sichern[345].

Für die Betrachtung von Sonderstatusverhältnissen kann das Sozialstaatsprinzip in seiner Funktion als ausgestaltendes Element daher zwar weniger im Hinblick auf den möglichen Rechtsgrund, als vielmehr bezogen auf die inhaltliche Ausgestaltung virulent werden. Gleichwohl mag es die Kompensation von Freiheitseinbußen im Sonderstatus nicht in spezifischer Weise betreffen, sondern als allgemeiner Einfluss für die grundrechtlichen Freiheiten gelten.

III. Das Spektrum grundrechtlicher Leistungsrechte

1. Zur Terminologie

Die hier beschriebene Grundrechtsdimension, aus der sich Ansprüche auf Leistungen für den Einzelnen ergeben, ist dabei auf verschiedenste Weise kategorisiert worden[346]. Eine grobe und oftmals anzutreffende Unterscheidung stellt jedoch die Abgrenzung von Leistungsrechten im weiteren und engeren Sinne dar[347]. Leistungsrechte im engeren Sinne flankieren die Grundrechtsausübung, indem sie durch die Vorteilsgewährung deren Voraussetzungen schaffen. Sie leiten sich unmittelbar aus den Grundrechten ab und können insofern als originäre

---

342 *M. Herdegen*, in: Maunz/Dürig (Begr.), Grundgesetz-Kommentar, 72. EL, 2014, Art. 1 Abs. 3 Rn. 14; *F. Müller/B. Pieroth/L. Fohmann*, Leistungsrechte im Normbereich einer Freiheitsgarantie, 1982, S. 63 f.; differenzierend *H. Kratzmann*, Grundrechte – Rechte auf Leistungen, 1974, S. 118 ff.

343 BVerfGE 125, 175 (175 ff.).

344 BVerfGE 125, 175 (222).

345 Vgl. BVerfGE 125, 175 (222, 224 f.).

346 *D. Murswiek*, Grundrechte als Teilhaberechte, soziale Grundrechte, in: HStR IX, 3. Aufl., 2011, § 192 Rn. 5 ff.

347 Am prominentesten bei *R. Alexy*, Theorie der Grundrechte, 3. Aufl., 1996, S. 395 ff., 454 ff.

Rechte bezeichnet werden[348]. Da sie die Leistungsgewährung in Reinform abbilden, kann auch von genuinen Leistungsrechten gesprochen werden.

2. Genuine, originäre Leistungsrechte

Bei genuinen Leistungsrechten handelt es sich um solche Rechte, die einen Anspruch auf ein Tätigwerden des Staates grundrechtsunmittelbar begründen. Sie können daher als Leistungsrechte im engeren Sinne bezeichnet werden[349]. Hierbei liegt der Rechtsgrund originär in den Grundrechten selbst und nicht in einer Ableitung aus bestehenden Leistungssystemen, was letztlich ein Rückgriff auf den allgemeinen Gleichheitssatz darstellen würde. Ferner streben sie eine staatliche Handlung an, die der Schaffung der Voraussetzungen der Grundrechtsausübung dienen soll. Das Anspruchsziel gilt damit jeweils in Ansehung des jeweiligen Grundrechts und lässt sich nicht nur auf bestimmte Aspekte der Freiheitsausübung beschränken. Herkunft, Inhalt und Durchsetzungsmöglichkeiten werden oftmals unter dem Begriff der sozialen Grundrechte diskutiert.

a) Zur Entwicklungsgeschichte sozialer Grundrechte

Überlegungen zu sozialen Grundrechten sind von einer „Abwehrhaltung der Wissenschaft"[350] geprägt. Dies mag zum einen in der generellen Skepsis hinsichtlich der Ausweitung der Grundrechtsgeltung begründet sein. Zum anderen entzündet sich aber auch reichlich Kritik am Begriff des „Sozialen", der in seiner Ausgestaltungsbedürftigkeit als besonders anspruchsvoll gelten mag[351]. Das Spektrum reicht hierbei so weit, dass teilweise gar Abwehrrechte als soziale Grundrechte eingeordnet werden[352].

Historisch betrachtet wurden soziale Grundrechte als „Rechte auf..." formuliert. Die Diskussion nahm ihren Ursprung vor allem als „Arbeiterfrage"[353]. Freiheit und Gleichheit waren faktisch für die arbeitende Bevölkerung wenig wert, in Anbetracht der gesellschaftlichen Verhältnisse bestand das Bedürfnis,

---

348 Vgl. dazu bereits oben 2. Teil, A., I., 2., b).

349 *R. Alexy*, Theorie der Grundrechte, 3. Aufl., 1996, S. 454.

350 *T. Ramm*, Die sozialen Grundrechte im Verfassungsgefüge, in: ders./Böckenförde/Jekewitz (Hrsg.), Soziale Grundrechte, 1981, S. 17 (20).

351 *J. Isensee*, Der Staat 19 (1980), 367 (373).

352 Vgl. *D. Murswiek*, Grundrechte als Teilhaberechte, in: HStR IX, 3. Aufl., 2011, § 192 Rn. 15.

353 Vgl. *P. Badura*, Der Staat 14 (1975), 17 (19); *J. Isensee*, Der Staat 19 (1980), 367 (373); *A. Brenne*, Soziale Grundrechte in den Landesverfassungen, 2003, S. 52 ff.

die Voraussetzung für die Freiheitsausübung überhaupt erst zu schaffen[354]. „Auf den Abbau der rechtlichen sollte der Abbau der sozialen Ungleichheit folgen."[355]

Überlegungen zu einem „Recht auf Arbeit" fanden sich bereits in den Beratungen zur Paulskirchenverfassung[356]. Als erste deutsche Verfassung wies die Weimarer Reichsverfassung zahlreiche Grundrechte auf, die als soziale Grundrechte interpretiert werden können[357]. Durchsetzbare Ansprüche wurden darin allerdings nicht gesehen, vielmehr handelte es sich meist um bloße Programmsätze oder verfassungsrechtlich festgelegte Verpflichtungen des Gesetzgebers[358].

Bei den Beratungen des Parlamentarischen Rats fand sich kein Konsens bezüglich der Aufnahme sozialer Grundrechte in das Grundgesetz. Die Hauptgründe lagen zum einen im provisorischen Charakter des Grundgesetzes, zum anderen in der Skepsis hinsichtlich der Planungsmöglichkeiten angesichts der Unabsehbarkeit der weiteren Entwicklung der Bundesrepublik[359]. Insofern war man sich schon damals über den besonderen Charakter dieser Rechte im Klaren, die eine entsprechende Grundlage benötigen, aufgrund welcher Leistungen überhaupt erst gewährt werden können. Im Zuge der deutschen Wiedervereinigung

---

354 *K.-J. Bieback*, EuGRZ 1985, 657 (658 f.).

355 *G. Brunner*, Die Problematik der sozialen Grundrechte, 1971, S. 7.

356 Zu den Beratungen vgl. umfassend *W. A. Malachowski*, Recht auf Arbeit und Arbeitspflicht, 1922, S. 49 ff.; *H. Scholler*, Die sozialen Grundrechte in der Paulskirche, Der Staat 13 (1974), 51 ff.

357 So etwa Art. 119 III WRV, „Die Mutterschaft hat Anspruch auf den Schutz und die Fürsorge des Staats", oder Art. 163 II WRV, „Jedem Deutschen soll die Möglichkeit gegeben werden, durch wirtschaftliche Arbeit seinen Unterhalt zu erwerben. Soweit ihm angemessene Arbeitsgelegenheit nicht nachgewiesen werden kann, wird für seinen notwendigen Unterhalt gesorgt.", vgl. zu alledem m.w.N. *K. Lange*, Soziale Grundrechte in der deutschen Verfassungsentwicklung und in den derzeitigen Länderverfassungen, in: Böckenförde/Jekewitz/Ramm (Hrsg.), Soziale Grundrechte, 1981, S. 49 (50 ff.).

358 *K. Lange*, Soziale Grundrechte in der deutschen Verfassungsentwicklung und in den derzeitigen Länderverfassungen, in: Böckenförde/Jekewitz/Ramm (Hrsg.), Soziale Grundrechte, 1981, S. 49 (52); *D. Murswiek*, Grundrechte als Teilhaberechte, soziale Grundrechte, in: HStR IX, 3. Aufl., 2011, § 192 Rn. 52; vgl. exemplarisch für Art. 163 II WRV, *G. Anschütz*, Die Verfassung des Deutschen Reichs vom 11. August 1919, 14. Aufl., 1933, Art. 163 Rn. 3.

359 *J. Isensee*, Der Staat 19 (1980), 367 (369), der betont, dass eine Einigung der Beratenden in diesem Punkt wohl auch nicht inständig gewollt war – man wollte eine allzu heterogene, weil von Parteiprogrammen geprägte, Grundrechtsordnung vermeiden; *K. Hesse*, EuGRZ 1978, 427 (434).

brandete die Thematik erneut auf, Bestrebungen zu Verfassungsänderungen waren im Ergebnis jedoch erfolglos[360].

In zahlreiche Länderverfassungen haben soziale Grundrechte hingegen Eingang gefunden, so etwa Rechte auf Arbeit oder soziale Sicherheit[361]. Ihre Bedeutung ist nicht zuletzt aufgrund des Vorrangs des Bundesrechts allerdings eher gering[362]. Ferner stellen sie nach überwiegender Ansicht bloße Programmsätze dar, wirken also nicht anspruchsbegründend[363]. Des Weiteren existieren mit der Europäischen Sozialcharta vom 18.10.1961[364] und dem Internationalen Pakt über wirtschaftliche, soziale und kulturelle Rechte aus dem Jahr 1966 völkerrechtliche Verträge, von denen in ihrer politischen Dimension Impulse zugunsten sozialer Rechte in den teilnehmenden Staaten ausgehen können[365]. Europarechtlich flankiert wird dies maßgeblich durch Art. 34 GRC, der das Recht auf soziale Sicherheit postuliert und nach kontroversen Diskussionen Eingang in die Charta fand[366].

b) Der Aspekt des „Sozialen"

Dieser Rückblick mag zu dem Schluss verleiten, dass das Prädikat „sozial" den Blickwinkel auf eine mögliche Spielart der Leistungsrechte lenkt, die sich auf die Gewährung von Leistungen in spezifischen Lebensbereichen beschränkt. Es handelt sich hierbei maßgeblich um das angesprochene Recht auf Arbeit, zu dem sich die Themenkreise der Fürsorge, der sozialen Sicherheit, der Frage der Unterbringung, der Gesundheit, der Bildung und schließlich des Umweltschutzes gesellen[367]. Es wäre jedoch ein Trugschluss, anzunehmen, dass die originäre

---

360 *M. Borowski*, Grundrechte als Prinzipien, 2. Aufl., 2017, S. 293.

361 Vgl. statt vieler Art. 24 Abs. 1 Satz 3 LV NW (Recht auf Arbeit), Art. 171 BayVerf (Anspruch auf Sicherung) oder Art. 45 LV BB (Anspruch auf Sozialhilfe); vgl. ferner die umfassende Darstellung bei *A. Brenne*, Soziale Grundrechte in den Landesverfassungen, 2003, S. 51 ff.; *P. Badura*, Staatsrecht, 7. Aufl., 2018, C 9.

362 *K. Hesse*, EuGRZ 1978, 427 (434).

363 *K. Lange*, Soziale Grundrechte in der deutschen Verfassungsentwicklung und in den derzeitigen Länderverfassungen, in: Böckenförde/Jekewitz/Ramm (Hrsg.), Soziale Grundrechte, 1981, S. 49 (57) m.w.N.

364 Mittlerweile als revidierte Fassung vom 03.05.1996 gültig.

365 Vgl. *J. Isensee*, Der Staat 19 (1980), 367 (382); zur Frage, inwieweit vom ICESCR echte Rechtspflichten für Staaten ausgehen können vgl. *L. Buschmann*, Das Menschenrecht auf soziale Grundsicherung aus Art. 9 und Art. 11 ICESCR, 2013, S. 101 ff.

366 Ausführlich dazu *A. Bierweiler*, Soziale Sicherheit als Grundrecht in der Europäischen Union, 2007, S. 118 ff.; vgl. zu den verbürgten Leistungen im Einzelnen a.a.O., S. 138 ff.

367 *J. Isensee*, Der Staat 19 (1980), 367 (373); häufig findet sich hierbei auch eine Dreiteilung in vergleichbare Kategorien, dazu *T. Tomandl*, Der Einbau sozialer Grundrechte

Leistungsdimension der Grundrechte nur im Rahmen bestimmter Lebensbereiche bzw. Grundrechte zum Zuge kommt[368]. So handelt es sich zunächst um solche Lebensbereiche, in denen die staatliche Leistungsgewährung im Laufe der Zeit eine herausgehobene Rolle spielte, da ein Bedürfnis der Bevölkerung entsprechend korrelierte. Ferner bringt das Attribut des „Sozialen“ zum Ausdruck, dass die Überlegungen zu sozialen Grundrechten darauf abzielen, insbesondere die Freiheit in einem güterorientierten Sinne zu gewährleisten[369]. Bezogen auf die Umwelt des Einzelnen meint dies die Gewährleistung solcher Bedingungen, unter denen der Einzelne „Rechtsgüter erlangen und genießen kann“[370]. Rechte aus sozialen Grundrechten dienen damit vornehmlich nicht der Kompensation eines erlittenen staatlichen Eingriffs, sondern streben prima facie die Schaffung tatsächlicher Voraussetzungen der Grundrechtsausübung, also der Freiheitsermöglichung, an[371].

Das Attribut des Sozialen stellt damit kein notwendiges Merkmal genuiner Leistungsrechte dar; es bezeichnet vielmehr eine besondere Spielart dieser Grundrechtsdimension. Gleichwohl dienten soziale Grundrechte als maßgebliche Triebfeder der Diskussion um die Leistungsdimension[372]. Nach alledem unterliegt die leistende Wirkungsdimension damit keiner willkürlichen Festlegung auf bestimmte Bereiche des „Sozialen“, sondern lässt sich hinsichtlich der Intention der Leistungsgewährung weiter differenzieren.

c) Die Konzeption Alexys

aa) Leistungsrechte im engeren Sinne

Dieser erste Befund bedarf einer genaueren Spezifizierung, um handhabbar für die hier anzustellende Untersuchung zu sein. Hierfür soll auf den Ansatz von *Alexy*[373] zurückgegriffen werden, der eine Eingrenzung nach dem Anspruchsziel bzw. der Natur der erstrebten Leistung vornimmt. So bezeichnet er soziale

in das positive Recht, 1967, S. 7; *G. Brunner*, Die Problematik der sozialen Grundrechte, 1971, S. 11 f.; ähnlich auch *F. van der Ven*, Soziale Grundrechte, 1963, S. 44 ff.

368 Vgl. *R. Arango*, Der Begriff der sozialen Grundrechte, 2001, S. 46, der auch mittelbare grundrechtliche Verpflichtungen mit in die Betrachtung einbezieht.

369 Vgl. *P. Badura*, Staatsrecht, 7. Aufl., 2018, C 9; *C. E. Benz*, Die Kodifikation der Sozialrechte, 1973, S. 98.

370 Vgl. *J. Isensee*, Der Staat 19 (1980), 167 (375).

371 *M. Borowski*, Die Glaubens- und Gewissensfreiheit des Grundgesetzes, 2006, S. 609.

372 *J. Lücke*, AöR 107 (1982), 15 (31 f.).

373 *R. Alexy*, Theorie der Grundrechte, 3. Aufl., 1996, passim.

Grundrechte als Leistungsrechte im engeren Sinne, also „Rechte des einzelnen gegenüber dem Staat auf etwas, was der einzelne, verfügte er nur über hinreichende finanzielle Mittel und fände sich auf dem Markt ein hinreichendes Angebot, auch von Privaten erhalten könnte“[374]. Diese Leistungen nennt *Alexy* faktische Leistungen[375], deren Erfüllungsanspruch auf vielfältige Weise realisiert werden kann. Hierbei spielt die rechtliche Form der Erfüllung keine Rolle und kann etwa durch Auszahlung einer Subvention, sonstiger Realakte oder Zulassungsbescheide erfolgen[376]. Faktische Leistungen sind von normativen Leistungen abzugrenzen, die durch staatliche Normsetzungsakte erbracht werden – und damit nur durch den Staat zu realisieren sind[377]. Entscheidendes Abgrenzungskriterium der sozialen Grundrechte von anderen Leistungsrechten „im weiteren Sinne“[378] ist nach seiner Auffassung also, dass der Inhalt der angestrebten Leistung auch von Privaten erbracht werden könnte.

bb) Charakteristika des Begriffs

Der Konzeption *Alexys* lassen sich bestimmte Aspekte entnehmen, welche die Architektur solcher Rechte maßgeblich prägen. Zunächst tritt deutlich zu Tage, dass die Erfüllung originärer Leistungsrechte jedenfalls eine staatliche Veranstaltung voraussetzt, etwa eine materielle Leistung, also ein Tätigwerden des Staates[379].

Ferner schließt sie gesetzgeberische Handlungen als Anspruchsinhalt aus. Eine solche Einschränkung mag auf den ersten Blick verwundern, ist ein solches Handeln doch häufig nötig, um einzelne Grundrechte zu verwirklichen. So bedarf es etwa hinsichtlich des Schutzes ungeborenen Lebens gewisser

---

374 *R. Alexy*, Theorie der Grundrechte, 3. Aufl., 1996, S. 454.

375 Ähnlich *R. Arango*, Der Begriff der sozialen Grundrechte, 2001, S. 43.

376 *R. Alexy*, Theorie der Grundrechte, 3. Aufl., 1996, S. 180, der von der „Gleichgültigkeit der rechtlichen Form des Handlungsvollzuges“ spricht.

377 Ansprüche auf normative Leistungen unterfallen dann dem Begriff der Leistungsrechte im weiteren Sinne, s. *R. Alexy*, Theorie der Grundrechte, 3. Aufl., 1996, S. 179 f.

378 Vgl. *R. Alexy*, Theorie der Grundrechte, 3. Aufl., 1996, S. 395 ff., 405.

379 Vgl. insofern auch *J. Isensee*, Der Staat 19 (1980), 367 (373); *G. Brunner*, Die Problematik der sozialen Grundrechte, 1971, S. 12; *K. Lange*, Soziale Grundrechte in der deutschen Verfassungsentwicklung und in den derzeitigen Länderverfassungen, in: Böckenförde/Jekewitz/Ramm (Hrsg.), Soziale Grundrechte, 1981, S. 49 (49); *K. Hesse*, EuGRZ 1978, 427 (434); *M. Borowski*, Grundrechte als Prinzipien, 2. Aufl., 2017, S. 289; *T. Tomandl*, Der Einbau sozialer Grundrechte in das positive Recht, 1967, S. 6: „(…) Grundrechte (…), deren Inhalt die Verpflichtung von Gemeinschaftsorganen zur aktiven Förderung vom Menschen ist.“

Straftatbestände[380]. Die Vorstellung, dass der Staat aus Gründen der Grundrechtsverwirklichung gesetzgeberisch tätig werden muss – und dies auch nicht im Wege untergesetzlicher Normsetzung delegieren darf – liegt auch der sogenannten Wesentlichkeitstheorie des Bundesverfassungsgerichts[381] zugrunde. Bezogen auf die Freiheiten des Grundgesetzes steht hiernach die Entscheidung über Eingriffe und Leistungen, die „wesentlich für die Verwirklichung der Grundrechte"[382] sind, allein dem Parlament zu[383]. Damit wird jedoch zugleich deutlich, dass bereits das Demokratieprinzip es gebietet, eine solche Entscheidung nicht im Wege eines subjektiven Rechts für den Einzelnen einklagbar zu gestalten. Die Ausklammerung gesetzgeberischer Handlungen bei der Bestimmung des Gewährleistungsinhalts leistungsrechtlicher Garantien ist damit aus Gründen des Demokratieprinzips gar geboten. Abgesehen von solch normativen Handlungen unterliegt die Handlungsform keinen Einschränkungen, kann rein tatsächliches aber auch rechtsförmliches Handeln umfassen. Auf diese Weise offenbart sich ein flexibles System möglicher Leistungsgewährungen. Damit bietet es im Ansatz die nötigen Voraussetzungen für eine Anwendung auf die Konstellation des Sonderstatusverhältnisses, die sich durch ihre Heterogenität auszeichnet[384]. Ein weiterer Aspekt des dargestellten Leistungsbegriffs ist der erstrebte Ausgleich eines Unvermögens des Grundrechtsträgers zur Erfüllung eines spezifischen Bedürfnisses – entsprechende Marktlage und Mittel vorausgesetzt, wäre ein staatliches Tun nicht erforderlich. Auf diese Weise soll die Differenz zwischen rechtlicher und faktischer Freiheit egalisiert werden[385].

d) *Leistungsrechte als Kompensation erlittener Freiheitseinbuße*

Die Konzeption *Alexys* hat damit vornehmlich faktische Grundrechtsausübungshindernisse in einem güterorientierten Sinne im Blick, welche die Grundrechtsausübung erschweren oder gar unmöglich machen. Denkbar sind jedoch auch solche Hindernisse, die in rechtlicher Hinsicht bestehen können.

---

380 Vgl. BVerfGE 39, 1 (1 ff.); 88, 203 (203 ff.); vgl. auch *R. Alexy*, Theorie der Grundrechte, 3. Aufl., 1996, S. 180.

381 BVerfGE 33, 125 (158); 34, 52 (60); 49, 89 (126 f.); 83, 130 (142); 98, 218 (251).

382 Vgl. BVerfGE 34, 165 (192 f.); 47, 46 (79).

383 *F. Ossenbühl*, Vorrang und Vorbehalt des Gesetzes, in: HStR V, 3. Aufl., 2007, § 101 Rn. 52; *D. Hömig*, Grundlagen und Ausgestaltung der Wesentlichkeitslehre, in: Schmidt-Aßmann/Sellner et al. (Hrsg.), Festgabe 50 Jahre BVerwG, 2003, S. 273 (273 ff.); *L. Michael/M. Morlok*, Grundrechte, 6. Aufl., 2017, Rn. 578.

384 Dazu s. bereits 1. Teil, A., V., 3.

385 *R. Alexy*, Theorie der Grundrechte, 3. Aufl., 1996, S. 458.

Damit angesprochen ist die Frage, inwieweit originäre Leistungsrechte zur Kompensation erlittener Grundrechtseingriffe in Betracht kommen. Bei einem solchen Ansatz stünde nicht die Gewährung bestimmter Freiheitsvoraussetzungen im Vordergrund, sondern der kompensatorische Charakter. Auf diese Weise ließen sich Leistungsrechte als Reaktion auf vorangegangenes Handeln ansehen, welches die grundrechtliche Freiheit beeinträchtigt hat. Zwar ließen sich solche Rechte als originär bezeichnen, da ihr Rechtsgrund ebenfalls unmittelbar in den Grundrechten angesiedelt werden mag. Im Übrigen ist an ihrem originären Charakter jedoch zu zweifeln, da sie einen akzessorischen Bezug zu einer erlittenen Freiheitseinbuße aufweisen. Aus diesem Grund weisen sie einen spezifischen Zusammenhang zur Abwehrdimension der Grundrechte auf.

Im Kontext von Sonderstatusverhältnissen erscheint dieser Ansatz vielversprechend. Bereits gezeigt wurde, dass die Eingliederung in die staatliche Nähe Grundrechtsbeeinträchtigungen hervorruft, die ihrerseits gerechtfertigt sein müssen. Wenn dies letztlich auf eine Abwägung widerstreitender Interessen hinausläuft, so ist als Ergebnis die Gewährung von Leistungsrechten denkbar, welche zur Verhältnismäßigkeit der Eingliederung beitragen. In dieser Hinsicht können sie als Teil der Eingliederungsbedingungen begriffen werden, die sich für jede eingegliederte Person individuell konkretisieren lassen. Ein solches Modell grundrechtlicher Leistungsrechte bedarf indes einer näheren Betrachtung; seine Einzelheiten sollen daher im dritten Teil dieser Arbeit näher behandelt werden.

3. Leistungsrechte im weiteren Sinne

Neben genuinen Leistungsrechten existieren noch weitere objektiv-rechtliche Dimensionen der Grundrechte, die als Leistungsrechte im weiteren Sinne bezeichnet werden können[386]. Sie haben im Laufe der Zeit jedoch eine Prägung erhalten, die es gebietet, sie isoliert zu betrachten. Auch ist ihnen eine spezifische Dogmatik zu eigen, die hierbei zu berücksichtigen ist. Zusammenfassend können die folgenden Grundrechtsdimensionen als Mittel der Konfliktlösung begriffen werden[387]: Ihnen ist gemein, dass Sie die Belange und Interessen Dritter miteinbeziehen. Dies erfolgt etwa im Rahmen der Schutzpflichten hinsichtlich der Frage, inwieweit der Staat tätig werden muss, um

386 *R. Alexy*, Theorie der Grundrechte, 3. Aufl., 1996, S. 395 ff.; *M. Borowski*, Grundrechte als Prinzipien, 2. Aufl., 2007, S. 293 ff.

387 Dabei handelt es sich um einen Aspekt, den das Recht in seiner Entwicklungsgeschichte schon früh übernommen hat, vgl. dazu *V. Boehme-Neßler*, Rechtstheorie 39 (2008), 521 (549 f.) m.w.N.

von Dritten ausgehende Gefahren für grundrechtliche Schutzgüter abzuwenden. Ähnliches gilt für den Grundrechtsschutz durch Organisation und Verfahren, in dessen Rahmen mitunter verschiedenste Interessen Berücksichtigung finden müssen.

a) Schutzpflichten

Als wohl jüngste Erscheinungsform der erweiterten Wirkungsdimension der Grundrechte gilt der Bereich der grundrechtlichen Schutzpflichten[388]. Ihr Verhältnis zu grundrechtlichen Leistungsrechten lässt sich am sogenannten „Nikolaus-Beschluss" des Bundesverfassungsgerichts[389] ansprechend illustrieren. Dort sah sich das Gericht mit der Frage konfrontiert, ob unter bestimmten Voraussetzungen aus Art. 2 Abs. 2 S. 1 GG eine Leistungspflicht des Staates für eine alternativmedizinische Behandlung folgt. Der Beschwerdeführer, an einer nicht heilbaren und tödlichen Krankheit leidend, wandte sich gegen die gesetzliche Krankenversicherung, die die Kosten einer alternativmedizinischen Behandlung nicht übernehmen wollte. Die zuständige Krankenkasse begründete die Leistungsverweigerung damit, dass die angestrebte Behandlung nach den Richtlinien des Bundesausschusses der Ärzte und Krankenkassen nicht anerkannt sei[390]. Im Zuge dieses Verfahrens bezog das Bundesverfassungsgericht dazu Stellung, ob den Betroffenen ein grundrechtlicher Anspruch auf die Kostenübernahme dieser, von der Schulmedizin abweichenden, Therapie zusteht. Zu klären galt, ob sich ein solcher Anspruch aus Art. 2 Abs. 2 S. 1 GG ergeben kann:

> „Zwar folgt aus diesen Grundrechten regelmäßig kein verfassungsrechtlicher Anspruch gegen die Krankenkassen auf Bereitstellung bestimmter und insbesondere spezieller Gesundheitsleistungen (...). Die Gestaltung des Leistungsrechts der gesetzlichen Krankenversicherung hat sich jedoch an der objektiv-rechtlichen Pflicht des Staates zu orientieren, sich schützend und fördernd vor die Rechtsgüter des Art. 2 Abs. 2 Satz 1 GG zu stellen (...)."[391]

Das Verfassungsgericht erteilt damit zunächst umfassenden Leistungsrechten eine Absage. So betont das Gericht, dass schon aus finanzwirtschaftlichen

---

388 *J. Dietlein*, Die Lehre von den grundrechtlichen Schutzpflichten, 2. Aufl., 2005; vgl. ferner bereits *K. Stern*, Staatsrecht III/1, 1988, S. 946; *J. Isensee*, Das Grundrecht auf Sicherheit, 1983, S. 34 ff.; *H. D. Jarass*, AöR 110 (1985), 363 (378 ff.).

389 BVerfGE 115, 25 (25 ff.); dazu umfassend *J. Nimis*, Der Anspruch des Patienten auf neue Untersuchungs- und Behandlungsmethoden in der gesetzlichen Krankenversicherung, 2012, S. 181 ff.

390 BVerfGE 115, 25 (32 f.).

391 BVerfGE 115, 25 (44 f.).

Erwägungen nicht alles zu leisten sei, was an individuellen Gesundheitsleistungen gefordert werden könne[392]. Mit der objektiv-rechtlichen Pflicht, „sich schützend und fördernd“ vor die Rechtsgüter des Betroffenen zu stellen, spricht das Gericht vielmehr die Kategorie grundrechtlicher Schutzpflichten an. In Einzelfällen hält das Verfassungsgericht allerdings eine grundrechtsorientierte Auslegung des einfachen Rechts für erforderlich, insbesondere für den Fall lebensbedrohender Erkrankungen[393]:

> „Die angegriffene Auslegung der leistungsrechtlichen Vorschriften des SGB V durch das Bundessozialgericht ist in der extremen Situation einer krankheitsbedingten Lebensgefahr auch nicht mit der Schutzpflicht des Staates für das Leben aus Art. 2 Abs. 2 Satz 1 GG zu vereinbaren. Übernimmt der Staat mit dem System der gesetzlichen Krankenversicherung Verantwortung für Leben und körperliche Unversehrtheit der Versicherten, so gehört die Vorsorge in Fällen einer lebensbedrohlichen oder regelmäßig tödlichen Erkrankung unter den genannten Voraussetzungen zum Kernbereich der Leistungspflicht und der von Art. 2 Abs. 2 Satz 1 GG geforderten Mindestversorgung.“[394]

Rekurriert das Verfassungsgericht zunächst erneut auf die Schutzpflichten, erkennt es im folgenden Satz eine Leistungsverpflichtung des Staates und gar eine grundrechtlich geforderte Mindestversorgung an. Der Beschluss traf insbesondere mit dem Rekurs auf die Schutzpflichten auf reichlich Kritik in der Literatur:

Zunächst wird angemerkt, die Kategorie der grundrechtlichen Schutzpflichten sei auf den vorliegenden Fall nicht anwendbar. Es sei strikt zwischen Leistungsrechten und Schutzpflichten zu unterscheiden[395]. Nach überwiegender Auffassung unterscheiden sich Schutzpflichten von den übrigen Erscheinungsformen objektiv-rechtlicher Grundrechtsgehalte dadurch, dass sie ein Verhalten nichtstaatlicher Akteure oder zumindest Gefährdungssituationen voraussetzen, die nicht vom Staat ausgehen[396]. Verstehe man den Begriff weit, etwa als

---

392 BVerfGE 115, 25 (46); vgl. dazu auch BVerfG NJW 1997, 3085 (3085).

393 BVerfGE 115, 25 (45).

394 BVerfGE 115, 25 (49); vgl. dazu im Übrigen *E. Hauck*, NJW 2007, 1320 (1320 ff.).

395 *S. Huster*, JZ 2006, 466 (468).

396 *J. Isensee*, Das Grundrecht als Abwehrrecht und als staatliche Schutzpflicht, in: HStR IX, 3. Aufl., 2011, § 191 Rn. 192 ff.; *ders.*, Verwaltung des Mangels im Gesundheitswesen – verfassungsrechtliche Maßstäbe der Kontingentierung, in: Söllner/Gitter et al. (Hrsg.), GS Heinze, 2005, S. 417 (428); dazu auch *J. Dietlein*, Die Lehre von den grundrechtlichen Schutzpflichten, 2. Aufl., 2005, S. 88: „Der Tatbestand der grundrechtlichen Schutzpflicht setzt per definitionem die Abwesenheit eines staatlichen Grundrechtseingriffs voraus und erfaßt somit ausschließlich nichtstaatlich verursachte Gefährdungslagen.“; vgl. ferner *G. Hermes*, Das Grundrecht auf Schutz von

allgemeine Schutz- oder Förderungspflicht, die einen Drittbezug nicht fordere, so verschwimme die Grenze zwischen sozialen Grundrechten und grundrechtlichen Schutzpflichten[397]. Wenn also davon die Rede sei, dass sich der Staat „schützend und fördernd“[398] vor die Grundrechte stelle, dann nur in Anbetracht eines in die Rechte des Grundrechtsträgers eingreifenden Dritten[399]. Da es hieran bei der Frage des Leistungsumfangs der gesetzlichen Krankenversicherung fehle, sei die Kategorie der Schutzpflichten insoweit weitgehend irrelevant[400]. Es gehe im Übrigen vielmehr um die Frage, ob das Verfassungsgericht aus der Leistungsverpflichtung des Staates einen subjektiven Anspruch des Betroffenen folgere. So ließe sich annehmen, das Bundesverfassungsgericht garantiere ein „unbedingtes Leistungsrecht auf Erhaltung von Gesundheit und Leben bei lebensbedrohlichen Erkrankungen“[401] oder gar ein „gesundheitliches Existenzminimum“[402].

Noch ausdrücklicher verzichtete das Bundesverfassungsgericht in seiner Entscheidung zur ärztlichen Zwangsbehandlung auf den geforderten Drittbezug:

> „a) Verlangt die Schutzpflicht des Staates aus Art. 2 Abs. 2 Satz 1 GG ein medizinisches Tätigwerden gegen den natürlichen Willen der Betreuten, kollidiert dies mit ihrem Selbstbestimmungsrecht und ihrem Grundrecht auf körperliche Unversehrtheit. Die Schutzpflicht entfällt hier jedoch nicht schon deshalb, weil sie nicht gegen drohende Grundrechtsverletzungen durch Dritte gerichtet ist, sondern darauf fußende

---

Leben und Gesundheit, 1987, S. 119; vgl. zur anderen Auffassung die Nachweise bei *F. Dirnberger*, Recht auf Naturgenuß und Eingriffsregelung, 1991, S. 118, dort Fn. 98.

397 *M. Borowski*, Grundrechte als Prinzipien, 2. Aufl. 2007, S. 293 f. (Fn. 3), der den Unterschied beider Kategorien betont: „Bei sozialen Grundrechten geht es jedoch um ein Mindestmaß an faktischer Freiheit, nicht die Abwehr drohender Beeinträchtigungen der rechtlichen Freiheit“; vgl. zur vielgestaltigen Verwendung des Begriffs *J. Isensee*, Das Grundrecht als Abwehrrecht und als staatliche Schutzpflicht, in: HStR IX, 3. Aufl., 2011, § 191 Rn. 190, 195 ff.

398 BVerfGE 39, 1 (42); 46, 160 (164).

399 *H. Maurer*, Staatsrecht I, 6. Aufl., 2010, § 9 Rn. 25.

400 *H. M. Heinig*, NVwZ 2006, 771 (773); da keine nichtstaatliche Gefährdungslage vorliegt, erübrigt sich auch die Frage, ob ein subjektives Recht auf Beachtung der Schutzpflicht für die einschlägige Konstellation herzuleiten wäre, vgl. dazu allgemein *K. Stern*, Staatsrecht, III/2, 1994, S. 1769 f. m.w.N., sowie BVerfGE 77, 170 (214).

401 *H. M. Heinig*, NVwZ 2006, 771 (772), vgl. auch *ders.*, Der Sozialstaat im Dienst der Freiheit, 2008, S. 424 ff., der im Übrigen vor einer Zweiteilung der gebotenen Gesundheitsstandards – lebensbedrohender und nichtlebensbedrohender Erkrankungen – warnt.

402 *F. Wilksch*, Recht auf Krankenbehandlung und Recht auf ein menschenwürdiges Existenzminimum, 2017, S. 105 ff.; *R. Wiedemann*, in: Umbach/Clemens (Hrsg.), Grundgesetz, 2002, Art. 2 II Rn. 376.

> Maßnahmen in Konflikt mit gegenläufigen eigenen Grundrechten der Betroffenen stehen. Die Schutzpflicht hat im Falle der Betreuten ihren Grund nicht in der Pflicht des Staates zur Abwehr fremder Angriffe auf deren Grundrechtspositionen, sondern in dem gesteigerten Schutzbedarf der Betreuten, sofern diese nicht zur Einsicht in die konkrete Notwendigkeit einer medizinischen Maßnahme fähig sind und darum Gefährdungen von Leib und Leben ausgeliefert wären, ohne in Freiheit selbst für den eigenen Schutz sorgen zu können. Während der zur Einsicht in Krankheit und Behandlungsbedürftigkeit fähige Mensch selbst entscheidet, ob er sich ärztlichen Maßnahmen zur Abwendung schwerwiegender Gesundheits- und Lebensgefahren unterzieht, gebietet im Falle derjenigen, die keine Einsicht in die gesundheitliche Bedrohung und Behandlungsbedürftigkeit haben oder nicht nach dieser Einsicht handeln können, die grundrechtliche Schutzpflicht unter engen Voraussetzungen, dass der Staat auch gegen den erkennbaren natürlichen Willen Maßnahmen zum Schutz vor schwerwiegenden Gefährdungen ergreift."[403]

Der Vorteil, den der Rückgriff auf die Schutzpflichten in Abgrenzung zu den Leistungsrechten in dieser Konstellation bietet, ist offensichtlich: Es handelt sich um eine Konstellation, in dem es dem Einzelnen nicht möglich ist, ein etwaiges Leistungsrecht überhaupt in Anspruch zu nehmen. Die Schutzpflichtendogmatik ermöglicht es dem Staat, zugunsten des Betroffenen tätig zu werden, ohne hierzu von ihm veranlasst worden zu sein. Noch weiter führen Überlegungen, Schutzpflichten aus Ingerenz anzunehmen. Anwendungsfälle stellen etwa Warnungen als mittelbare Eingriffe dar, die sich als unverhältnismäßig erweisen und in der Folge Schutzpflichten auslösen sollen[404].

Ungeachtet der Frage, ob sich aus den Grundrechten eine solche Verpflichtung des Staates ergibt – wofür vieles spricht[405]–, ist fraglich, ob tragende Gründe dafür sprechen, eine solche Wirkweise der Grundrechte in die Schutzpflichtenkategorie einzuordnen. Denn den bereits ausgeführten Einwänden ist im Ergebnis zuzustimmen: Der Drittbezug, der eine deutliche Abgrenzung von weiteren objektiv-rechtlichen Grundrechtswirkungen ermöglicht, ist konstitutiv für die Kategorie der Schutzpflichten. Ihn aufzugeben würde diese Grundrechtswirkung in die Weite der objektiv-rechtlichen Grundrechtsgehalte zurückwerfen, der sie durch ihre Etablierung als anerkannte Kategorie und die nunmehr erfolgte dogmatische Formgebung vor nicht allzu langer Zeit entstieg. Dies stellt keine inhaltliche Absage an weitergehende Verpflichtungen des Staates dar, bei denen kein direkter Drittbezug herzustellen ist. Sachgerechter erscheint vielmehr,

---

403 BVerfGE 142, 313 (341).

404 *L. Michael/M. Morlok*, Grundrechte, 7. Aufl., 2020, Rn. 518.

405 Vgl. 3. Teil, A., II., 2.

solche Fälle als eigene Kategorie zu begreifen und dies terminologisch deutlich zu machen – etwa als Grundrechtsermöglichungs- oder Grundrechtsverwirklichungspflicht. Für die hier anzustellende Betrachtung ergibt sich damit jedenfalls eine deutliche Trennung zwischen Leistungsrechten und Schutzpflichten.

b) Grundrechtsschutz durch Organisation und Verfahren

Wenn von der Ausstrahlungsfunktion der Grundrechte[406] die Rede ist, so meint dies nicht allein, dass ausschließlich materielles Recht stets im Lichte der Grundrechte zu betrachten ist. Auch für das formelle Recht gilt, dass Grundrechte prozessual- und organisationsrechtliche Wirkungen entfalten können und umgekehrt Verfahrens- und Organisationsrecht zur Verwirklichung und Sicherung grundrechtlicher Positionen beitragen kann[407]. Auf diese Weise wird ein Grundrechtsschutz in Verfahren gewährleistet und ein Grundrechtsschutz durch Verfahren erstrebt. Gleiches gilt für das Organisationsrecht. Demnach können Organisation und Verfahren als Mittel der Grundrechtsverwirklichung und Grundrechtssicherung angesehen werden[408]. Grundrechte, Verfahren und entsprechende Organisation stehen damit in einem Verhältnis gegenseitiger Durchdringung[409].

Bedeutsam ist diese Grundrechtsdimension insbesondere deshalb, da sie ihre Wirkung bereits im Vorfeld eines möglichen Konflikts widerstreitender Interessen entfaltet. So stellen Verfahren in diesem Sinne das vorgelagerte Instrument zur Geltendmachung einer entsprechenden Position dar, sie sind „Vehikel ‚praktischer Konkordanz' (Hesse) zwischen Grundrechten und Leistungsstaat"[410]. Die Grundrechtsdimension richtet den Blick somit weniger auf die Inhalte etwaiger Leistungsgewährung, sondern vielmehr auf deren Geltendmachung. Somit handelt es sich um eine Grundrechtsdimension, die hinsichtlich der Leistungsgewährung einen spezifischen Teilbereich abdeckt.

Auf Sonderstatusverhältnisse bezogen erlangt diese Grundrechtsdimension gesteigerte Relevanz, da sie solche Defizite auszugleichen vermag, die mit der Eingliederung einhergehen. Besonders plakativ wird dies etwa im

---

406 BVerfGE 7, 198 (207).

407 Grundlegend *P. Häberle*, VVDStRL 30 (1972), 43 (86 ff.).

408 *P. Häberle*, VVDStRL 30 (1972), 43 (86 ff.); *K. Hesse*, EuGRZ 1978, 427 (435); *H. Maurer*, Staatsrecht I, 6. Aufl., 2010, § 9 Rn. 27; *C. Starck*, Teilnahmerechte, in: HGR II, 2006, § 41 Rn. 64 f.

409 *I. v. Münch/P. Kunig*, in: dies. (Hrsg.), GGK, Bd. 1, 6. Aufl., 2012, Vorb Art. 1–19 Rn. 25.

410 *P. Häberle*, VVDStRL 30 (1972), 43 (87).

Strafgefangenenverhältnis. Dort sind die eingegliederten Personen zur Geltendmachung ihrer Anspruchsrechte auf staatliche Mitwirkung angewiesen, etwa weil sie über ihren Aufenthaltsort oder Kommunikationsmöglichkeiten nicht frei verfügen können. Dies betrifft somit bereits den Zugang zu entsprechenden Verfahren. Die Grundrechtsdimension muss sich daher bereits den Zugangsmodalitäten zu entsprechenden Verfahren zuwenden. Die Gewährung spezifischer Verfahrensrechte gestattet es ihnen sodann, sich entsprechend Gehör zu verschaffen. Die Grundrechtsdimension schlägt sich auf diese Weise auch in den verschiedenen Spezialgesetzen wie etwa dem Strafvollzugsgesetz nieder[411]. Darüber hinaus ist im Rahmen der Verfahrensgestaltung Rücksicht zu nehmen auf das wechselseitige Pflichtengeflecht, welches mitunter eine gesteigerte Rücksichtnahme zu begründen vermag[412].

4. Analytische Perspektiven

Der Überblick hat gezeigt, dass sich im Laufe der Zeit verschiedenste Ausprägungen der objektiv-rechtlichen Dimension der Grundrechte gebildet haben, welche mit dem Oberbegriff der Leistungsrechte belegt werden können. Im Folgenden werden ihre maßgeblichen Strukturmerkmale herausgearbeitet[413], um somit weiterführende Erkenntnisse für mögliche Leistungsrechte in Sonderstatusverhältnissen, insbesondere zu ihrer dogmatischen Prägung, zu erlangen.

a) Bindungswirkung für den Staat

Eine erste grundlegende Weichenstellung betrifft die Frage, inwieweit solche Rechte für den Staat als bindend erachtet werden können. Wie etwa gezeigt wurde, wird diesbezüglich im Kontext sozialer Grundrechte vielfach angenommen, dass es sich lediglich um Programmsätze, Verfassungsaufträge o.ä. handele. Der Staat könne demgemäß handeln, müsse es aber nicht. Dies würde grundrechtliche Leistungsrechte dann eher den unverbindlichen Staatszielen zuordnen, eine subjektiv-rechtliche Formung entsprechender Rechte wäre demnach ausgeschlossen.

Sieht man allerdings in den Grundrechten den Anknüpfungspunkt für etwaige Leistungsrechte, so ist es schon das Grundgesetz, welches mit dem Postulat der

---

411 Vgl. etwa das Beschwerderecht nach § 108 StVollzG oder die Möglichkeit, eine gerichtliche Entscheidung zu erlangen nach § 109 StVollzG.

412 Vgl. zur Reziprozität in Verfahren *S. Wesche*, Reziprozität im Strafrecht und im öffentlichen Recht, in: Jakob/Fikentscher (Hrsg.), Korruption, Reziprozität und Recht, 2000, S. 295 (309 ff.).

413 Vgl. dazu *R. Alexy*, Theorie der Grundrechte, 3. Aufl., 1996, S. 456 ff.

Grundrechtsbindung nach Art. 1 Abs. 3 GG die umfassende Bindungswirkung fordert. Nach diesem Verständnis stellen grundrechtliche Leistungsrechte daher stets bindende Normen dar[414]. Da die Grundrechtsbindung des Staats auch in Sonderstatusverhältnissen bestehen bleibt, mag dies auch für etwaige Leistungsrechte in diesen Verhältnissen als gesichert gelten.

b) Durchsetzbarkeit der Rechte für den Einzelnen

Die grundsätzliche Bindungswirkung des Staates in Gestalt der leistungsrechtlichen Verpflichtungen sagt noch nichts darüber aus, ob hierbei dem Bürger auch die Möglichkeit zur Verfügung steht, dies in Gestalt einer subjektiv-rechtlichen Gewährleistung auch durchzusetzen. Insbesondere hinsichtlich originärer Leistungsrechte ist hierbei Zurückhaltung angezeigt. Differenzieren lässt sich jedenfalls zwischen solchen Positionen, die Leistungsrechte als subjektive Rechte gänzlich annehmen oder ablehnen. Inwieweit zwischen diesen beiden Positionen differenzierte Ansätze anzusiedeln sind, muss letztlich durch eine entsprechende Wertung entschieden werden. Eine solche wird etwa im Rahmen eines vermittelnden Ansatzes vorgenommen, wonach Leistungsrechte als grundsätzlich objektiv-rechtlich einzuordnen sind, in Ausnahmefällen jedoch mit subjektiv-rechtlichem Charakter belegt sein sollen[415].

c) Inhaltliche Ausgestaltung

Auch die inhaltliche Ausgestaltung, der Gewährleistungsumfang, kann unterschiedlich beurteilt werden. Die Skala reicht hierbei von der Gewährung eines Mindeststandards bis zu einem Anspruchsmaximum. Als exemplarisch mag hier die Diskussion um einen grundrechtlichen Anspruch auf gesundheitliche Versorgung gelten[416]. So stellt sich hierbei die Frage, welchen Gewährleistungsumfang ein solches Recht bietet. Dabei wird etwa vertreten, dass ein individueller Anspruch auf eine eng definierte gesundheitliche Minimalversorgung oder eine gesundheitliche Normalversorgung bestehe[417], teilweise wird ein solcher Anspruch gänzlich abgelehnt[418].

---

414 Zu alledem *M. Borowski*, Grundrechte als Prinzipien, 2. Aufl., 2007, S. 297, 348 f.

415 Zu alledem *M. Borowski*, Grundrechte als Prinzipien, 2. Aufl., 2007, S. 298, 349 m.w.N.

416 Dazu *E. Schmidt-Aßmann*, Grundrechtspositionen und Legitimationsfragen im öffentlichen Gesundheitswesen, 2001, S. 26 ff.

417 *R. Wiedemann*, in: Umbach/Clemens (Hrsg.), Grundgesetz, 2002, Art. 2 II Rn. 376 m.w.N.

418 *H. D. Jarass*, in: ders./Pieroth (Hrsg.), GG, 14. Aufl., 2016, Art. 2 Rn. 93.

Als gesichert kann jedenfalls gelten, dass die Frage nach dem Gewährleistungsumfang möglicher Leistungsrechte abstrakt kaum zu beantworten ist[419]. Dies betrifft nicht nur das jeweilige Maß der Leistung, sondern bereits die Frage der in Betracht kommenden Mittel. Anders als im Rahmen der Abwehrdimension, die auf die Rechtsfolge des Unterlassens einer konkreten Maßnahme zielt, kann die Realisierung der Leistungsdimension auf vielfältige Weise erfolgen[420]. Damit ist nicht grundsätzlich ausgeschlossen, dass auch in diesen Konstellationen nur eine bestimmte Maßnahme in Betracht kommt. Gleichwohl ist diese Wirkungsdimension der Grundrechte hinsichtlich der Auswahl der Mittel umfassender und steht vor dem Dilemma, die Leistungen jeweils konkretisieren zu müssen. Hinsichtlich des Maßes gilt ferner auch für zu gewährende Minimalstandards die Grenze des faktisch Machbaren. Hiermit ist zugleich ein wesentlicher Kritikpunkt gegen diese leistungsrechtliche Grundrechtsdimension angesprochen, womit sich im Folgenden zu beschäftigen sein wird. Nimmt man hingegen ein mögliches Leistungsmaximum in den Blick, so ist fraglich, ob die Gewährung von umfassenden Leistungen – wie etwa einem bedingungslosen Grundeinkommen – den Einzelnen von einem aktiven Grundrechtsgebrauch abhält[421]. Die Annahme, dass Leistungsempfängern hierdurch ein Ansporn genommen werde, von ihrer Freiheit selbstbestimmt Gebrauch zu machen und auf diese Weise die reale Freiheit der Menschen verkürzt werde[422], zeichnet ein düsteres Bild der Motivlage Betroffener. Ihr mag entgegengehalten werden, dass sie die Eigenverantwortung und Mündigkeit möglicher Leistungsempfänger pauschal in Abrede stellt.

---

419 *G. Brunner*, Die Problematik der sozialen Grundrechte, 1971, S. 17; *T. Tomandl*, Der Einbau sozialer Grundrechte in das positive Recht, 1967, S. 33; *L. Wildhaber*, Soziale Grundrechte, in: Saladin/Wildhaber (Hrsg.), GS Imboden, 1972, S. 371 (388 f.).

420 *G. Lübbe-Wolff*, Die Grundrechte als Eingriffsabwehrrechte, 1988, S. 40; *E.-W. Böckenförde*, Die sozialen Grundrechte im Verfassungsgefüge, in: ders./Jekewitz/Ramm (Hrsg.), Soziale Grundrechte, 1981, S. 7 (11).

421 Vgl. *A. Heusch*, Freiheitseinbußen durch staatliche Leistungen, in: Durner/Peine/Shirvani (Hrsg.), FS Papier, 2013, S. 251 (259 f.).

422 *A. Heusch*, Freiheitseinbußen durch staatliche Leistungen, in: Durner/Peine/Shirvani (Hrsg.), FS Papier, 2013, S. 251 (259); vgl. in diesem Kontext auch BVerfG, Urteil vom 5. November 2019 – 1 BvL 7/16 – (Rn. 118 ff. juris).

IV. Grenzen originärer Leistungsrechte

Die Gewährung von Leistungsrechten sieht sich zahlreichen Kritikpunkten ausgesetzt. Dabei soll der Fokus im Folgenden auf die originären Leistungsrechte gelegt werden. Wie bereits erörtert, bilden diese die leistungsrechtliche Dimension in Reinform ab, da sie sich nicht von einem bestehenden System ableiten, sondern in unmittelbarer Weise selbst die Grundlage der Leistungsgewährung darstellen.

In einem ersten Schritt werden hierbei die Einwände gegen solche Rechte erörtert. Im Anschluss daran wird thematisiert, auf welche Weise etablierte originäre Leistungsrechte sich trotz dieser Kritik durchgesetzt haben.

1. Einwände

Im Wesentlichen werden hierbei die folgenden Einwände erhoben. Sie betreffen die wirtschaftliche Leistungsfähigkeit des Staates, die Schwierigkeit der Bestimmung des Inhalts solcher Rechte und Bedenken hinsichtlich des Gewaltenteilungsprinzips.

a) Vorbehalt des Möglichen und die Inanspruchnahme privater Dritter

Die Gewährung von Leistungen setzt auf der Seite des Staates entsprechende Mittel voraus. Wenn dies als Teil seiner Grundrechtsbindung aus Art. 1 Abs. 3 GG anzusehen sei, müsse der Staat zu ihrer Realisierung demnach alle Güter selbst nahezu unerschöpflich bereithalten. Die Gewährleistung originärer Leistungsrechte stehe damit unter dem Vorbehalt des (insbesondere finanziell) Möglichen[423]. Auf diese Weise könne eine „Wirtschaftskrise leicht zur Verfassungskrise auswachsen“[424], denn verfassungsrechtlichen Leistungsrechten fehle es an der Möglichkeit der dynamischen Anpassung an den Haushaltsplan, da aufgrund ihres subjektiv-rechtlichen Charakters dahingehend keine Planungssicherheit bestehe[425]. Damit in Verbindung stehe auch, dass bestimmte Güter, etwa Arbeitsplätze oder Wohnungen, nicht in ausreichendem Maße dem Staat zur Verfügung stünden. Dies habe zur Folge, dass die Realisierung sozialer

---

423 BVerfGE 33, 303 (333); *G. Brunner*, Die Problematik der sozialen Grundrechte, 1971, S. 16 f.; *H. Sodan*, in: ders. (Hrsg.), Grundgesetz, 4. Aufl., 2018, Vorb. Rn. 15; *E. Grabitz*, Freiheit und Verfassungsrecht, 1976, S. 42 f.; *M. Borowski*, Grundrechte als Prinzipien, 2. Aufl., 2007, S. 365 m.w.N.

424 *J. Isensee*, Der Staat 19 (1980), 367 (382).

425 *H. M. Heinig*, Der Sozialstaat im Dienst der Freiheit, 2008, S. 375; vgl. zum parlamentarischen Budgetrecht *P. Badura*, Staatsrecht, 7. Aufl., 2018, I Rn. 26.

Grundrechte eine Inanspruchnahme privater Akteure bedeute, mithin dort eine Grundrechtsverletzung bedinge[426].

b) Bestimmung des Gewährleistungsinhalts

Es wurde bereits darauf hingewiesen, dass hinsichtlich des Inhalts leistender Gewährleistungen eine vielfältige Anzahl möglicher Handlungen in Betracht kommt, was sowohl die Wahl der Mittel als auch das Maß der Gewährleistung betrifft[427]. Ergänzend ist zu erwähnen, dass sich aufgrund der Ungewissheit des Leistungsinhalts auch die Gefahr von Grundrechtsbeeinträchtigungen realisieren kann. Wenn sich ein Einschätzungsspielraum hinsichtlich der Wahl der Mittel ergibt, kann der Staat mitunter solch ein Mittel wählen, welches selbst Gefahren für den Leistungsempfänger oder gar Dritte in sich birgt. Beschließt etwa der Staat im Lichte des Art. 13 GG – ungeachtet der Einwände im Hinblick auf den Vorbehalt des Möglichen – ein soziales Grundrecht auf eine Wohnung zu gewähren, so beeinflusst er damit zugleich die Marktlage und beeinträchtigt damit gegebenenfalls die Interessen privater Anbieter. Aufgrund der Unbestimmtheit zu gewährender Leistungen besteht überdies die Gefahr, dass sich die Grundrechtsbindung aus Art. 1 Abs. 3 GG lockert[428]. Dies folgt aus der Tatsache, dass der Mangel an Bestimmtheit letztlich durch eine wertende Entscheidung des Staates ausgeglichen werden muss; ihm wird also ein Entscheidungsspielraum eröffnet, der eine solche Lockerung zu bewirken vermag.

c) Gewaltenteilungsprinzip

Schließlich wird ins Feld geführt, die Gewährung sozialer Grundrechte verstoße auch gegen das Gewaltenteilungsprinzip. So sei es Aufgabe des parlamentarischen Gesetzgebers, den Inhalt sozialer Leistungen festzulegen. Betont wird dabei die politische Bedeutung: Der Gesetzgeber könne im demokratischen Prozess

---

426 *R. Alexy*, Theorie der Grundrechte, 3. Aufl., 1996, S. 463; *J. Isensee*, Der Staat 19 (1980), 367 (379); *H. Huber*, Soziale Verfassungsrechte?, in: Forsthoff (Hrsg.), Rechtsstaatlichkeit und Sozialstaatlichkeit, 1968, S. 1 (9 f.); *E. Denninger*, Staatsrecht, Bd. 2, 1979, S. 164 f.; *G. Brunner*, Die Problematik der sozialen Grundrechte, 1971, S. 14 f.; vgl. ferner *A. Heusch*, Freiheitseinbußen durch staatliche Leistungen, in: Durner/Peine/Shirvani (Hrsg.), FS Papier, 2013, S. 251 (254 f.), der eine solche Inanspruchnahme Dritter schon mittelbar aufgrund der Erhebung von Steuern bejaht.

427 Vgl. 2. Teil, III., 4., c).

428 *F. Müller/B. Pieroth/L. Fohmann*, Leistungsrechte im Normbereich einer Freiheitsgarantie, 1982, S. 73.

haushaltspolitisch frei entscheiden, inwieweit er soziale Leistungen gewähre[429]. Dies sei schon deswegen erforderlich, da nicht über unerschöpfliche Ressourcen verfügt werden könne. Bejahe man die Existenz sozialer Grundrechte, so sei die Haushaltskompetenz des Gesetzgebers infrage gestellt. Angenommen, ein Träger eines sozialen Grundrechts würde seinen Anspruch verfassungsgerichtlich geltend machen, so würde im Laufe des Verfahrens das Bundesverfassungsgericht über Gewährung, Inhalt und Umfang dieses Rechts entscheiden. Darin sei eine unzulässige Verlagerung vom Gesetzgeber zur verfassungsgerichtlichen Rechtsprechung zu sehen, das Gewaltenteilungsprinzip sei damit verletzt[430]. Die Haushaltspolitik sei damit wesentlich verfassungsrechtlich festgelegt[431]. Eine umfassende Mittelgewährung ließe auf diese Weise sozialpolitische Erwägungen zu bloßen Vollzugsakten verkommen, da auf diese Weise Entscheidungen der staatlichen Organe im Hinblick auf die Leistungsgewährung bereits entscheidend vorgezeichnet seien[432].

2. *Minimalstandards als Kompromisslösung*

Trotz der dargestellten Bedenken haben originäre Leistungsrechte Eingang in die verfassungsgerichtliche Rechtsprechung gefunden. Den Einwänden wird hierbei dadurch in erster Linie Rechnung getragen, dass eine umfassende Gewährleistung in Gestalt eines Optimums nicht in Betracht gezogen wird. Auf welche Weise dies die vorgebrachten Kritikpunkte zu entschärfen vermag, wird im Folgenden näher erörtert.

a) Bestandsaufnahme

Am prominentesten tritt hierbei die „Hartz IV“-Rechtsprechung des Bundesverfassungsgerichts[433] hervor. In aller Deutlichkeit formuliert das Gericht hierbei ein

---

429 *K. Hesse*, EuGRZ 1978, 427 (434); *H. M. Heinig*, Der Sozialstaat im Dienst der Freiheit, 2008, S. 376.

430 Zu alledem *E.-W. Böckenförde*, NJW 1974, 1529 (1536); *F. Müller/B. Pieroth/L. Fohmann*, Leistungsrechte im Normbereich einer Freiheitsgarantie, 1982, S. 71 f.; *H. Huber*, Soziale Verfassungsrechte?, in: Forsthoff (Hrsg.), Rechtsstaatlichkeit und Sozialstaatlichkeit, 1968, S. 1 (11); *E. Denninger*, Staatsrecht, Bd. 2, 1979, S. 165; *K. H. Friauf*, DVBl 1971, 674 (677); *H. Kratzmann*, Grundrechte – Rechte auf Leistungen, 1974, S. 46.

431 *R. Alexy*, Theorie der Grundrechte, 3. Aufl., 1996, S. 462; *F. Müller/B. Pieroth/L. Fohmann*, Leistungsrechte im Normbereich einer Freiheitsgarantie, 1982, S. 72.

432 *H. M. Heinig*, Der Sozialstaat im Dienst der Freiheit, 2008, S. 377.

433 BVerfGE 125, 175 (175 ff.); BVerfG, Urteil vom 5. November 2019 – 1 BvL 7/16 –.

Grundrecht auf Gewährleistung eines menschenwürdigen Existenzminimums aus Art. 1 Abs. 1 GG i.V.m. dem Sozialstaatsprinzip des Art. 20 Abs. 1 GG[434]. Den Anspruchsgrund sieht es hierbei in der Garantie der Menschenwürde, das Sozialstaatsprinzip flankiere dies durch eine entsprechende Verpflichtung des Gesetzgebers[435]. Inhaltlich werde dadurch das unbedingt Erforderliche gewährleistet, was zum einen die physische Existenz des Menschen (wie Nahrung, Kleidung und Unterkunft) und ferner die Teilhabe am gesellschaftlichen, kulturellen und politischen Leben umfasse[436]. Zur Ermittlung des Umfangs eines solchen Anspruchs befürwortet das Bundesverfassungsgericht ein solches Verfahren, in dem die existenznotwendigen Aufwendungen transparent und realitätssachgerecht ermittelt werden[437]. Nicht außer Acht zu lassen sei hierbei ferner der Einschätzungsspielraum des Gesetzgebers[438]. Er könne erwerbsfähigen Menschen, die nicht in der Lage seien, ihre Existenz selbst zu sichern, abverlangen, selbst zumutbar an der Vermeidung oder Überwindung der eigenen Bedürftigkeit aktiv mitzuwirken[439]. Er möge sich auch dafür entscheiden, insoweit verhältnismäßige Pflichten mit wiederum verhältnismäßigen Sanktionen durchzusetzen[440], wobei strenge Anforderungen zu berücksichtigen seien[441].

In dieser Deutlichkeit, insbesondere zur Frage inwieweit ein subjektivrechtlicher Anspruch des Einzelnen auf ein solches Existenzminimum besteht („Grundrecht“), hatte sich das Bundesverfassungsgericht bislang nicht geäußert. Es näherte sich der Diskussion um die Gewährung eines menschenwürdigen Existenzminimums in seiner Rechtsprechung vielmehr erst allmählich. So beschränkte sich das Gericht zunächst darauf, die objektive Verpflichtung des Staates zu betonen, wonach er für die Mindestvoraussetzungen für ein

434 BVerfGE 125, 175 (222 ff.).
435 BVerfGE 125, 175 (222); BVerfG, Urteil vom 5. November 2019 – 1 BvL 7/16 – (Rn. 118 f. juris).
436 BVerfGE 125, 175 (223); BVerfG, Urteil vom 5. November 2019 – 1 BvL 7/16 – (Rn. 119 juris).
437 BVerfGE 125, 175 (225); vgl. zum Grundrechtsschutz durch Verfahren bereits 2. Teil, A., III., 3., b).
438 BVerfGE 125, 175 (223 f.); BVerfG, Urteil vom 5. November 2019 – 1 BvL 7/16 – (Rn. 121 juris).
439 BVerfGE 125, 175 (223 f.); BVerfG, Urteil vom 5. November 2019 – 1 BvL 7/16 – (Rn. 126 juris).
440 BVerfGE 125, 175 (223 f.); BVerfG, Urteil vom 5. November 2019 – 1 BvL 7/16 – (Rn. 129 ff. juris).
441 BVerfGE 125, 175 (223 f.); BVerfG, Urteil vom 5. November 2019 – 1 BvL 7/16 – (Rn. 132 juris).

menschenwürdiges Dasein einzustehen habe[442]. Zu Einzelheiten, etwa der Höhe eines solchen Minimums[443] oder gar, inwiefern es subjektiv-rechtlich verfolgt werden kann[444], bezog das Bundesverfassungsgericht lange Zeit hingegen keine Stellung.

Weitere Entscheidungen, die originäre Leistungsrechte thematisieren, finden sich nur vereinzelt. So legte das Bundesverfassungsgericht etwa in Entscheidungen zur Privatschulfinanzierung dem Staat die Pflicht auf, private Ersatzschulen zu fördern[445]. Privatschulen seien auf staatliche Hilfe angewiesen, da die Selbstfinanzierung durch Schulgelder alleine nicht ausreiche bzw. eine Anhebung dieser zur Folge hätte, dass finanziell schlechter gestellte Bewerber ausgeschlossen werden[446]. Mit dieser Förderungspflicht korrespondiere ein Anspruch auf staatliche Förderung seitens der Privatschulen[447]. In eine ähnliche Richtung geht die Entscheidung zur funktionsgerechten Finanzierung der öffentlich-rechtlichen Rundfunkanstalten. Ist das Gericht hier zunächst skeptisch, was einen grundsätzlichen Anspruch aus Art. 5 Abs. 1 S. 2 GG angeht[448], so führt es unter Betonung der Besonderheiten der Rundfunkfreiheit aus, dass ein unmittelbarer Anspruch der Rundfunkanstalten bestehe[449].

Zieht man ein Zwischenresümee, so fällt auf, dass beide Entscheidungen Ansprüche aus „dienenden Freiheiten“[450] herleiten, die der Erfüllung öffentlicher Aufgaben förderlich sind; dieser Bezug zum Gemeinwohl scheint hierbei die Bedenken des Gerichts, subjektiv-rechtliche Positionen anzuerkennen, weitestgehend zu entkräften[451]. Gleichwohl lässt sich der Rechtsprechung des Gerichts

---

442 BVerfGE 40, 121 (133); 44, 353 (375).

443 BVerfGE 82, 60 (80).

444 BVerfGE 75, 348 (360).

445 Zum Verhältnis solcher Pflichten zu subjektiv-rechtlichen Ansprüchen vgl. oben 2. Teil, A., I., 2., c).

446 BVerfGE 75, 40 (63 ff.); vgl. im Übrigen zur Thematik umfassend *F. Müller/B. Pieroth/L. Fohmann*, Leistungsrechte im Normbereich einer Freiheitsgarantie, 1982, S. 40 ff.

447 BVerfGE 90, 107 (114 f.); in BVerfGE 75, 40 (62 ff.) legt das BVerfG hingegen den Schwerpunkt noch deutlich auf die Förderungspflicht und vermeidet es, unmittelbare Ansprüche der Privatschulen zu bejahen, vgl. dazu *G. Eiselt*, DÖV 1987, 557 (562); vgl. ferner zum Streitstand *R. Halberstadt*, Staatliche Subventionierung kirchlicher Privatschulen, 1977, S. 230 f., 236 ff.

448 BVerfGE 87, 181 (197).

449 BVerfGE 87, 181 (198).

450 Diesen Terminus verwendet das BVerfG in BVerfGE 87, 181 (197).

451 Besonders pointiert bei BVerfGE 87, 181 (197 f.).

in einer anderen Entscheidung ebenfalls ein Leistungsrecht entnehmen, wobei hier weniger der Fokus auf Grundrechte mit Gemeinwohlbezug gerichtet wird als vielmehr auf die persönliche Freiheit des Einzelnen. Zu nennen ist hier der bereits im Kontext der Schutzpflichten thematisierte „Nikolaus-Beschluss“[452], welcher die Leistungsverpflichtung des Staates auf die Kostenübernahme alternativmedizinischer Behandlungen im Falle der extremen Situation einer krankheitsbedingten Lebensgefahr erstreckt und damit nach richtiger Auffassung ein entsprechendes Anspruchsrecht des Einzelnen bejaht[453].

b) Existenzsicherung als Grundrechtssicherung

Wenn in den genannten Entscheidungen von dem „Bestand“[454], der „Lebensgrundlage“[455], einer „Sicherstellung der Grundversorgung“[456], der „Aufrechterhaltung“[457] eines Angebots oder einer bestimmten „Mindestversorgung“ unter existenziellen Bedingungen[458] die Rede ist, so geht es damit um die Sicherung etwas Vorhandenem, der Sicherung dessen „Existenz“[459]. Unter dem Aspekt der Existenz lassen sich daher solche Rechte fassen, welche auf die Gewährung eines entsprechenden Mindeststandards abzielen.

Der Begriff der Existenz bleibt in diesem spezifischen Kontext indes ausfüllungsbedürftig. Für ihn drängt sich allgemein und oberflächlich betrachtet eine solche Bedeutung auf, die ein gegenwärtig verfügbares Element voraussetzt, eine Sache oder Person, die „ist“, also besteht. Der lateinische Wortursprung *existere* oder *exsistere* geht insofern gar weiter, indem dem Begriff der Existenz die Bedeutung im Sinne eines „Hervortretens“ zukommt[460]. Insofern mag Existenz auch die Wahrnehmbarkeit durch andere bedeuten.

Die Sicherung der Existenz zielt nun auf die Erhaltung des „Seins“. Im Sinne des Wortursprungs mag damit aber kein bloßes Dahinleben des Einzelnen gemeint sein, sondern „Sein“ auch im gesellschaftlichen Umfeld[461]. Existenz ist

---

452 BVerfGE 115, 25 (25 ff.).
453 Vgl. dazu 2. Teil, A., III., 3., a).
454 BVerfGE 75, 40 (62).
455 BVerfGE 75, 40 (65).
456 BVerfGE 87, 181 (199 f.).
457 BVerfGE 87, 181 (201).
458 BVerfGE 115, 25 (49).
459 BVerfGE 125, 175 (223).
460 *W. G. Leisner*, Existenzsicherung im Öffentlichen Recht, 2007, S. 7.
461 *A. v. Arnauld*, Das Existenzminimum, in: ders. (Hrsg.), Strukturfragen des Sozialverfassungsrechts, 2009, S. 251 (262); *M. Stolleis*, NDV 1981, 99 (100 ff.); *P. Axer*, Das Grundrecht auf Gewährleistung eines menschenwürdigen Existenzminimums und

demnach nicht nur auf die rein physische Existenz beschränkt. Umschrieben werden können damit auch weitere Bereiche der Lebensgestaltung: der Existenz im Sinne der Persönlichkeitsentfaltung, der gesellschaftlichen Existenz, der religiösen Existenz, der wirtschaftlichen Existenz oder gar der Gruppenexistenz[462]. So mannigfaltig die Lebensbereiche sind, so verschieden mögen die ihnen korrespondierenden Existenzbegriffe sein. Existenz weist damit auch einen soziokulturellen Bezug auf[463]. Diese vielgestaltigen Lebensbereiche wiederum sind es, mit denen die unterschiedlichen Grundrechte des Grundgesetzes korrelieren. Existenz meint in diesem Kontext damit auch grundrechtliche Existenz. Im leistungsrechtlichen Kontext geht es darum, die Voraussetzungen der Grundrechtsausübung zu gewährleisten bzw. zu sichern[464]. Auffallend ist hierbei im Rahmen der genannten Entscheidungen des Bundesverfassungsgerichts, dass dies durchweg durch finanzielle Mittelgewährung erfolgt. Damit werden solche Defizite ausgeglichen, die sich beim jeweiligen Grundrechtsträger auf faktischer Ebene in einem güterorientieren Sinne auswirken, sie sind weniger durch rechtliche Faktoren bedingt. Für die sonderstatusspezifische Betrachtung erlangt die rechtliche Perspektive indes besondere Relevanz, geht es doch um die Ausübung von Freiheitsrechten in einem normgeprägten Verhältnis; dies gelangt sowohl durch die Auferlegung verschiedener Pflichten als auch die übrige, zumeist umfassende, Normierung des einfachen Rechts zum Ausdruck.

Denkbar ist, die Voraussetzungen der Existenz in umfassender Weise zu schaffen, sie also zu maximieren. Dies mag allerdings auf die bereits erörterte Kritik der Finanzwirksamkeit dieser Rechte[465] stoßen, wonach solch umfassende Anspruchsrechte nur unter dem Vorbehalt des Möglichen zu gewähren sind. Diesem Einwand entgeht man nur dann, sofern man solche Rechte nur auf das beschränkt, was zur Erhaltung der grundrechtlichen Freiheiten zwingend

---

die Sicherung sozialer Grundrechtsvoraussetzungen, in: Anderheiden (Hrsg.), GS Brugger, 2013, S. 335 (344).

462 Umfassend hierzu *W. G. Leisner*, Existenzsicherung im Öffentlichen Recht, 2007, S. 60 ff.; *J.-H. Hörmann*, Rechtsprobleme des Grundrechts auf Gewährleistung eines menschenwürdigen Existenzminimums, 2013, S. 10 ff.

463 *A. v. Arnauld*, Das Existenzminimum, in: ders. (Hrsg.), Strukturfragen des Sozialverfassungsrechts, 2009, S. 251 (262); *P. Axer*, Das Grundrecht auf Gewährleistung eines menschenwürdigen Existenzminimums und die Sicherung sozialer Grundrechtsvoraussetzungen, in: Anderheiden (Hrsg.), GS Brugger, 2013, S. 335 (344).

464 Vgl. *M. Kloepfer*, Grundrechte als Entstehenssicherung und Bestandsschutz, 1970, S. 24 ff.

465 Vgl. dazu 2. Teil, A., IV., 1., a).

notwendig ist. Folgerichtig kann nur ein solcher Minimalstandard unter den Begriff des (grundrechtlichen) Existenzminimums gefasst werden.

c) Unbedingtheit und Dynamik der Grundrechtssicherung

Zusammenfassend lässt sich damit sagen, dass die Überlegungen zu Mindeststandards von zwei Faktoren geprägt sind, die sich auf den grundrechtlichen Kontext übertragen lassen: die Unbedingtheit und Dynamik der Verbürgung[466]. Die Unbedingtheit bezieht sich hierbei auf die Gewährung einer Mindestbasis, die als „unbedingt erforderlich" angesehen werden kann[467], deren Bestimmung indes nur im konkreten Einzelfall möglich ist[468]. Bezogen auf Sonderstatusverhältnisse mögen hierbei solche Leistungen im Vordergrund stehen, die Einfluss auf die rechtlichen Faktoren dieser Verhältnisse nehmen. Dabei handelt es sich um eine dynamische Gewährleistung, die auf die Grundrechtsverwirklichung zielt und dabei Grundrechte als Optimierungsgebote begreift, deren konkrete Realisierung zwar vom Einzelfall abhängt, die ihrerseits aber auf ihre optimale Verwirklichung zielen[469].

3. Zwischenfazit

Die Einwände gegen die Gewährleistung originärer Leistungsrechte beziehen sich in großem Maße auf den angestrebten Ausgleich faktischer Defizite im Sinne einer güterorientierten Betrachtung. Dies rührt aus einer solchen Bestimmung des Anspruchsziels originärer Leistungsrechte, welche den Aspekt des „Sozialen" zu umschreiben versucht. Bei der Problematik der Bestimmung des Gewährleistungsinhalts sowie der Frage der möglichen Subjektivierung leistungsgewährender Verpflichtungen handelt es sich indes um generelle Einwände, die sich auf die leistungsrechtliche Dimension in Gänze beziehen lassen. Die Erforschung der leistungsrechtlichen Dimension der Sonderstatusverhältnisse muss diese Gegenargumente im Blick behalten und sie für die spezifische Betrachtung handhabbar machen. Hierbei zeigt sich, dass die Gewährung bestimmter Mindeststandards

---

466 Zur Unbedingtheit und Dynamik der Existenzsicherung *W. G. Leisner*, Existenzsicherung im Öffentlichen Recht, 2007, S. 98 ff., 106.

467 Vgl. BVerfGE 125, 175 (223).

468 Vgl. zu den Schwierigkeiten der Bestimmung des Inhalts der Existenzgewährleistung *W. G. Leisner*, Existenzsicherung im Öffentlichen Recht, 2007, S. 494 ff.

469 *R. Alexy*, Theorie der Grundrechte, 3. Aufl, 1996, S. 75 f.; *K. Hesse*, Grundzüge des Verfassungsrechts der Bundesrepublik Deutschland, 20. Aufl., 1999, Rn. 72; *L. Michael/M. Morlok*, Grundrechte, 6. Aufl., 2017, Rn. 23.

als Leitlinie gelten mag, da sie für die Grundrechtsverwirklichung im Ansatz ausreichen und überdies in der Lage sind, die aufgeworfenen Einwände weitestgehend zu neutralisieren. Gleichwohl ergeben sich hierbei Folgeprobleme, die es zu berücksichtigen gilt.

B. Verfassungsunmittelbare Leistungsrechte im Sonderstatus

Neben den grundrechtlichen Leistungsrechten existieren weitere Rechte, die das Grundgesetz unmittelbar vorsieht. Ihnen ist gemein, dass sie jeweils die Situation in einem spezifischen Sonderstatusverhältnis betreffen. Es handelt sich hierbei um die Anstaltsseelsorge nach Art. 141 WRV i.V.m. Art. 140 GG und die subjektiv-rechtliche Dimension der Fürsorgeverpflichtung des Dienstherrn im Berufsbeamtentum.

Freilich spielen auch bei diesen Rechten die Grundrechte eine herausgehobene Rolle, wenn auch nur mittelbar. So liegt es im Fall der Anstaltsseelsorge auf der Hand, dass sie durch den grundrechtlichen Schutz aus Art. 4 GG flankiert wird. Auch im Fall der Fürsorgeverpflichtung des Dienstherrn sind es letztlich grundrechtliche Positionen des Einzelnen, auf die Rücksicht genommen wird. Es handelt sich somit um Rechte, die zwar nicht originär aus Grundrechten herzuleiten sind; die Verfassung konkretisiert den grundrechtlichen Freiheitsschutz jedoch in Gestalt dieser besonderen Rechte für die Situation in einzelnen Sonderstatusverhältnissen.

I. Die Anstaltsseelsorge nach Art. 141 WRV i.V.m. Art. 140 GG

1. Allgemeines

Nach Art. 141 WRV i.V.m. Art. 140 GG sind die Religionsgesellschaften[470] zur Vornahme religiöser Handlungen in staatlichen Einrichtungen berechtigt. Art. 141 WRV zählt als Beispiele hierbei den Bereich des Militärs, Krankenhäuser sowie Strafanstalten auf. Es handelt sich um Einrichtungen, die im Wege der Erfüllung hoheitlicher Aufgaben der staatlichen Trägerschaft zugeordnet werden können[471].

Die Vorschrift erstreckt sich damit auf solche Institutionen, in denen die Ausübung der Religionsfreiheit aus Art. 4 Abs. 1, 2 GG einem strukturellen Defizit

---

470 Zur Situation der muslimischen Seelsorge *T. Lemmen/M. Miehl*, Islamisches Alltagsleben in Deutschland, 2001, S. 49 ff. und *M. Schulten*, KuR 2014, 50 (50 ff.).

471 *U. Mager*, in: v. Münch/Kunig (Hrsg.), GGK, Bd. 2, 6. Aufl., 2012, Art. 140 Rn. 91.

unterliegt, der Grundrechtsträger also zur Wahrnehmung seines Grundrechts auf Mitwirkung angewiesen ist[472] – sei es aus rechtlichen oder faktischen Gründen des Eingliederungsverhältnisses: So mag der Strafgefangene weitestgehend aufgrund der Funktionsbedingungen der Justizvollzugsanstalt an der ungehinderten Religionsausübung rechtlich gehindert sein, für den Patienten im Krankenhaus ist es hingegen nur ein faktisches Hindernis, wenn die Anwesenheit in der Einrichtung aus Gründen der stationären medizinischen Behandlung geboten ist[473]. Gleichwohl kann bei letzterem durchaus von einem Sonderstatusverhältnis gesprochen werden, da staatlicherseits einseitig Einfluss auf entsprechende Bedingungen der Unterbringung genommen wird.

Folgt man der grundgesetzlichen Formulierung, so ist in der Gewährleistung der Anstaltsseelsorge vornehmlich ein Recht der Religionsgesellschaften – und nicht etwa des jeweiligen Seelsorgebedürftigen, der sich in staatlichen Einrichtungen befindet – zu sehen[474]. Primär geht es dabei um die Einräumung des Zutritts zu den betreffenden Einrichtungen; den Religionsgemeinschaften soll ermöglicht werden, zum Zwecke der Vornahme religiöser Handlungen zu ihren Gläubigen vordringen zu können[475]. Auch muss den Religionsgemeinschaften dabei ein gewisser Freiheitsraum zugestanden werden, etwa indem temporär ein Raum der Abgeschiedenheit eröffnet wird, um dort – je nach Selbstverständnis der Religionsgesellschaft[476] – den Geboten und Ritualen des eigenen Glaubens entsprechen zu können[477].

Die Ausübung dieses Rechts ist allerdings untrennbar mit den Seelsorgebedürftigen und ihrer Glaubensfreiheit aus Art. 4 GG verbunden. Ohne den „Dienst am Menschen“ läuft das Recht der Religionsgemeinschaften ins Leere. Es steht und fällt mit seinem personellen Substrat. Aus dieser Dependenz resultiert,

---

472 Vgl. *C. Hillgruber*, NVwZ 2001, 1347 (1353); *D. Ehlers*, in: Sachs (Hrsg.), GGK, 7. Aufl., 2014, Art. 141 WRV Rn. 4; *H. Hofmann*, in: Schmidt-Bleibtreu/Hofmann/Henneke (Hrsg.), GGK, 14. Aufl., 2018, Art. 140 Rn. 53; *K.-H. Kästner*, in: Kahl/Waldhoff/Walter (Hrsg.), BK, Stand: 189. EL, Art. 140 Rn. 687.

473 *M. Morlok*, in: Dreier (Hrsg.), GGK, Bd. 3, 2. Aufl., 2008, Art. 141 WRV Rn. 5.

474 *S. Korioth*, in: Maunz/Dürig (Begr.), Grundgesetz-Kommentar, Stand: 81. EL, Art. 141 WRV Rn. 2 sieht den Grund für diese Konstruktion darin, dass zum Zeitpunkt der Entstehung der Norm subjektiv-öffentliche Rechte im besonderen Gewaltverhältnis nicht anerkannt waren.

475 *U. Mager*, in: v. Münch/Kunig (Hrsg.), GGK, Bd. 2, 6. Aufl., 2012, Art. 140 Rn. 94; *S. Korioth*, in: Maunz/Dürig (Begr.), Grundgesetz-Kommentar, Stand: 81. EL, Art. 141 WRV Rn. 2.

476 Vgl. *M. Morlok*, Selbstverständnis als Rechtskriterium, 1993, S. 50 f.

477 *M. Morlok*, in: Dreier (Hrsg.), GGK, Bd. 3, 2. Aufl., 2008, Art. 141 WRV Rn. 14.

dass die Religionsgemeinschaften mittelbar ebenfalls den Funktionsbedingungen der staatlichen Einrichtung unterliegen, für beide also die gleichen Grenzen bestehen[478].

Fraglich bleibt dennoch, ob Art. 141 WRV einen Anspruch auch für den Seelsorgebedürftigen konstatiert. Auf die Vornahme der religiösen Handlungen kann dieser jedenfalls nicht gerichtet sein, da die Durchführung durch Dritte, den Religionsgesellschaften, erfolgt. Dennoch ließe sich Art. 141 WRV ein Gehalt beimessen, wonach die im Sonderstatus Befindlichen einen Anspruch auf Ermöglichung der seelsorgerischen Tätigkeit innehaben. In der Literatur trifft man dabei vermehrt auf die Ansicht, dass die Beantwortung dieser Frage dahinstehen könne: Eine subjektiv-rechtliche Bewehrung der Anstaltsseelsorge zugunsten der Seelsorgebedürftigen sei deshalb nicht vonnöten, da bereits die Religionsfreiheit aus Art. 4 Abs. 1, 2 GG den Betroffenen ein entsprechendes Recht gewähre[479]. Zudem sei es bereits der objektiv-rechtliche Gehalt der Religionsfreiheit, der den Staat entsprechend zur Grundrechtsermöglichung verpflichte[480]. Nähert man sich der Frage dennoch, so spricht bereits der Wortlaut des Art. 141 WRV für sich, wonach ausdrücklich die Religionsgesellschaften Berechtigte dieses Rechts sind[481]. Nimmt man diesen ernst, so folgt ein Anspruch auf Ermöglichung der Anstaltsseelsorge für die Seelsorgebedürftigen nicht unmittelbar aus Art. 141 WRV; dementsprechend ist ein sonderstatusspezifisches Leistungsrecht für eingegliederte Personen auf dessen Basis jedenfalls abzulehnen.

2. Das Recht auf Ermöglichung der Seelsorge aus Art. 4 GG

Gleichwohl lohnt sich ein zweiter Blick auf die soeben genannte Ansicht der Literatur, wonach der komplementäre Anspruch der Seelsorgebedürftigen aus Art. 4 Abs. 1, 2 GG zu folgern sei. So stellt sich die Frage, ob es sich hierbei um ein originäres Leistungsrecht im Kontext des Sonderstatus handelt.

---

478 *S. Eick-Wildgans*, Anstaltsseelsorge, 1993, S. 140.

479 *U. Mager*, in: v. Münch/Kunig (Hrsg.), GGK, Bd. 2, 6. Aufl. 2012, Art. 140 Rn. 94; *S. Korioth*, in: Maunz/Dürig (Begr.), Grundgesetz-Kommentar, Stand: 81 EL, Art. 141 WRV Rn. 2; *M. Morlok*, in: Dreier (Hrsg.), GGK, Bd. 3, 2. Aufl. 2008, Art. 141 WRV Rn. 6; *M. Germann*, in: Epping/Hillgruber (Hrsg.), BeckOK Grundgesetz, 35. Edition, Art. 140 GG Rn. 151.

480 *D. Ehlers*, in: Sachs (Hrsg.), GGK, 7. Aufl., 2014, Art. 141 WRV Rn. 1.

481 *K.-H. Kästner*, in: Kahl/Waldhoff/Walter (Hrsg.), BK, Stand: 189. EL, Art. 140 Rn. 688.

a) Abwehrrecht oder Leistungsrecht

In Betracht kommt dafür sowohl eine abwehrrechtliche als auch eine leistungsrechtliche Deutung. Nimmt man diese Unterscheidung anhand der erstrebten Rechtsfolgen vor[482], so ließe sich zum einen die Duldung der Vornahme seelsorgerischer Handlungen als erstrebtes Unterlassen des Staates einordnen. Positives Tun des Staates, welches auf Vereitelung dieser Maßnahmen gerichtet wäre, ließe sich somit mit Abwehrrechten angreifen. Verlangt wäre demnach die kausale Nichtänderung eines Zustands in der Wirklichkeit trotz einer bestehenden Handlungsmöglichkeit[483] (etwa in Gestalt einer Untersagung). Dies würde jedoch voraussetzen, dass ohne staatliches Zutun der Weg zur Vornahme seelsorgerischer Handlungen frei ist. Im Strafvollzug ist dies jedoch etwa nicht der Fall: Hier wird man davon ausgehen können, dass staatliche Handlungen erforderlich sind (Öffnung der Sicherheitstüren etc.), damit die Vertreter der jeweiligen Glaubensgemeinschaften religiöse Handlungen bei dem jeweiligen Strafgefangenen vorzunehmen vermögen. Damit wäre in diesem Kontext schon mehr verlangt als die bloße Duldung.

Löst man sich hingegen von der starren Orientierung an den beabsichtigten Rechtsfolgen und stellt eine materielle Betrachtung des zuvor genannten Beispiels an, so ist zu fragen, inwieweit bereits das Schließen der Tür – insoweit auch gegenüber dem Seelsorger – gerechtfertigt werden kann. Angesichts der Tatsache, dass dem Staat nicht die Bereitstellung der Seelsorge obliegt, sondern den Religionsgemeinschaften die Gelegenheit zu geben ist, diese zu leisten, drängt sich hierbei die Deutung als Abwehrrecht auf. Gleichwohl schließt dies die leistungsrechtliche Sichtweise nicht aus: Sofern es etwa darum geht, die Sicherheit des Seelsorgers zu gewährleisten, die ungestörte Begegnung mit Häftlingen zu gewährleisten oder einen geeigneten Raum zur Verfügung zu stellen, führt auch eine materielle Betrachtung zur Annahme eines Leistungsrechts oder gar einer Schutzpflicht.

In einem solchen Sinne formuliert der Empfänger der Seelsorge einen Anspruch darauf, dass diese in staatlichen Einrichtungen ermöglicht wird. Der Anspruchsteller verlangt also ein aktives Tun bzw. das Unterlassen zutrittsverwehrender Maßnahmen, sodass Vertreter der Glaubensgemeinschaft zum Anspruchsteller gelangen können, um dort religiöse Handlungen vorzunehmen. Grundrechtsdogmatisch lässt sich dies als Anspruchsziel eines Leistungsrechts

---

482 Dazu bereits oben 2. Teil, A., I., 2., a).

483 *M. Borowski*, Grundrechte als Prinzipien, 2. Aufl. 2007, S. 211; *M. Borowski*, JöR 50 (2002), 301 (303 f.).

einordnen, also als Erscheinungsform des status positivus begreifen. Bei genauerer Betrachtung liegt die Rechtsfolge eines solchen Rechts also in der Ermöglichung der Anstaltsseelsorge. Gefordert wird damit ein positives Tun des Staates. Die Handlungsintensität mag dabei freilich variieren. Im bereits angesprochenen Strafvollzug wird die Anstaltsleitung zahlreiche Vorkehrungen treffen müssen, um seelsorgerische Handlungen zu ermöglichen. In anderen Anstalten, die der Öffentlichkeit im weiteren Maße zur Verfügung stehen, wird dahingehend weniger vom Staat zu verlangen sein. So mag in einem Krankenhaus der maßgebliche staatliche Ermöglichungsakt darin liegen, dass die Vornahme seelsorgerischer Handlungen organisatorisch in den Behandlungsplan eingefügt wird. Trotz unterschiedlicher Intensität verschiedener Handlungsoptionen bleibt es jedoch beim Grundgedanken der Ermöglichung, der als begehrte Leistung anzusehen ist.

b) Zum leistungsrechtlichen Charakter

Da es sich aus Art. 4 Abs. 1, 2 GG speist, ließe sich das Recht auf Ermöglichung der Anstaltsseelsorge ferner als originäres oder genuines Leistungsrecht klassifizieren. Dafür spricht, dass das Recht die Voraussetzungen der Grundrechtsausübung gewährleisten soll.

Allerdings bezieht es weite Teile seines Gehalts aus der Vorschrift des Art. 141 WRV i.V.m. Art. 140 GG, indem es zur Realisierung der Anstaltsseelsorge dient. Ohne diese Vorschrift würde sich das Recht auf Ermöglichung der Anstaltsseelsorge weitestgehend den Kritikpunkten ausgesetzt sehen, die gegen die übrigen Leistungsrechte vorgebracht werden. Fraglich ist nun, was dieses Recht von den übrigen sogenannten sozialen Grundrechten unterscheidet. Letztere sollen dazu beitragen, die Wahrnehmung grundrechtlicher Garantien überhaupt erst faktisch zu ermöglichen. Als originär stellen sie sich deshalb dar, da sie dem Grundrecht entspringen und ihre Geltendmachung von weiteren Faktoren nicht abhängen soll. Insbesondere ist eine erlittene Beeinträchtigung nicht erforderlich, es geht vielmehr darum, die Grundlagen freiheitlichen Lebens des Einzelnen zu schaffen[484].

Das Recht auf Ermöglichung der Anstaltsseelsorge lässt sich indes nicht derart isoliert betrachten. Es trägt nicht dazu bei, die Voraussetzungen der Grundrechtsausübung in dem regulären Staat-Bürger-Verhältnis zu gewährleisten, sondern stattdessen in einem spezifischen Verhältnis, dem Sonderstatus. Es empfängt demgemäß seine Bedeutung weitaus weniger originär aus den

---

484 Vgl. zu alledem 2. Teil, A., III., 2.

Grundrechten, sondern durch deren Zusammenspiel mit den beeinflussenden Faktoren dieses besonderen Verhältnisses. Der maßgebliche Unterschied liegt hierbei darin, dass nicht das Unvermögen des Eingliederten in faktischer Hinsicht, also maßgeblich im materiell-güterorientierten Sinne, ausgeglichen werden soll, sondern vielmehr solche Hindernisse, die durch den Sonderstatus bedingt und insofern rechtlicher Natur sind. Dies trifft auf die umfassenden Konditionen dieser Verhältnisse zu, welche einer ebenso umfangreichen rechtlichen Normierung unterliegen. An welchem Ort, zu welcher Zeit und auf welche Weise die Anstaltsseelsorge stattfindet, ist von der jeweiligen Institution und deren rechtlich fixierten Abläufen abhängig; das Recht verfolgt hierbei nicht das Ziel, eine Unzulänglichkeit des Eingliederten auszugleichen. Das hier vorliegende Leistungsrecht schafft auf diese Weise nicht die materiellen Voraussetzungen für die Grundrechtsausübung in einem güterorientierten Sinne, sondern nimmt Einfluss auf die rechtlichen[485].

Das hier beschriebene Recht unterscheidet sich somit in einem wesentlichen Punkt von den zuvor beschriebenen sogenannten sozialen Grundrechten. Die Gegenüberstellung offenbart damit zugleich das wesentliche Spezifikum sonderstatusspezifischer Leistungsrechte, die auf die Kompensation der eingliederungsbedingten Einbußen zielen und somit akzessorisch zu einem einschränkenden Verhalten des Staates sind[486]. Was offen bleibt ist die Frage nach der konkreten Ausgestaltung solcher Rechte und deren Durchsetzbarkeit. Losgelöst von der rein leistungsrechtlichen Betrachtung könnte es sich als Annex zur erstmaligen Eingliederung in ein Sonderstatusverhältnis darstellen. Dabei wäre in der Begründung des Sonderstatus selbst ein Grundrechtseingriff zu erblicken. Die Gewährung eines Rechts auf Ermöglichung der Anstaltsseelsorge würde, so verstanden, dann zur Kompensation eines erlittenen Grundrechtseingriffs, der Begründung des Sonderstatusverhältnisses mit seinen einhergehenden Pflichten, beitragen. Damit wäre es akzessorisch zur ursprünglichen Beeinträchtigung, nämlich der Eingliederungslage in der öffentlichen Einrichtung, und basierte auf einer Grundrechtsbeeinträchtigung, die es zu kompensieren sucht.

---

485 Zu einem ähnlichen Ergebnis gelangt *P. Unruh*, Religionsverfassungsrecht, 2. Aufl., 2012, S. 228, der dies jedoch als Konkretisierung der Schutzpflichtendimension einordnet; hierbei dürfte es jedoch am nötigen Drittbezug fehlen. Vgl. zum erforderlichen Drittbezug im Rahmen von Art. 4 GG *C. Pagels*, Schutz- und förderpflichtrechtliche Aspekte der Religionsfreiheit, 1999, S. 126.

486 Zur Eingriffsakzessorietät sogleich 3. Teil, B., II., 1., a).

3. *Die Militärseelsorge*

Weitaus kontroverser wird der Fall der sogenannten Militärseelsorge diskutiert. Für die christlichen Kirchen ist diese Erscheinungsform der Anstaltsseelsorge durch vertragliche Regelungen gesichert[487]. Für andere Religionsgemeinschaften besteht diesbezüglich nur vereinzelt ein solch institutioneller Rahmen[488]. Kern der Kritik ist dabei die konkrete Ausgestaltung der Militärseelsorge, insbesondere mit Blick auf bestehende Überschneidungen zwischen Kirchenamt und Exekutive. So bestehen etwa mit dem „Katholischen Militärbischofsamt" bzw. dem „Evangelischen Kirchenamt für die Bundeswehr"[489] jeweils Einrichtungen, die zugleich Kirchenkanzlei und Bundesoberbehörde darstellen und somit dem Bundesminister der Verteidigung – jedenfalls teilweise – unmittelbar nachgeordnet sind[490]. In der Sache handelt es sich bei diesen Erscheinungsformen der Militärseelsorge um kirchliche Arbeit unter kirchlicher Aufsicht, deren organisatorische Gestaltung und Kostenlast jedoch beim Staat liegen[491].

Unter Verweis auf das Trennungsgebot des Art. 137 Abs. 1 WRV wird diesbezüglich der Einwand erhoben, in dieser Vermengung der Ämter liege eine unzulässige institutionelle Verbindung von Staat und Kirche[492]. Art. 141 WRV

---

487 Die katholische Seelsorge findet ihre Grundlage in Art. 27 des Reichskonkordats, die evangelische Militärseelsorge ist durch Vertrag zur Regelung der evangelischen Militärseelsorge vom 22.02.1957 (BGBl. II 1957 Nr. 20, S. 701 ff.) festgeschrieben worden; vgl. ausführlich dazu *V. Kruk*, NZWehrr 37 (1997), 1 (2); *R. Seiler*, Seelsorge in Bundeswehr und Bundesgrenzschutz, in: Pirson/Listl (Hrsg.), Handbuch des Staatskirchenrechts der Bundesrepublik Deutschland, Bd. 2, 2. Aufl., 1995, § 68, S. 961 (962 ff.); zur Soldatenseelsorge im internationalen Vergleich s. *M. Bock*, Religion im Militär, 1994, passim.

488 *Germann*, in: Epping/Hillgruber (Hrsg.), BeckOK Grundgesetz, 35. Edition, Art. 141 WRV Rn. 153.2 f.; im internationalen Vergleich *I. Michalowski*, WZB-Mitteilungen 147 (2015), 17 ff., die zu der Erkenntnis gelangt, dass sich das Militär länderübergreifend als besonders religionsfreundlich zeige; vgl. zur Geschichte der Militärseelsorge im Übrigen *J. Bleese*, Die Militärseelsorge und die Trennung von Staat und Kirche, 1969, S. 4 ff.

489 Siehe Art. 14 des Vertrags zur Regelung der evangelischen Militärseelsorge vom 22.02.1957 (BGBl. II 1957 Nr. 20, S. 701 ff.).

490 *S. Korioth*, in: Maunz/Dürig (Begr.), Grundgesetz-Kommentar, Stand: 81. EL, Art. 141 WRV Rn. 11, dort auch zu weiteren Beispielen von Überschneidungen zwischen Kirchenamt und Exekutive.

491 *T. Tetzlaff*, Das Soldatenrecht der Bundesrepublik Deutschland im Lichte neuerer Grundrechtsfunktionen, 2000, S. 282.

492 *S. Korioth*, in: Maunz/Dürig (Begr.), Grundgesetz-Kommentar, Stand: 81. EL, Art. 141 WRV Rn. 13; *R. Seiler*, Seelsorge in Bundeswehr und Bundesgrenzschutz, in: Pirson/

sei insbesondere nicht als Ausnahmevorschrift zum Trennungsgebot zu verstehen, da die Vorschrift ausschließlich die Zulassung der Religionsgemeinschaften zur Seelsorge, nicht aber deren institutionell-organisatorische Ausgestaltung thematisiere[493]. Auf der anderen Seite wird mit der Notwendigkeit bestimmter Organisationsformen zur Aufrechterhaltung des durch Art. 141 WRV garantierten Mindeststandards[494] argumentiert oder auf die rein formale Natur der staatlichen Mitbestimmung verwiesen[495].

Unabhängig von der Frage, ob das Trennungsgebot des Art. 137 Abs. 1 WRV einen solch staatsnahen institutionellen Rahmen zulässt, folgen aus der Diskussion zwei wesentliche Erkenntnisse für den hier gewählten Blickwinkel der Sonderstatusverhältnisse. Zum einen wird offensichtlich, dass staatliches Wirken zur Ermöglichung der Freiheitsausübung gar die Schaffung eigener Ämter erforderlich machen kann, wie im Fall der Militärgeistlichen. Damit ist mehr gefordert als die bloße Duldung oder die bloße Anpassung eines organisatorischen Ablaufplans; im Einzelfall kann der Staat vielmehr auch in formell-institutioneller Hinsicht Garant der Verwirklichung des Freiheitsraums des Einzelnen werden. Damit ist zugleich, und dies ist die zweite Erkenntnis, ein Spannungsfeld eröffnet, welches sich vorliegend zwischen dem Trennungsgebot und der Anstaltsseelsorge befindet und in den übrigen Fällen zwischen der Notwendigkeit der Leistungsgewährung und der Berücksichtigung der Freiheitssphäre des Einzelnen.

II. Die Fürsorgepflicht im Beamtenverhältnis

Neben der verfassungsrechtlich garantierten Anstaltsseelsorge existiert eine weitere leistungsrechtliche Dimension eines Sonderstatusverhältnisses, die einen verfassungsunmittelbaren Ursprung aufweist. Es handelt sich hierbei um die Fürsorgepflicht des Beamtenverhältnisses.

1. Zum Verhältnis zwischen Dienstherrn und Beamten

Bereits im ersten Teil der Untersuchung wurde betont, dass das Beamtenverhältnis wie kaum ein anderes Verhältnis von einer besonderen Nähe zum Staat

---

Listl (Hrsg.), Handbuch des Staatskirchenrechts der Bundesrepublik Deutschland, Bd. 2, 2. Aufl., 1995, § 68, S. 961 (969 f.).

493 S. *Korioth*, in: Maunz/Dürig (Begr.), Grundgesetz-Kommentar, Stand: 81. EL, Art. 141 WRV Rn. 13.

494 *J. Ennuschat*, ZevKR 41 (1996), 419 (422 f.).

495 *T. Tetzlaff*, Das Soldatenrecht der Bundesrepublik Deutschland im Lichte neuerer Grundrechtsfunktionen, 2000, S. 283.

geprägt ist[496]. Eine solche Nähe geht einher mit zahlreichen Verpflichtungen, die der Beamte bei der Ausübung seines Dienstes – und womöglich darüber hinaus – zu erfüllen hat. Dies ist schon deshalb geboten, da der Beamte als Teil des Staates ebenfalls grundrechtsverpflichtet ist. Damit korreliert die Verpflichtung des Dienstherrn, solche Freiheitseinbußen an anderer Stelle aufzufangen, sei es durch Alimentation oder vergleichbare Leistungen[497]. Festgestellt wurde, dass sich Dienstherr und Beamter in einem Verhältnis generalisierter Reziprozität begegnen, was einem rein synallagmatischen Wechselspiel zwischen Arbeitsleistung und Entgelt widerspricht[498]. Um die Erfüllung der staatlichen Aufgaben sicherzustellen ist vielmehr die grundlegende Bereitschaft des Beamten erforderlich, seine „volle Arbeitskraft" zugunsten seines Dienstherrn einzusetzen[499]. Verfassungsrechtlich anknüpfen lässt sich das Berufsbeamtentum an Art. 33 GG. Konturiert wird es durch Festlegungen über den Aufgaben- und Wirkungsbereich in Art. 33 Abs. 4 GG, sowie der Art und Weise der Aufgabenerledigung und der näheren Ausgestaltung des Beamtenverhältnisses durch Art. 33 Abs. 5 GG[500]. Letzterer beherbergt die sog. hergebrachten Grundsätze des Berufsbeamtentums, die nach der Rechtsprechung des Bundesverfassungsgerichts einen Kernbestand von Strukturprinzipien darstellen, die allgemein oder über einen längeren Zeitraum als verbindlich anerkannt und gewahrt worden sind[501]. Sie bilden die Grundlage für die dem Berufsbeamtentum entspringenden Leistungsrechte, soweit sie dessen Kerngehalt zuzurechnen sind und dienen damit der Verwirklichung dieses Instituts[502].

Zu beachten bleibt, dass das Berufsbeamtentum ein eigenständiges Institut bildet, das im Laufe der Zeit mannigfaltige Ergänzungen und gerichtliche Konkretisierungen erfahren hat. Inwieweit sich allgemeingültige Erkenntnisse abstrahieren lassen, ist dementsprechend fraglich. Bei aller Skepsis ist dennoch festzuhalten, dass mit dem Berufsbeamtentum ein spezifisches

496 S. 1. Teil, B., IV, 2., b), aa), (1).
497 BVerfGE 21, 329 (345).
498 Vgl. 1. Teil, B., IV.; vgl. ferner Formulierungen wie „quasi-vertraglich" bei *W. Heintschel von Heinegg/U. R. Haltern*, JA 1995, 333 (333) oder „Sondersynallagma" bei *H. Steiner*, PersV 2007, 510 (511).
499 BVerfGE 21, 329 (345) – st. Rspr.
500 *S. Werres*, Beamtenverfassungsrecht, 2011, S. 3; *H. Günther*, DÖV 2012, 678 (682).
501 BVerfGE 8, 332 (343); 70, 69 (79); 106, 225 (232); *S. Werres*, Beamtenverfassungsrecht, 2011, S. 23.
502 Vgl. *H. de Wall*, Der Staat 38 (1999), 377 (392); *R. Summer*, ZBR 1992, 1 (1).

Sonderstatusverhältnis mit einer leistungsgewährenden Dimension den Eingang in die Verfassung gefunden hat und somit eine Untersuchung lohnend erscheinen lässt.

2. *Rechte auf Fürsorge als sonderstatusspezifische Leistungsrechte*

Die Fürsorgepflicht als hergebrachter Grundsatz des Berufsbeamtentums[503] lässt sich auf vielgestaltige Art und Weise konkretisieren, sodass eine abschließende Normierung ihres Umfangs nicht in Betracht kommt[504]. Zusammenfassend lässt sie sich jedoch so umschreiben, dass der Dienstherr schädigende Handlungen zu unterlassen hat, den Beamten vor drohenden Nachteilen schützen und ferner gebotene vorteilhafte Maßnahmen für ihn ergreifen muss[505]. Auch gebietet sie solche Vorkehrungen, wonach der angemessene Lebensunterhalt des Beamten dann nicht gefährdet wird, wenn besondere finanzielle Belastungen, wie etwa ein Krankheitsfall, eintreten[506]. Die Fürsorgepflicht stellt das Korrelat zu dem hergebrachten Grundsatz der Treuepflicht des Beamten dar[507]. Sie bildet als verfassungsrechtlich abgesicherter Grundsatz einen Maßstab zur Beurteilung des einfachen Rechts[508].

Ob der Fürsorgeverpflichtung des Staates zugunsten des Beamten hierbei subjektiv-rechtliche Wirkung zukommt, womit insbesondere die Möglichkeit der Geltendmachung dieses Rechts vor dem Bundesverfassungsgericht angesprochen ist, kann unterschiedlich beurteilt werden, wird jedoch überwiegend bejaht[509]. Dies folgt nicht zuletzt aus Art. 93 Abs. 1 Nr. 4a GG i.V.m. Art. 33 GG, also der Möglichkeit der Geltendmachung des grundrechtsgleichen Rechts

503 BVerfGE 8, 332 (356 f.); 43, 154 (165 f.); 58, 68 (76 f.); 106, 225 (232); *H. Steiner*, PersV 2007, 510 (511).

504 BVerwGE 19, 48 (54); vgl. ferner in diesem Kontext zur Zeitbezogenheit der Fürsorgepflicht und ihren paternalistischen Wurzeln *R. Summer*, ZBR 1998, 151 (152).

505 BVerfGE 43, 154 (165 f.); BVerwG NJW 1996, 210 (210); *P. Kunig*, Das Recht des öffentlichen Dienstes, in: Schoch (Hrsg.), Besonderes Verwaltungsrecht, 15. Aufl., 2013, Rn. 155; *H. Schnellenbach*, VerwArch 92 (2001), 2 (11); *H. Lecheler*, ZBR 1972, 129 ff.; *U. Westermann*, Dogmatik und Bedeutung der allgemeinen Fürsorge- und Treuepflicht im Arbeits- und Beamtenrecht, 1982, S. 261 ff.; *P. Badura*, in: Maunz/Dürig (Begr.), Grundgesetz-Kommentar, 81. EL, Art. 33 Rn. 71; *A. Hense*, in: Epping/Hillgruber (Hrsg.), BeckOK Grundgesetz, 35. Edition, Art. 33 GG Rn. 45.

506 BVerfGE 106, 225 (232); *H. Günther*, ZBR 2013, 14 (15).

507 *P. Badura*, in: Maunz/Dürig (Begr.), Grundgesetz-Kommentar, 81. EL, Art. 33 Rn. 71.

508 *H. Lecheler*, ZBR 1972, 129 (135).

509 *H. Günther*, ZBR 2013, 14 (14).

vor dem Bundesverfassungsgericht[510]. Auch führt etwa das Bundesverfassungsgericht aus, dem Beamten sei ein grundrechtsähnliches Individualrecht zuzuerkennen, da er dem Staat als seinem Dienstherrn gegenüberstehe, aber dieser Dienstherr in seiner Stellung als Gesetzgeber zugleich für die Regelung des Rechtsverhältnisses, die Verteilung der gegenseitigen Rechte und Pflichten allein zuständig und verantwortlich sei[511].

Charakteristisch für solche Rechte auf Fürsorge im Beamtenverhältnis ist, dass ihr Spektrum umfangreich ist – das zeigt schon die Vielzahl ihrer möglichen Konkretisierungen, die auch zahlreich ihren Eingang in das einfache Recht gefunden haben[512]. War im Kontext grundrechtlicher Leistungsrechte in erster Linie davon die Rede, solche Nachteile auszugleichen, die auf einem faktischen Unvermögen des Grundrechtsträgers basierten (etwa aufgrund mangelnder finanzieller Mittel), betrifft die Fürsorgeverpflichtung des Dienstherrn auch Teilbereiche, die weniger existenzieller Natur sind. Neben grundlegenden Individualrechtsgütern wie Gesundheit, Leben oder Eigentum[513] widmet sich die Fürsorgeverpflichtung auch spezifischeren Aspekten, wie etwa im Rahmen von Organisationspflichten des Dienstherrn im Kontext der Personalaktenführung[514]. Der Grund für das breite Spektrum liegt dabei freilich darin, dass Dienstherr und Beamter eine Vielzahl möglicher Berührungspunkte aufweisen.

Nach alledem wird auch deutlich, dass die Fürsorgeverpflichtung des Dienstherrn ihre Gestalt vornehmlich durch den umfassenden Bestand beamtenrechtlicher Judikatur und Literatur erhalten hat. Insofern ist Vorsicht bei der Gewinnung von Erkenntnissen und ihrer Übertragbarkeit auf weitere Sonderstatusverhältnisse geboten. Die Schwierigkeit, die sich hier stellt, liegt in der Beantwortung der Frage, inwieweit solche Verpflichtungen und korrelierende Rechte als sonderstatusspezifisch anzusehen sind oder aber als Spezifikum des

---

510 *U. Westermann*, Dogmatik und Bedeutung der allgemeinen Fürsorge- und Treuepflicht im Arbeits- und Beamtenrecht, 1982, S. 278 f.

511 BVerfGE 8, 1 (17) zur Gewährleistung des angemessenen Lebensunterhalts; in BVerfGE 43, 154 (154 ff.) stellt das Gericht klar, dass sich mit Blick auf Art. 33 Abs. 5 GG für die Fürsorgepflicht und deren subjektive Durchsetzbarkeit nichts anderes ergibt: „Für den Anspruch gegen den Dienstherrn auf Fürsorge gilt nichts anderes, (…)“, a.a.O., Rn. 34 (juris).

512 *P. Kunig*, Das Recht des öffentlichen Dienstes, in: Schoch (Hrsg.), Besonderes Verwaltungsrecht, 15. Aufl., 2013, S. 724 ff. m.w.N.

513 *H. Lecheler*, ZBR 1972, 129 (131).

514 *P. Kunig*, Das Recht des öffentlichen Dienstes, in: Schoch (Hrsg.), Besonderes Verwaltungsrecht, 15. Aufl., 2013, S. 726.

Instituts Berufsbeamtentum betrachtet werden müssen. Dies verdeutlicht eindrücklich etwa die Kontroverse, inwieweit die Fürsorgeverpflichtung entweder dem Treueverhältnis des Art. 33 Abs. 4 GG zuzuordnen oder aber als hergebrachter Grundsatz des Berufsbeamtentums i.S.d. Art. 33 Abs. 5 GG einzustufen ist[515]. Nicht ausgeschlossen werden kann somit nach alledem, dass das Spezifische, das zur Leistungsverpflichtung in Gestalt der Rechte auf Fürsorge führt, weniger in den Faktoren liegt, die das Sonderstatusverhältnis beschreibt, als vielmehr in spezifischer Weise im Berufsbeamtentum begründet liegt.

3. *Erkenntnisse für übrige Sonderstatusverhältnisse*

Zu klären bleibt daher, welche Erkenntnisse für die vorliegende Untersuchung festzuhalten sind. Zunächst ist hierbei das klare Bekenntnis des Bundesverfassungsgerichts hervorzuheben, eine Leistungsverpflichtung des Dienstherrn auch subjektiv-rechtlich zu bewehren, da der Staat die Modalitäten der Eingliederung, etwa im Rahmen seiner Eigenschaft als Gesetzgeber, einseitig festzulegen vermag.

Ferner wird sich ganz allgemein die Behauptung aufstellen lassen können, dass sich die Notwendigkeit zur Kompensation erlittener oder zu erleidender Einbußen in solchen Verhältnissen wie dem Beamtenverhältnis aufdrängt, die sich durch die intensive Auferlegung von Pflichten, die sämtliche Lebensbereiche betreffen, auszeichnen. Andernfalls droht ein Gefälle, welches im Sinne der angestrebten Reziprozität zudem womöglich die Reize nimmt, solche Verhältnisse einzugehen. Hierbei erleichtert die Spezifität der Sachmaterie die Bestimmung des Inhalts solcher Rechte: War im Rahmen grundrechtlicher Leistungsrechte noch der Einwand erhoben worden, die Realisierung von Anspruchsrechten ließe sich durch eine Vielzahl möglicher Mittel erreichen, so mögen in bestimmten Verhältnissen, die wie das Beamtentum mitunter recht spezifische Bereiche abdecken, nur eine überschaubare Anzahl von Mitteln in Betracht kommen. So betreffen etwa Rechte auf finanzielle Leistungen in Gestalt von Umzugs- und Reisekosten oder Trennungsgeld diejenigen Einbußen, die unmittelbar durch Ausübung des Dienstes entstehen und auf einfache Weise durch finanzielle Mittel kompensiert werden können. Ähnliches mag bezüglich des Arguments des Vorbehalts des Möglichen gelten, da ein abgetrennter Personenkreis betroffen

---

515 Dazu *H. Günther*, ZBR 2013, 14 (16 ff.) m.w.N.; vgl. im Übrigen zum Verhältnis von Art. 33 Abs. 5 GG zum Sozialstaatsprinzip *H. Stutzky*, Auswirkungen des Sozialstaatsprinzips auf das Beamtenverhältnis unter Berücksichtigung der Fürsorgepflicht des Dienstherrn, 1966, S. 34 ff.

ist und insofern die Finanzierbarkeit solcher Rechte überschaubare, jedenfalls kalkulierbare Ausmaße annimmt.

Ferner sticht bei der angestellten Untersuchung der Fürsorgeverpflichtung ins Auge, dass es sich bei dem Verhältnis zwischen Dienstherr und Beamten um ein generalisiertes Verhältnis handelt, welches bereits im Umfeld reziproker Verpflichtungen angesprochen wurde[516]. Unabhängig von der einzigartigen Verbindung zwischen beiden Akteuren ist damit ein Modell beschrieben, welches erlittene Freiheitseinbußen und kompensierende Leistungen in ein globales Verhältnis setzt, welches nicht nach einer Saldierung der Leistungen, sondern nach einem angemessenen Ausgleich strebt. Das bedeutet, dass die Relation zwischen Freiheitseinbußen und zu gewährenden Leistungen auch von weiteren Faktoren abhängig sein kann und nicht als einfache Äquivalenz erlittener Nachteile und entsprechend zu gewährender Vorteile missverstanden werden darf. Besonders plastisch wird dieser Aspekt etwa auch im Strafvollzug, der sich ebenfalls durch die intensive Pflichtenauferlegung auszeichnet. Hierbei solche Leistungsgewährungen in Betracht zu ziehen, die in Inhalt und Umfang den erlittenen Beeinträchtigungen entsprechen, würde letztlich dem Zweck der Unterbringung zuwiderlaufen[517]. Was vielmehr gefordert ist, ist eine Ausgestaltung dieser Verhältnisse, die in letzter Konsequenz dem Gedanken der Herstellung praktischer Konkordanz[518] Rechnung trägt. Die „Ausgestaltung“ bezieht sich damit bereits auf die Festlegung der Eingliederungskonditionen, wonach ein System gefordert ist, welches bereits im Vorfeld Nutzen und Lasten entsprechend einander zuordnet. Aufgrund des umfangreichen Befunds in Literatur und Rechtsprechung wird das Beamtentum diesen Anforderungen gerecht, indem es eine umfassende Kasuistik von Fürsorgerechten kennt. All dies trägt hierbei letztlich dem Bestreben Rechnung, ein staatliches Näheverhältnis zu etablieren, welches einen optimalen Ausgleich zwischen Nutzen und Lasten im Lichte der verfolgten Zwecke anstrebt.

III. Zwischenfazit

Genuine Leistungsrechte in Sonderstatusverhältnissen finden sich unmittelbar aus der Verfassung folgend nur in spezifischen Kontexten, was die Abstraktion allgemeingültiger Aussagen erschwert. Im Umfeld der Anstaltsseelsorge

516 Dazu s. oben 1. Teil, B., IV., 3., b).

517 Dazu sogleich unter 3. Teil, A., I., 2., a).

518 *K. Hesse*, Grundzüge des Verfassungsrechts der Bundesrepublik Deutschland, 20. Aufl., 1999, Rn. 72.

zeigte sich, dass ein genuines Leistungsrecht zuvörderst für die Religionsgemeinschaften und nicht für die eingegliederten Personen festgeschrieben ist. Die Untersuchung hat gezeigt, dass als Anspruchsziel solcher Rechte nicht die faktischen Defizite der Freiheitsausübung in einem materiell-güterorientierten Sinne ausgeräumt werden sollen, sondern die rechtlichen, welche durch die Eingliederungslage bedingt sind. Darüber hinaus offenbarte die Behandlung der Anstaltsseelsorge, dass etwaige Leistungsrechte in Sonderstatusverhältnissen als Ausgleich für eine Einbuße verstanden werden können, die dem staatlichen Tun – sei es, weil er die Eingliederung selbst zu vertreten hat oder die Eingliederungsbedingungen einseitig bestimmen kann – zugerechnet werden kann. Dies ist als Fingerzeig einer möglichen Akzessorietät von Leistungsrechten zu Grundrechtseingriffen zu begreifen.

Auch die Fürsorgeverpflichtung des Dienstherrn zugunsten seiner Beamten ist von der Möglichkeit des Staates, die Eingliederungsbedingungen einseitig festzulegen, geprägt. Dabei erschwert die besondere Kasuistik des Beamtenverhältnisses die Abstraktion zugunsten vergleichbarer Konstellationen. Der näheren Betrachtung der Fürsorgepflicht lässt sich dennoch entnehmen, dass die Gewährung möglicher Leistungsrechte in Sonderstatusverhältnissen bereits bei der Ausgestaltung entsprechender Verhältnisse in Betracht zu ziehen ist. Dies deutet auf eine umfangreiche Abwägung der einzelnen Eingliederungskonditionen hin, die unter Berücksichtigung der jeweiligen, teils verfassungsrechtlichen Belange, einen Ausgleich zwischen Nutzen und Lasten des Eingliederten herzustellen vermögen.

3. Teil: Modelle leistungsrechtlicher Garantien im Sonderstatus

Überlegungen zu sonderstatusspezifischen Leistungsrechten finden ihre Grundlage in den Gewährleistungen der Grundrechte. Dabei muss ein genauerer Blick geworfen werden auf die möglichen Herleitungsmodelle, die leistungsgewährende Ansprüche begründen können.

Möglich sind hierbei unterschiedliche Modelle, nach denen die Gewährleistung von Leistungsrechten in Sonderstatusverhältnissen in Frage kommt. Zunächst kommen hierbei originäre Leistungsrechte in Betracht, welche den status positivus besonders deutlich abbilden. Darüber hinaus lässt sich eine abwehrrechtliche Konstruktion erwägen, die Leistungsrechte als Ergebnis der Abwägung eines Grundrechtseingriffs gewährt.

A. Die genuin leistungsrechtliche Konstruktion

Zunächst soll ein Modell erörtert werden, welches sich dem status positivus sozusagen in Reinform zuwendet; sonderstatusspezifische Leistungsrechte sind hiernach also als originäre Leistungsrechte zu verstehen.

I. Der Leistungsbegriff im Kontext des Sonderstatus

Nach *Alexy* sind damit Leistungen gemeint, die ein Defizit in subjektiver und objektiver Hinsicht auszugleichen ersuchen, also „Rechte des einzelnen gegenüber dem Staat auf etwas, was der einzelne, verfügte er nur über hinreichende finanzielle Mittel und fände sich auf dem Markt ein hinreichendes Angebot, auch von Privaten erhalten könnte“[519].

Ob dieser Begriff für die einschlägige Konstellation der Sonderstatusverhältnisse ausreicht, scheint auf den ersten Blick fraglich. Ungeachtet der Frage, inwieweit der Einzelne über finanzielle Mittel verfügt, scheint erörterungsbedürftig, ob angestrebte Leistungen in Sonderstatusverhältnissen sich dadurch auszeichnen, dass für sie keine Marktlage besteht, die durch Angebote Privater gedeckt werden kann. Auf diese Weise ließe sich argumentieren, dass zur Gewährung solcher Leistungen oftmals staatliche Mitwirkungsakte vonnöten sind, die hoheitlich ergehen und sich damit in spezifischer Weise von einem

---

519 *R. Alexy*, Theorie der Grundrechte, 3. Aufl., 1996, S. 454.

Handeln Privater unterscheiden. Das mag freilich nicht für alle Fälle gelten; schließlich sind auch Fälle vorstellbar, in denen das Angebot durch Private ebenso gut erfüllt werden könnte.

Bei der Prägung der Kategorie originärer Leistungsrechte hatte *Alexy* jedoch auch solche Leistungen im Blick, die naturgemäß nur durch den Staat erfolgen können. Dafür spricht, dass er hierbei von sogenannten faktischen Leistungen spricht, bei denen die Rechtsform keine unmittelbare Rolle spielt und insofern auch die Gewährung eines Zulassungsbescheids – etwa hinsichtlich eines Studienplatzes – in Betracht kommt[520]. Insofern begegnet die Anwendung des Begriffs in Sonderstatusverhältnissen keinen Bedenken.

1. Die Relevanz sonderstatusspezifischer Beeinträchtigungen

Gleichwohl ist auf einen weiteren Aspekt hinzuweisen, der insbesondere im Fall passiver Sonderstatusverhältnisse die Notwendigkeit einer differenzierteren Sichtweise im Kontext des Leistungsbegriffs offenbart. Dabei kann gedanklich bereits einen Schritt früher angesetzt werden: Bevor der Einzelne in der Lage wäre, sein Bedürfnis – entsprechende Mittel vorausgesetzt – am Markt zu stillen, hindern ihn mitunter Beeinträchtigungen bzw. Pflichten des Sonderstatus daran oder aber die Umsetzung hängt letztlich vom Staat ab. Anders ausgedrückt: Zwar liegen die Gründe für Leistungsrechte im regulären Staat-Bürger-Verhältnis maßgeblich in der Divergenz rechtlich gewährter Freiheit und faktischer Freiheitsvoraussetzungen. Wie gezeigt, nützen die Freiheitsrechte demjenigen nichts, der aus faktischen Gründen von ihnen keinen Gebrauch machen kann[521]. In Sonderstatusverhältnissen verschiebt sich jedoch insoweit der Fokus der Betrachtung, indem es weniger auf das faktische Unvermögen ankommt, sondern vielmehr auf das Unvermögen, welches sich aus der Freiheitsbeschränkung durch den Sonderstatus, also insbesondere in rechtlicher Hinsicht ergibt[522]. Auf diesen Aspekt hatte die Beschäftigung mit der Anstaltsseelsorge bereits aufmerksam gemacht[523]. Damit ist nicht gesagt, dass nicht auch faktische Hindernisse in diesen Konstellationen eine Rolle spielen können. Bei

---

520 *R. Alexy*, Theorie der Grundrechte, 3. Aufl., 1996, S. 179 f.

521 Vgl. dazu 2. Teil, A., I., 1., c), cc).

522 Ähnlich *T. Tetzlaff*, Das Soldatenrecht der Bundesrepublik Deutschland im Lichte neuerer Grundrechtsfunktionen, 2000, S. 270.

523 Vgl. dazu 2. Teil, B., I., 2., b).

der Betrachtung von Sonderstatusverhältnissen geht von ihnen jedoch keine spezifische Wirkung aus, die sich von der regulären Lage in maßgeblicher Weise unterscheidet.

Damit lässt sich festhalten: Fasst die dargestellte Konzeption *Alexys* vornehmlich in den Blick, faktische Unzulänglichkeiten des Einzelnen hinsichtlich seiner Freiheitsermöglichung zu kompensieren, zielt der sonderstatusspezifische Leistungsbegriff eher auf die Kompensation der eingliederungsbedingten Einbußen.

2. *Die Reichweite des Eingliederungszwecks*

a) *Die Unterscheidung von Begründungsakt und Folgebeeinträchtigungen*

Bei der Herleitung möglicher Leistungsrechte kann angesichts der zeitlichen Dimension der Sonderstatusverhältnisse[524] zwischen dem Zeitpunkt der Begründung des Sonderstatus – und damit einhergehender Beeinträchtigungen – und der sich anschließenden Dauer des Verhältnisses mit möglichen Folgebeeinträchtigungen unterschieden werden.

Nimmt man zunächst den Begründungsakt der Sonderstatusverhältnisse in den Blick, so sind der Kompensation erlittener Freiheitseinbußen hierbei durch den Eingliederungszweck bestimmte Grenzen gesetzt. Dies trifft insbesondere dann zu, wenn ein wesentlicher Zweck der Eingliederung gerade in der Beschränkung von grundrechtlicher Freiheit liegt. Hier darf die Gewährung von Leistungsrechten nicht die Verfolgung des Eingliederungszwecks gefährden[525]. So wäre es etwa im Fall des Strafvollzugs widersinnig, eine umfassende Kompensation für die Einbußen anzustreben, die im Rahmen des Strafzwecks erstrebt werden[526]. Ein anderes Beispiel bildet das Verbot der politischen Betätigung des Soldaten im Dienst (§ 15 SG). Die auf diese Weise ergehende Beschränkung der Meinungsfreiheit der Soldaten dient letztlich der Wirksamkeit der Streitkräfte[527] und ist damit auch durch die Eingliederung unmittelbar bezweckt. Eine Freiheitsförderung in Gestalt der Einräumung politischen Betätigungsspielraums im Dienst würde dieses Defizit zwar zu kompensieren versuchen, zugleich aber den ursprünglichen Zweck wiederum vereiteln. Das bedeutet, dass in solchen

---

524 Vgl. 1. Teil, B., I., 2.

525 Vgl. S. *Kielmansegg*, Grundrechte im Näheverhältnis, 2012, S. 474.

526 Es geht um die Schaffung eines wahrnehmbaren „Strafübels", sei es etwa aus Gründen der Schuldvergeltung oder der Generalprävention, *F. Arloth*, in: Arloth/Krä (Hrsg.), StVollzG, 4. Aufl., 2017, § 2 StVollzG Rn. 6; *W. Loschelder*, Vom besonderen Gewaltverhältnis zur öffentlich-rechtlichen Sonderbindung, 1982, S. 443.

527 *W. Stauf*, in: ders. (Hrsg.), SG, 2012, § 15 Rn. 1.

Konstellationen eine Kompensation nur durch solche Leistungen erzielt werden kann, die sich mit dem Eingliederungszweck vereinbaren lassen.

Gleiches gilt im Ergebnis auch für solche Beeinträchtigungen, die zum Zeitpunkt des Begründungsakts noch nicht oder nur latent bestehen und erst im Laufe der Eingliederung auftreten. Um ihrerseits gerechtfertigt zu sein, müssen sie ebenfalls vom Eingliederungszweck erfasst sein. Beschließt etwa ein ursprünglich lediger Strafgefangener im Laufe seines Aufenthalts nach einigen Jahren zu heiraten und unterliegt hierbei den Restriktionen des Strafvollzugs, so handelt es sich zwar um eine Sachlage, die zum Zeitpunkt des Begründungsaktes noch nicht vorlag. Gleichwohl handelt es sich hierbei nicht um einen atypischen Kausalverlauf, der zum Zeitpunkt der Eingliederung nicht vorherzusehen wäre. Solche Folgebeeinträchtigungen innerhalb der Eingliederungslage können damit – zumindest mittelbar – ebenfalls vom Eingliederungszweck intendiert sein und auf diese Weise den Gegenstand einer Rechtfertigung nach verfassungsrechtlichen Maßstäben darstellen[528]. Im Einzelfall mag es sich jedoch als schwierig erweisen, intendierte Folgebeeinträchtigungen von denjenigen zu unterscheiden, die – etwa aufgrund eines atypischen Kausalverlaufs – nicht vom Eingliederungszweck beabsichtigt sind.

Nicht nur für genuine Leistungsrechte, sondern für die Leistungsgewährung im Sonderstatus schlechthin gilt somit die Erkenntnis, dass sie dem Eingliederungszweck nicht zuwiderlaufen dürfen. Hierin liegt eine wesentliche Feststellung, die bereits im Kontext der Behandlung der beamtenrechtlichen Fürsorgepflicht aufbrandete[529]. Ist eine Beeinträchtigung durch den Eingliederungszweck beabsichtigt, so ist ihre mögliche Kompensation ausschließlich im Ergebnis ihrer Rechtfertigung, also der erforderlichen Abwägung, zu suchen. Die Anerkennung kompensatorischer Leistungsrechte würde andernfalls die Wertung untergraben, die anlässlich der Rechtfertigungsprüfung der Grundrechtsbeeinträchtigungen erfolgte – und dabei idealtypisch alle abwägungsrelevanten Aspekte, auch anderweitige kompensatorische Effekte, berücksichtigte. Der Anwendungsbereich genuiner Leistungsrechte im Sonderstatus ist also beschränkt auf den Ausgleich solcher Einbußen, die ihrerseits nicht einer Rechtfertigung unterliegen und vom Eingliederungszweck nicht intendiert sind[530].

528 Vgl. *S. Kielmansegg*, Grundrechte im Näheverhältnis, 2012, S. 328.
529 Dazu 2. Teil, B., II., 3.
530 Vgl. *S. Kielmansegg*, Grundrechte im Näheverhältnis, 2012, S. 474.

Dabei bleibt fraglich, ob angesichts dieses Befunds in zeitlicher Hinsicht eine Unterscheidung zwischen eingliederungskonstituierenden Primärbeeinträchtigungen und eingliederungsbegleitenden Folgebeeinträchtigungen[531] sinnvoll erscheint. Neben der Tatsache, dass sie beide vom Eingliederungszweck intendiert und maßgeblich durch ihn auch gerechtfertigt sein können, ist nicht auszuschließen, dass sich die Folgebeeinträchtigung als zeitliche Aktualisierung der ursprünglichen Beschwer der Primärbeeinträchtigung darstellen kann. So sind etwa zum Zeitpunkt der Begründung des Strafgefangenenverhältnisses die Konditionen der Unterbringung umfassend festgelegt und können insofern, da sie in ihrer konkreten Ausgestaltung vom Eingliederungszweck gedeckt sind, als Primärbeeinträchtigung angesehen werden. Ändert man diese Konditionen in einer Weise, bei der die Änderung ebenfalls gerechtfertigt bleibt, so lässt sich darin eine Folgebeeinträchtigung erblicken, die gleichwohl mit der Primärbeeinträchtigung in Verbindung steht bzw. als ihre aktualisierte Form anzusehen ist – die Grenze zwischen eingliederungskonstituierender und eingliederungsbegleitender Beeinträchtigung, zwischen Begründung und Ausgestaltung, kann insoweit fließend sein[532].

Um Wertungswidersprüche zu vermeiden müssen zudem solche Überlegungen scheitern, welche die genuine Leistungsgewährung auf ein Maß beschränken, welches dem Eingliederungszweck nicht zuwiderläuft. Zwar handelt es sich bei dem Spannungsfeld zwischen Kompensationsbedürftigkeit und der Verfolgung des Eingliederungszwecks um einen klassischen Fall konfligierender Positionen, weshalb ein entsprechender Ausgleich zwischen beiden Aspekten in Gestalt der Herstellung praktischer Konkordanz[533] möglich erscheint. Eine Abwägung solchen Inhalts ist indes bereits Gegenstand der Prüfung der Rechtfertigung von Eingliederungsakt und Folgebeeinträchtigungen und insofern hierbei bereits in die Beurteilung mit einbezogen. Hierdurch wird bereits ein Ausgleich der widerstreitenden Interessen des Kompensationsverlangens und des Eingliederungszwecks erzielt, der im Idealfall den verfassungsrechtlichen Anforderungen genügt. Für die gesonderte Herleitung von Leistungsrechten verbleibt abseits dieser Beurteilung daher kein Raum.

Eine solche Überlegung führt dazu, dass genuine Leistungsrechte zur Kompensation des Eingliederungsakts und möglicher Folgebeeinträchtigungen nicht in Betracht kommen. Sie sind indes womöglich dann zu begründen, wenn

531 S. *Kielmansegg*, Grundrechte im Näheverhältnis, 2012, S. 246, 324 ff.

532 Zu den Schwierigkeiten der Abgrenzung dieser Kategorien vgl. insoweit S. *Kielmansegg*, Grundrechte im Näheverhältnis, 2012, S. 328 f.

533 K. *Hesse*, Grundzüge des Verfassungsrechts der Bundesrepublik Deutschland, 20. Aufl., 1999, Rn. 72.

man sie an deren Rechtfertigung koppelt bzw. als Rechtsfolge einer Abwägung begreift, die den möglichst schonendsten Ausgleich zwischen diesen Beeinträchtigungen und dem Eingliederungszweck anstrebt[534]. Bei solchen Rechten kann indes dann nicht mehr von genuinen Rechten gesprochen werden, da sie in Abhängigkeit zur erlittenen Grundrechtseinbuße stehen.

In ähnlicher Weise sind solche Überlegungen abzulehnen, wonach nicht das Maß der Kompensation beschränkt wird, sondern solch ein Mittel gewählt wird, welches dem Eingliederungszweck nicht zuwiderläuft. Nimmt man etwa an, dass im Rahmen eines Sonderstatusverhältnisses die Meinungsfreiheit eingeschränkt wird, so stellt sich die Frage, ob eine Kompensationsleistung auch hinsichtlich der Meinungsfreiheit gefordert wird oder ob dies auch durch Freiheitsermöglichung an anderer Stelle ausreicht, sprich zugunsten eines anderen Grundrechts. Dies deutet auf ein System generalisierter Kompensation hin, welches an das bereits angesprochene Verhältnis zwischen Beamten und Dienstherrn erinnert. Ein solcher Ansatz unterscheidet sich jedoch von der hier verfolgten leistungsrechtlichen Konstruktion und erscheint als Leistungsgewährung sui generis – auf ihn muss daher zu einem späteren Zeitpunkt zurückgekommen werden[535].

Was damit letztlich als Anwendungsfall für genuine Leistungsrechte im Sonderstatus übrig bleibt, sind solche Beeinträchtigungen, die zwar mit dem Sonderstatusverhältnis inhaltlich verbunden, ihrerseits aber nicht gerechtfertigt sind und vom Eingliederungszweck nicht intendiert werden. Sie können somit als bloße Nebenfolgen der Sonderstatusverhältnisse bezeichnet werden[536]. Ihre Bestimmung mag sich gleichwohl mit Blick auf die Abgrenzung intendierter Folgen als schwierig erweisen, da oftmals fraglich bleibt, inwieweit eine Beeinträchtigung im Rahmen der Eingliederung gewollt ist oder nur beiläufig geschieht. Ein Beispiel für derartige Nebenfolgen mögen jedenfalls Beeinträchtigungen der Glaubensfreiheit in Sonderstatusverhältnissen darstellen. Dass diese vom Eingliederungszweck in gewissem Ausmaß nicht unmittelbar intendiert ist und daher besonders das Bedürfnis der Freiheitsermöglichung weckt, mag sich bereits aus der Nennung der Anstaltsseelsorge in Art. 141 WRV i.V.m. Art. 140 GG ergeben[537] – ungeachtet der Tatsache, dass die Einordnung der Anstaltsseelsorge als

534 Zu einem solchen Modell sogleich 3. Teil, B.

535 Dazu unten 3. Teil, C., I.

536 Von „Nebeneffekten“ spricht S. *Kielmansegg*, Grundrechte im Näheverhältnis, 2012, S. 474.

537 Vgl. W. *Loschelder*, Vom besonderen Gewaltverhältnis zur öffentlich-rechtlichen Sonderbindung, 1982, S. 435 f.

Leistungsrecht schwierig erscheint[538]. Ein weiteres Beispiel mag die Möglichkeit des sogenannten Langzeitbesuchs im Strafvollzug darstellen[539]. Auf diese Weise kann das Bedürfnis nach Intimität gestillt werden, was zur Förderung bzw. Aufrechterhaltung familiärer, partnerschaftlicher oder gleichwertiger Kontakte trotz der Inhaftierung beiträgt.

b) Rechtfertigung und Eingliederungszweck

aa) Pflichtenstellung und Eingliederungszweck

Nach alledem kommen damit nur kompensatorische Leistungsrechte in Betracht, die auf den Ausgleich solcher Grundrechtseinbußen gerichtet sind, welche auf einer staatlich verantworteten Eingliederungslage oder deren Eingliederungskonditionen beruhen und insoweit nicht gerechtfertigt sind[540]. Zur Beurteilung einer solchen Rechtfertigung kommt es maßgeblich auf die Gründe an, welche als Gegengut der Freiheitseinbuße in eine Abwägung mit einzubringen sind. Dabei handelt es sich um den Eingliederungszweck des jeweiligen Sonderstatusverhältnisses, der im Folgenden allgemein näher umrissen werden soll. Auf diese Weise kann die Unterscheidung zwischen intendierten und nicht intendierten Einbußen erleichtert werden.

Dabei lässt sich zunächst konstatieren, dass die Intention der Eingliederung in weiten Teilen durch die im Rahmen des Verhältnisses auferlegten Pflichten zum Ausdruck gelangt. Umgekehrt formuliert speist sich die Zwecksetzung sonderstatusspezifischer Pflichten aus dem jeweilig verfolgten Eingliederungszweck. So ließen sich, das hat die nähere Betrachtung gezeigt, sowohl der Konfusions- als auch der Oppositionslage zunächst verschiedene Hauptpflichten zuordnen. Im Konfusionsfall handelt es sich hierbei etwa um die allgemeine Dienstpflicht des Beamten oder die dienende Grundpflicht des Soldaten. In ihnen kommt der besondere funktionelle Charakter der Konfusionslage zum Ausdruck, wonach sich der Staat zugunsten seiner Funktionsfähigkeit natürlicher Personen bedienen muss, um handlungsfähig zu sein. Im Rahmen der Oppositionslage bestehen solche Hauptpflichten, welche die Duldung der Anordnungen bzw. Restriktionen und gegebenenfalls die Mitwirkung des Eingegliederten gebieten. Allgemein

538 Vgl. dazu 2. Teil, B., I.

539 So etwa in § 19 Abs. 4 StVollzG NW geregelt; vgl. BVerfG NStZ-RR 2001, 253, das einen verfassungsrechtlichen Rechtsanspruch auf Zubilligung unüberwachter Besuchskontakte verneint.

540 S. *Kielmansegg*, Grundrechte im Näheverhältnis, 2012, S. 474.

gesprochen handelt es sich hierbei um das Komplement des verfolgten Eingliederungszwecks, für dessen Erreichung sich in der Regel die Einbeziehung der eingegliederten Personen erforderlich zeichnet.

Der verfolgte Eingliederungszweck kann hierbei auf vielfältige Weise konkretisiert werden. Dies betrifft etwa im Kontext des Beamtentums die staatliche Aufgabenerledigung in den verschiedensten Bereichen hoheitlichen Handelns. Auch verfolgen solche Institutionen, denen Akteure aus der Oppositionslage zugeordnet sind, mitunter die unterschiedlichsten Eingliederungszwecke. So geht es beim Strafvollzug um die Interessen des Strafzwecks, also etwa der möglichen Resozialisierung; im Rahmen des Schulverhältnisses ergibt sich eine solch funktionale Ausrichtung dergestalt, dass bestimmte Erziehungs- und Bildungsaufträge verwirklicht werden sollen.

Bezieht man diese Erkenntnisse auf die zuvor angestellte Unterscheidung zwischen Begründungsakt und Folgebeeinträchtigungen, so mag sich die Frage stellen, inwieweit jede dieser Kategorien an den Eingliederungszweck angeknüpft werden kann. Hinsichtlich des Begründungsakts ergeben sich dabei kaum Schwierigkeiten: Mit der Begründung des Verhältnisses zeigt sich die Beeinträchtigung in Gestalt der Auferlegung spezifischer Hauptpflichten. Ihr Bezug zum Eingliederungszweck ist hierbei augenfällig, da sie zugleich als Grundvoraussetzung dessen angestrebter Erreichung gelten dürften. So ist es im Strafvollzug für die Erreichung des Eingliederungszwecks von wesentlicher Bedeutung, dass der Strafgefangene sich den Funktionsbedingungen der Einrichtung unterwirft, entsprechenden Anordnungen nachkommt und schließlich an der Erreichung des Eingliederungszwecks mitwirkt.

Für die Folgebeeinträchtigungen der Eingliederungslage folgt der Rekurs auf den Eingliederungszweck nicht in solch unmittelbarer Weise; dies bedingt schon das zeitliche Auseinanderfallen zwischen Begründungsakt und Folgebeeinträchtigung. Gleichwohl ist die Folgebeeinträchtigung inhaltlich verknüpft mit dem Begründungsakt. Folgerichtig unterliegen damit sowohl der Begründungsakt als auch etwaige Folgebeeinträchtigungen der jeweiligen Rechtfertigung in Ansehung des angestrebten Eingliederungszwecks. Im Ergebnis ist die starre Festlegung auf eine der beiden Kategorien im Rahmen ihrer Abgrenzung nicht allzu entscheidend, da beide die nötige Konformität mit dem Eingliederungszweck aufweisen müssen.

bb) Pflichten und Funktionsfähigkeit der Institution

Die Beschäftigung mit sonderstatusspezifischen Pflichten hat gezeigt, dass diese sich vornehmlich aus dem verfolgten Eingliederungszweck speisen[541].

541 Vgl. 1. Teil, B., IV., 2., b).

Gleichwohl bestehen Pflichten, die vornehmlich zugunsten des Erhalts der Funktionsfähigkeit der Institution bestehen – und dabei nur nachrangig, wenn überhaupt, in Verbindung mit den verfolgten Zwecken der Eingliederung stehen. Solche Pflichten ergeben sich aufgrund spezifischer Funktionsbedingungen der Institutionen und können sich auch auf die Grundrechtspositionen der Eingegliederten auswirken[542]. Sie sind überwiegend organisatorischer Natur und nehmen etwa Einfluss auf räumliche Begebenheiten und zeitliche Abläufe der Institution.

Zunächst sind solche Bedingungen zu nennen, die vornehmlich auf die Erreichung des jeweiligen Eingliederungszwecks ausgerichtet sind. Es geht hierbei etwa um die konkrete Gestaltung eines Klassenraumes, die Ausgestaltung des militärischen Kampftrainings oder die Unterbringungsbedingungen eines Strafgefangenen. Aufgrund ihres Bezugs zu den jeweiligen Eingliederungszwecken spricht vieles dafür, äußere Grenzen bzw. Leitlinien solcher Funktionsbedingungen gesetzlich zu fixieren[543]. Die konkrete Ausgestaltung dieser Bedingungen obliegt dann im Regelfall der jeweiligen Institution. Dies folgt bereits daraus, dass auf Gegebenheiten „vor Ort" Rücksicht genommen werden muss und organisatorische Abläufe im Einzelfall flexibel zu handhaben sind. Nicht von der Hand zu weisen ist, dass hierbei auch grundrechtsrelevante Beeinträchtigungen auftreten können. Dies gilt insbesondere mit Blick auf die Frage nach der Wahl der zur Verfügung stehenden Mittel und deren Intensität:

> „Wieviel Gepäckmärsche sind erforderlich, um die Kampfkraft einer Truppe aufrechtzuerhalten? Welche Besuchszeit ist verhältnismäßig? (…) Wie oft darf ein einzelner Schüler vor die Klasse gerufen werden, um an der Tafel eine Aufgabe, die er vermutlich nicht wird lösen können, zu versuchen? Wie scharf muß der Ton einer Rüge durch den Vorgesetzten vor anderen Behördenmitgliedern werden, um seine Erforderlichkeit zu verlieren?"[544]

Daneben existieren solche Funktionsbedingungen, die nur mittelbar auf die Erreichung der Eingliederungszwecke gerichtet sind. Sie betreffen vielmehr die Struktur der jeweiligen Institution in organisatorischer Hinsicht, so etwa aus Gründen der Effizienz der Aufgabenwahrnehmung oder der bloßen

---

542 *A. Podlech*, Das Grundrecht der Gewissensfreiheit und die besonderen Gewaltverhältnisse, 1969, S. 66; *S. Kielmansegg*, Grundrechte im Näheverhältnis, 2012, S. 346 ff.

543 So etwa für den Strafvollzug §§ 17 ff. StVollzG.

544 *A. Podlech*, Das Grundrecht der Gewissensfreiheit und die besonderen Gewaltverhältnisse, 1969, S. 66.

Existenzerhaltung der Institution[545]. Exemplarisch mag etwa die Zusammenlegung bestimmter Truppenverbände im wehrrechtlichen Kontext aus Gründen der Kostenersparnis erfolgen; eine unmittelbare Anbindung an den Eingliederungszweck in Gestalt der Einsatzfähigkeit der Streitkräfte im Verteidigungsfall ist damit jedoch nicht notwendig gegeben. Gleichwohl mag hiervon eine grundrechtsrelevante Wirkung ausgehen, wenn etwa betroffene Soldaten übermäßig durch den Ortswechsel beeinträchtigt werden.

Die Funktionsbedingungen der jeweiligen Institution und damit einhergehende Pflichten sind daher – neben Begründungsakt und Folgebeeinträchtigung – ebenfalls im Kontext sonderstatusspezifischer Freiheitseinbußen zu beachten. Eine spezifische Wirkung, die Aufschluss über das Verhältnis zwischen Eingliederungszwecken und Kompensationsbedürftigkeit gibt, mag von ihnen indes nur bedingt ausgehen. Sofern sie vornehmlich zur Umsetzung der Eingliederungszwecke bestehen, sind sie in Gestalt ihrer korrespondierenden Pflichten bereits bei der Abwägung im Rahmen des Begründungsaktes zu berücksichtigen. Die übrigen Funktionsbedingungen, die keinen direkten Bezug zu den verfolgten Eingliederungszwecken aufweisen, mögen zwar ebenfalls Einfluss nehmen auf die Grundrechtssphäre des Einzelnen. Gleichwohl handelt es sich eher um beiläufige Beeinträchtigungen, die keinen unmittelbaren Erkenntnisgewinn für das hier zu untersuchende Verhältnis zwischen Eingliederungszwecken und Kompensationsbedürftigkeit versprechen. Dennoch mögen sie in der anzustellenden Abwägung der widerstreitenden Interessen Berücksichtigung finden oder gar im Kontext kumulativer Beeinträchtigungen Relevanz entfalten[546].

c) Zum Begriff der Kompensation

Nachdem festgestellt wurde, dass genuin leistungsrechtliche Verpflichtungen nur für sogenannte Nebenfolgen in Betracht kommen, die nicht vom Eingliederungszweck intendiert werden und der Inhalt dieses Zwecks soeben näher erläutert wurde, soll sich folgend dem Begriff der Kompensation zugewandt werden. Dies trägt dazu bei, das kompensatorische Element genuiner Leistungsrechte im Sonderstatus in den Vordergrund zu stellen und das Modell auf diese Weise näher zu konturieren. Hilfreich mag insofern ein Blick auf die Verwendung des

---

545 Vgl. BVerfGE 33, 1 (13), wo von Grundrechtseingriffen die Rede ist, die unerlässlich sind, „um den Strafvollzug aufrechtzuerhalten und geordnet durchzuführen. Dabei sind Sinn und Zweck des Strafvollzuges zu berücksichtigen"; *A. Podlech*, Das Grundrecht der Gewissensfreiheit und die besonderen Gewaltverhältnisse, 1969, S. 66.

546 Vgl. dazu unten 3. Teil, B., I., 2., c).

Kompensationsgedankens im übrigen Recht sein, der auf mögliche Mehrdeutigkeit des Begriffs hinweist, die es für die dargelegte Konstruktion indes zu vermeiden gilt.

Der Begriff der Kompensation taucht etwa im Kontext des Staatshaftungsrechts auf, wobei die Uneinheitlichkeit der verwandten Terminologie im Kontext des Rechtsgebiets die Feststellung klarer Aussagen mitunter erschwert. Neben der grundlegenden Unterscheidung zwischen Folgen für rechtmäßiges und unrechtmäßiges staatliches Handeln[547], besteht die begriffliche Divergenz zwischen drei möglichen Anspruchsarten: der Abwehr und Beseitigung der Rechtsverletzung, der Wiederherstellung eines rechtmäßigen Zustands und schließlich dem Schaffen eines Ausgleichs ohne Beseitigung der eigentlichen Rechtsverletzung[548]. Im Bereich des Staatshaftungsrechts lässt sich Kompensation als Entschädigung für rechtmäßige Einwirkungen des Staates verstehen, Restitution soll hingegen als Schadensersatz für rechtswidriges Verhalten staatlicher Organe gelten[549]. Am häufigsten dient der Begriff der Kompensation damit als Bezeichnung der finanziellen Entschädigung oder Schadensersatz, die retrospektiv erfolgen[550]. Beschrieben wird damit, dass als Folge der ursprünglichen Beeinträchtigung ein Ausgleich zwar angestrebt wird, nicht aber die durch das schädigende Ereignis entstandene Rechtsverletzung aufgehoben werden kann.

Für die vorliegende Konstellation zu gewährender Leistungsrechte geht der Inhalt der Kompensation jedenfalls über finanzielle Entschädigungen hinaus. Ferner scheint insbesondere das Verhältnis zwischen einer vorzunehmenden Abwägung und einer zu erfolgenden Kompensation klärungsbedürftig. *Voßkuhle* nimmt eine solche Unterscheidung vor, welche die Kompensation als tatsächlichen Ausgleich bzw. Behebung eines defizitären Zustands in einem konkreten Fall begreift[551]. Durch die Kompensationsleistung wird hierbei der

---

547 Sog. Sonderopferhaftung und Staatsunrechtshaftung, vgl. dazu *H. Sauer*, JuS 2012, 695 (696).

548 *M. Morlok*, Allgemeine Elemente der Einstandspflichten für rechtswidriges Staatshandeln, in: Hoffmann-Riem/Schmidt-Aßmann/Voßkuhle (Hrsg.), Grundlagen des Verwaltungsrechts, Bd. 3, 2. Aufl., 2013, § 52 Rn. 7 f.; *W. Höfling*, Vom überkommenen Staatshaftungsrecht zum Recht der staatlichen Einstandspflichten, in: Hoffmann-Riem/Schmidt-Aßmann/Voßkuhle (Hrsg.), Grundlagen des Verwaltungsrechts, Bd. 3, 2. Aufl., 2013, § 51 Rn. 106.

549 *K. Stern*, Staatsrecht I, 2. Aufl., 1984, S. 855 ff.

550 Vgl. *M. Morlok*, Allgemeine Elemente der Einstandspflichten für rechtswidriges Staatshandeln, in: Hoffmann-Riem/Schmidt-Aßmann/Voßkuhle (Hrsg.), Grundlagen des Verwaltungsrechts, Bd. 3, 2. Aufl., 2013, § 52 Rn. 8.

551 *A. Voßkuhle*, Das Kompensationsprinzip, 1999, S. 48.

„Ist“-Zustand auf den „Soll“-Zustand gebracht, was im Sinne eines einfachen Äquivalenzverhältnisses auszudrücken sei[552]; insofern liege der Kompensation eine „formalisierte Grundstruktur“ zugrunde[553]. Die Abwägung hingegen sei auf einen virtuellen Ausgleich angelegt, der stets in Gestalt eines Kompromisses bestehe, und insofern einen eigenen Erkenntnisakt voraussetze[554]. Da letztlich in wertender Weise einer Position der Vorrang einzuräumen sei bzw. in der Regel eine Position Abstriche hinnehmen müsse, sei sie stets dem Vorwurf des Irrationalen ausgesetzt, da eine einfache Äquivalenzrechnung, wie bei der Kompensation, nicht vollends möglich sei[555].

Überträgt man das dargestellte Begriffspaar „Kompensation und Abwägung“ auf den Kontext zu gewährender Leistungsrechte, so drängen sich Parallelen zu einschlägigen Begründungsmodellen grundrechtlicher Leistungsrechte auf. Namentlich handelt es sich hierbei um das Begriffspaar „Präformationsmodell und außentheoretisches Modell“[556]. Ebenso wie bei der „Kompensation“ steht beim sogenannten „Präformationsmodell“[557] der Rationalitätsfaktor im Vordergrund. Hierbei handelt es sich um ein Verständnis der leistungsrechtlichen Perspektive, wonach Leistungsrechte als präformierte Rechte anzusehen sind[558]. Nach dieser Auffassung ist der Grundrechtsschutz in der leistenden Dimension von vornherein auf das beschränkt, was auch effektiv garantiert werden kann[559]. Den Begriffen „Kompensation“ und „Präformationsmodell“ ist damit sowohl eine Rationalitätskomponente als auch eine formalisierte Grundstruktur inhärent. Die „Abwägung“ hingegen fordert die Berücksichtigung eines bestimmten Verfahrens zur Ermittlung dessen, inwieweit die in Rede stehenden Positionen zur

552 A. *Voßkuhle*, Das Kompensationsprinzip, 1999, S. 48.

553 A. *Voßkuhle*, Das Kompensationsprinzip, 1999, S. 48.

554 A. *Voßkuhle*, Das Kompensationsprinzip, 1999, S. 47 f.

555 A. *Voßkuhle*, Das Kompensationsprinzip, 1999, S. 47 f.

556 Vgl. dazu allgemein *M. Borowski*, Grundrechte als Prinzipien, 2. Aufl., 2007, S. 34 ff., 160 ff.; ferner zur Kritik an diesem Theorienstreit a.a.O., S. 45 m.w.N.

557 Namentlich sei hier *G. Lübbe-Wolff*, Die Grundrechte als Eingriffsabwehrrechte, 1988, S. 17, 27 hervorgehoben.

558 *G. Lübbe-Wolff*, Die Grundrechte als Eingriffsabwehrrechte, 1988, S. 17, 27.

559 *G. Lübbe-Wolff*, Die Grundrechte als Eingriffsabwehrrechte, 1988, S. 27; ein solches innentheoretisches Verständnis grenzt sich von der außentheoretischen Auffassung ab, wonach prima facie umfassende Leistungsrechte gewährt werden, die ihrerseits durch entgegenstehende Belange eingeschränkt werden müssen – hiernach gilt es also, Schutzbereich und effektiven Garantiebereich zu unterscheiden, vgl. zu alldem ausführlich und mit weiteren Nachweisen *M. Borowski*, Grundrechte als Prinzipien, 2. Aufl., 2007, S. 34 ff., 160 ff.

Entfaltung gelangen. Sie ist insofern nicht durch starre Parameter festgelegt, sondern führt zur Kompromisslösung widerstreitender Interessen. Dieser Gedanke lässt sich übertragen auf ein außentheoretisches Modell grundrechtlicher Leistungsgewährung, welches prima facie die Gewährung eines Leistungsmaximums gebietet, aber durch entgegenstehende Güter in einem Abwägungsprozess zur Herausbildung des effektiven Garantiebereichs führt[560]. Insofern weisen sowohl der Begriff der „Kompensation" als auch derjenige der „Abwägung" einen spezifischen Bezug zur leistungsrechtlichen Dimension der Grundrechte auf.

Beiden Begriffspaaren, sowohl „Abwägung und Kompensation" als auch „außentheoretisches Modell und Präformationsmodell", ist gemein, dass ihnen wertende Überlegungen zugrunde liegen. Für die Abwägung und das außentheoretische Modell erklärt sich dies bereits aus der Notwendigkeit der Gegenüberstellung widerstreitender Interessen und der Bildung einer entsprechenden Vorrangrelation. Aber auch für den Kompensationsbegriff existiert trotz der formalisierten Grundstruktur ein gewisser Wertungsspielraum hinsichtlich der Bestimmung des Äquivalenzverhältnisses[561], was daraus folgt, dass sich Vorteile und Nachteile kaum wie mathematische Größen ohne weiteres verrechnen lassen. Ähnliches gilt für das Präformationsmodell, welches nicht ohne wertende Überlegungen auskommt – nämlich bei der Frage, was uneingeschränkt als effektiver Garantiebereich garantiert werden soll[562].

Der angestellte Querverweis hat damit offenbart, dass im grundrechtlichen Kontext die Notwendigkeit wertender Elemente besteht. Selbst das Präformationsmodell mit seinem gesteigerten Maß an Rationalität kommt ohne diese Elemente nicht aus. Dies führt dazu, dass „Kompensation" im vorliegenden leistungsrechtlichen Kontext nicht allzu starr als bloße Saldierung von Vor- und Nachteilen im Sinne eines Äquivalenzverhältnisses zu begreifen ist, sondern es seinerseits wertender Elemente bedarf, um dieser besonderen Spielart der Grundrechte im sonderstatusspezifischen Gewand die nötige Relevanz zu verleihen.

3. *Die Inanspruchnahme des Staates*

Die Kompensation kann, dem dargestellten Leistungsbegriff folgend, durch Rechte erfolgen, die zur Inanspruchnahme personeller oder sächlicher, aber auch

---

560 Ausführlich *M. Borowski*, Grundrechte als Prinzipien, 2. Aufl., 2007, S. 34 ff., 160 ff.; vgl. ferner *R. Alexy*, Der Staat 52 (2013), 87 (90).

561 *A. Voßkuhle*, Das Kompensationsprinzip, 1999, S. 48.

562 *M. Borowski*, JöR 50 (2002), 301 (312).

rechtlicher Mittel[563] führen und zur Grundrechtsverwirklichung in diesen Verhältnissen beitragen. Insofern kann ein solches staatliches Handeln als Voraussetzung der Grundrechtsverwirklichung in der Leistungsdimension angesehen werden. Eine solche Dependenz staatlicher Mittel kennt die Abwehrdimension in ihrer unmittelbaren Anwendung hingegen nicht.

In dieser Inanspruchnahme staatlicher Mittel liegt nach *Kielmansegg* das spezifische Merkmal leistungsrechtlicher Aspekte in Sonderstatusverhältnissen. Zu diesem Befund gelangt er dadurch, dass er die Grenzen der Abwehrrechte in Eingliederungslagen beschreibt. Hiernach gewährleiste deren Schutzbereich von vorneherein nicht die Inanspruchnahme Dritter, worunter auch der Staat zu fassen sei[564]. Andernfalls verkäme die grundrechtliche Freiheit zu einem Herrschaftsanspruch, der in abwehrrechtlicher Hinsicht nicht begründbar sei[565]. Eine solche „Usurpation" fremder Freiheit für eigene Zwecke ließe sich gegenüber dem Staat nur leistungsrechtlich begründen[566].

> „Handeln in der funktionalen oder räumlichen Eingliederung entpuppt sich häufig als Inanspruchnahme fremder, nämlich staatlicher Positionen – sei es amtlicher Befugnisse, institutioneller Strukturen oder des Inventars und Raumes staatlicher Einrichtungen. (…) In der Eingliederungslage sind nicht alle Handlungsoptionen grundrechtlich geschützt, (…) wenn und weil es sich aufgrund der Eingliederungslage um mehr und anderes handelt als um Freiheitsausübung. Diese Differenzierung zwischen (a priori geschützter) autonomer Freiheit und (a priori nicht geschützter) usurpatorischer Inanspruchnahme, mithin zwischen genuinen Abwehr- und bloßen (potentiellen) Leistungsansprüchen herauszuarbeiten, ist die charakteristische Aufgabe der Grundrechtsdogmatik im Näheverhältnis."[567]

---

563 *Alexy* folgend sind darunter jedoch keine „normativen Handlungen" zu verstehen, also Rechte auf staatliche Normsetzungsakte, vgl. dazu *R. Alexy*, Theorie der Grundrechte, 3. Aufl., 1996, S. 180.

564 *S. Kielmansegg*, Grundrechte im Näheverhältnis, 2012, S. 353 f.

565 *S. Kielmansegg*, Grundrechte im Näheverhältnis, 2012, S. 353 f.

566 *S. Kielmansegg*, Grundrechte im Näheverhältnis, 2012, S. 545; allerdings sei darauf hingewiesen, dass der Begriff des Leistungsrechts bei *Kielmansegg* nicht nur bezogen auf die Überwindung der Usurpationsgrenze gebraucht wird; an anderer Stelle versteht er sich auch im Sinne grundrechtlicher „Unterstützungsansprüche" – worin freilich ebenfalls eine gewisse Usurpation staatlicher Mittel gesehen werden kann, vgl. *S. Kielmansegg*, Grundrechte im Näheverhältnis, 2012, S. 475. Vgl. im Übrigen *W. Rüfner*, Leistungsrechte, in: HGR II, 2006, § 40 Rn. 51.

567 *S. Kielmansegg*, Grundrechte im Näheverhältnis, 2012, S. 545.

4. *Die Grenzziehung zwischen Abwehr- und Leistungsrecht*

Dem folgend gilt es zu erörtern, inwieweit eine solche Grenzziehung zwischen Abwehr- und Leistungsrecht vorgenommen werden kann. Abgesehen von der bereits erfolgten formalen Differenzierung, wonach beide Rechte nach ihren Rechtsfolgen unterschieden werden können, wurde bereits auf eine materielle Betrachtung hingewiesen. Hiernach lässt sich von einer vorstaatlichen, „natürlichen" Freiheit[568] ausgehen, welche jegliche Freiheitsausübung a priori schützt. Reglementiert der Staat nun diese natürliche Freiheit und macht ihre Ausübung von bestimmten Voraussetzungen abhängig, etwa bei der Baugenehmigung durch einen Antrag, dann lässt sich darin ein Anwendungsfall des Abwehrrechts erblicken, welches die natürliche Baufreiheit zu schützen sucht. Die formelle Betrachtung hingegen ordnet den Bauantrag als erstrebte Leistung an, sieht dementsprechend den Anwendungsfall der Leistungskategorie als eröffnet an[569]. Vom Abwehrrecht ausgehend ist die Abgrenzung zum Leistungsrecht damit davon abhängig, welches Verständnis autonomer Freiheit zugrundeliegt[570]. In Sonderstatusverhältnissen mag diese Unterscheidung deshalb besondere Relevanz erlangen, da es sich in der Regel um solche Verhältnisse handelt, die in hohem Maße rechtlich ausgestaltet sind. Dem folgend ist auch der Freiheitsraum des Einzelnen rechtlich determiniert, wogegen vornehmlich das vorstaatliche Freiheitsverständnis in Stellung gebracht werden kann.

Die Verstrickung von Abwehr- und Leistungsrecht wird ferner deutlich angesichts eines Falles, der auf einer Entscheidung des Bundesverwaltungsgerichts[571] beruht:

> Ein Kläger muslimischen Glaubens begehrte die Feststellung, dass er berechtigt sei, in der von ihm besuchten Schule außerhalb der Unterrichtszeit ein islamisches Gebet zu verrichten. Im November 2007 führte er zwischen zwei Unterrichtsstunden auf einem Flur des Schulgebäudes das Gebet nach islamischen Ritus aus. Er kniete dabei auf seiner Jacke, sprach den vorgegebenen Text und bewegte sich entsprechend der rituellen Vorgaben. Die Schulleiterin untersagte daraufhin dem Schüler die Verrichtung eines Gebets auf dem Schulgelände, da hiervon eine Gefährdung des Schulfriedens ausgehe.

---

568 Vgl. zur Notwendigkeit eines „metaphysikkritischen Bewusstseins" in diesem Kontext *J. F. Lindner*, Rechtswissenschaft als Metaphysik, S. 91 f., 108 f., 164 ff.

569 Zu alledem bereits s. oben 2. Teil, A., I., 2., a).

570 Ausführlich zu diesem Begriff *G. Lübbe-Wolff*, Die Grundrechte als Eingriffsabwehrrechte, 1988, S. 87 ff.

571 Nach BVerwGE 141, 223 (223 ff.); hierbei sei gleich zu Beginn angemerkt, dass das Urteil stark durch die Gegebenheiten des Einzelfalls geprägt ist, vgl. *S. Muckel*, JA 2012, 235 (235, 237).

Durch die Untersagung der Schulleiterin liegt ein positives Tun des Staates vor, welches den Kläger an der Ausübung seiner grundrechtlichen Freiheit hindert. Ohne die staatliche Maßnahme wäre der Kläger – ungeachtet faktischer Zwänge und unter der Annahme, dass ein Verbot insoweit nicht besteht – weiterhin in der Lage, sein rituelles Gebet auf dem Schulgelände zu verrichten. Er begehrt somit als Rechtsfolge eine Nichtänderung dieses Zustands, worin ein Unterlassen des Staates in Gestalt der Duldung seiner Grundrechtsausübung zu erblicken ist. Damit handelt sich um einen Fall des Eingriffs, sodass für den Kläger grundrechtliche Abwehrrechte in Stellung zu bringen sind.

Kein Eingriff, sondern das Begehren einer Leistung stünde dann hingegen im Mittelpunkt des Falles, sofern man ihn abwandelt: Angenommen, der Kläger hätte sein rituelles Gebet nicht lediglich auf dem Schulflur verrichten wollen, sondern dafür einen Ort der Abgeschiedenheit, etwa einen Gebetsraum, in Anspruch nehmen wollen. Die angestrebte Rechtsfolge wäre damit die kausale Änderung eines Zustands, also ein positives Tun des Staates, einen solchen Raum zur Verfügung zu stellen. Nötig wäre damit die Geltendmachung eines Leistungsrechts[572].

Die angestrebte Rechtsfolge ließe sich allerdings auch anders erreichen. Zwar bleibt es dabei, dass grundsätzlich die Gewährung einer Leistung begehrt wird. Eine solche mag aber auch über den Fahrweg der Eingriffsdogmatik erzielt werden, nämlich dann, wenn die Leistungsgewährung das Ergebnis der Herstellung eines verhältnismäßigen Ausgleichs bildet:

> „Als ein milderes Mittel kommt grundsätzlich auch in Betracht, betwilligen Schülern einen Raum zuzuweisen, wo sie ihre Gebete unbeobachtet von anderen Schülern verrichten können. Zwar verleiht Art. 4 GG keinen Anspruch darauf, der Glaubensüberzeugung mit staatlicher Unterstützung Ausdruck zu verleihen (BVerfG, Beschluss vom 16. Mai 1995 - 1 BvR 1087/91 - BVerfGE 93, 1 <16>). Darum geht es in diesem Zusammenhang aber auch nicht. Der Kläger begehrt keine Leistung der Schule, auf die er keinen Anspruch hätte. Es geht nur darum, ob die Schule, bevor sie die Verrichtung des Gebets gänzlich unterbindet, im Rahmen des verhältnismäßigen Ausgleichs aus dem ohnehin Vorhandenen einen Raum anbieten kann, der für die Verrichtung des Gebets zur Verfügung steht. Sie muss hingegen nicht erst Räume für diesen Zweck schaffen. Der Kläger muss die Schule so hinnehmen, wie sie ist.“[573]

Nochmals ist zu betonen, dass das BVerwG feststellt, dass der Kläger grundsätzlich keinen Anspruch auf die Zuweisung eines Raumes habe, sofern ein

---

572 Einen solchen Leistungsanspruch lehnte das BVerwG im zugrunde liegenden Fall ab, BVerwGE 141, 223 (Rn. 57 juris).

573 BVerwGE 141, 223 (Rn. 57 juris).

solcher zur Verfügung stünde. Gleichwohl stellt sich die folgende Frage: Wenn das BVerwG einen Anspruch ausschließt – ist derjenige, der einen Gebetsraum begehrt, dann prozessual besser beraten, eine Untersagung zu provozieren, um somit im bekannten Gefilde der Eingriffsdogmatik im Rahmen eines verhältnismäßigen Ausgleichs gegebenenfalls auf die Zuweisung eines Gebetsraums zu hoffen?

Dabei handelt es sich zwar zugegebenermaßen eher um eine prozesstaktische Erwägung. Dennoch verdeutlicht dieses Beispiel die möglichen Blickwinkel im Verhältnis zwischen Abwehrrechten und Leistungsrechten, die auch mit jeweiligen Nuancen in der Literatur ganz unterschiedlich eingenommen werden[574]. Dabei können sich die Streitigkeiten nicht stets vom Vorwurf befreien, rein akademischer Natur zu sein. Die vorliegende Untersuchung bedient sich daher dem Unterscheidungsmerkmal, welches bereits von *Kielmansegg*[575] im Kontext der Sonderstatusverhältnisse angesprochen wurde und letztlich der formalen Unterscheidung nach den jeweiligen Rechtsfolgen entspricht: Ein Leistungsrecht ist hiernach dann anzunehmen, wenn eine positive Handlung des Staates erstrebt wird, was die Inanspruchnahme personeller oder sächlicher, aber auch rechtlicher Mittel umfasst. Auf diese Weise lassen sich handhabbare Ergebnisse für die vorliegende Betrachtung erzielen, ohne dass ein Defizit hinsichtlich der Schärfe der Erkenntnisse zu befürchten ist.

II. Der Rechtsgrund möglicher Leistungsrechte

In Betracht kommende Leistungsrechte lassen sich nach den bisherigen Ausführungen grundsätzlich aus den Grundrechten herleiten. Fraglich bleibt, inwieweit das Sonderstatusverhältnis hierbei die Wirkungsdimension der Grundrechte erweitert bzw. für die spezifische Situation in Sonderstatusverhältnissen konkretisiert.

1. Grundrechtsverantwortung und Grundrechtsverwirklichung

Die Untersuchung hat gezeigt, dass mit der Begründung des Sonderstatusverhältnisses auch eine Schwächung der grundrechtlichen Position des Einzelnen einhergeht. Dies geschieht zunächst zum Zeitpunkt des Begründungsaktes des

---

574 Vgl. etwa exemplarisch zur Möglichkeit der Ausdifferenzierung *M. Prothmann*, Die Wahl des Versammlungsortes, 2012, S. 154 ff., der einen Zulassungsanspruch als abwehrrechtlich gebotene Beseitigung eines vorausgegangenen Nutzungsverbots formuliert.

575 *S. Kielmansegg*, Grundrechte im Näheverhältnis, 2012, S. 545.

Verhältnisses: Hierbei werden dem Betroffenen verschiedene Hauptpflichten auferlegt, die Teil eines Pflichtengeflechts sind. Bereits hierin ist eine relevante Grundrechtsbeeinträchtigung zu erblicken, nicht zuletzt, da hierdurch die rechtliche Verbindlichkeit des Verhältnisses zum Ausdruck gelangt[576]. Drohende Grundrechtsbeeinträchtigungen kommen jedoch nicht nur in rechtlicher, sondern auch in faktischer Hinsicht in Betracht: Der Staat verfügt über gesteigerte Einwirkungsmöglichkeiten, indem ihm etwa der nahezu ungehinderte Zugriff auf in staatlichen Stellen anwesendem Personal möglich ist oder er über die Gestaltungsmöglichkeit der baulichen Umgebung vor Ort entscheidet[577]. Diese spezifischen Eigenheiten der Eingliederungslage sind dem Staat zuzurechnen, da er diesen Begegnungsraum zwischen Bürger und Staat alleinverantwortlich eröffnet[578]. Diesbezüglich wurde bereits im ersten Teil die Asymmetrie der Sonderstatusverhältnisse festgestellt[579]. Dies drückt sich insbesondere auch dadurch aus, dass er die allgemeinen Konditionen der Eingliederung bestimmt und auf diese Weise auch das Pflichtengeflecht zwischen beiden Akteuren präformiert, welches sich innerhalb der festgelegten Grenzen des Verhältnisses bildet. Der Staat schafft auf diese Weise einen „normgeprägten Grundrechtsraum“[580]. Festhalten lässt sich damit also eine gesteigerte Verletzlichkeit des Einzelnen und eine korrelierende staatliche Verantwortung hierfür[581].

Zum Zeitpunkt der Begründung des Sonderstatusverhältnisses ist damit maßgeblich die abwehrrechtliche Wirkungsdimension der Grundrechte angesprochen, welche sich gegen die Pflichtenauferlegung richten kann. Allerdings ist fraglich, ob diese Schutzdimension der Grundrechte auch für die Eingliederungsfolgen diejenige ist, die der Betroffene in Anspruch zu nehmen sucht. Eine solche Überlegung drängt sich insbesondere in solchen Konstellationen auf, in denen die Begründung des Sonderstatusverhältnisses in passiver Weise, also unfreiwillig erfolgt und ferner die Eingliederung aus Gründen erfolgt, die

---

576 Wobei freilich die Freiwilligkeit des Eintritts durchaus legitimierende Wirkung entfalten kann, dazu bereits 1. Teil, B., III.

577 *S. Kielmansegg*, Grundrechte im Näheverhältnis, 2012, S. 175; *W. Loschelder*, Vom besonderen Gewaltverhältnis zur öffentlich-rechtlichen Sonderbindung, 1982, S. 206 f.

578 Ähnlich zur beitragspflichtigen Zwangsmitgliedschaft in Sozialversicherungssystemen s. *Kingreen/R. Poscher*, Grundrechte, 33. Aufl., 2017, Rn. 123.

579 Vgl. 1. Teil, B., IV., 3., c), aa).

580 *T. Tetzlaff*, Das Soldatenrecht der Bundesrepublik Deutschland im Lichte neuerer Grundrechtsfunktionen, 2000, S. 270.

581 *S. Kielmansegg*, Grundrechte im Näheverhältnis, 2012, S. 474.

regelmäßig schwerer wiegen als die Freiheitseinbuße der eingegliederten Person; damit ist etwa das Strafgefangenenverhältnis angesprochen. Einmal eingegliedert, kommt es hierbei den Betroffenen weniger auf die Geltendmachung ihrer Grundrechte gegen den Staat als vielmehr *durch* den Staat an. Dies folgt bereits daraus, dass sie die Verwirklichung ihrer grundrechtlichen Freiheiten nunmehr nicht exklusiv in der Hand haben, sondern dies in gesteigertem Maße auch von einem aktiven Tun des Staates abhängt[582].

> „Je mehr der Staat die rechtlichen und tatsächlichen Freiheitsvoraussetzungen regelt, organisiert und finanziert, desto mehr festigt er seine Unentbehrlichkeit und seinen Einfluss als Garant der konkreten Freiheitsordnung (…). Der Rechtsstaat verbindet sich mit dem Bürger im Dienst der Freiheit. Dadurch wird er stärker, aber auch stärker gebunden."[583]

Wesentliche Faktoren stellen hierbei die Konditionen der Eingliederung dar – im Fall des Strafvollzugs etwa die Regelungen zu den Funktionsbedingungen der Anstalt, wie etwa der Schließzeiten oder hinsichtlich der Verfügbarkeit anderer Substrate freiheitlicher Betätigung. Gelangt man in diesen Konstellationen zu dem Resultat, dass die Begründung des Sonderstatusverhältnisses im Ergebnis eine einzelne gerechtfertigte Grundrechtsbeeinträchtigung darstellt, so ist das Potential grundrechtlichen Schutzes damit für solche Konstellationen nicht ausgeschöpft. Damit der Staat seiner umfassenden Grundrechtsverantwortung gerecht wird[584], muss der Grundrechtsschutz dann vielmehr für die Dauer der Eingliederung auf die Verwirklichung der Grundrechte im Sinne einer Freiheitsermöglichung gerichtet sein. Dies folgt letztlich aus der Grundrechtsverwirklichungspflicht des Staates[585]: Grundrechte stellen als Prinzipien Optimierungsgebote dar[586]. Ihnen ist ein Perfektionsmotiv zu eigen, welches

---

582 Ähnlich BVerfGE 8, 1 (17) zur Gewährleistung des angemessenen Lebensunterhalts eines Beamten: „Der Beamte steht dem Staat als seinem Dienstherrn gegenüber, aber dieser Dienstherr ist in seiner Stellung als Gesetzgeber zugleich für die Regelung des Rechtsverhältnisses, die Verteilung der gegenseitigen Rechte und Pflichten allein zuständig und verantwortlich. Der einzelne Beamte hat keine eigenen rechtlichen Möglichkeiten, auf die nähere Ausgestaltung seines Rechtsverhältnisses, (…), einzuwirken."

583 *P. Kirchhof*, Der Staat als Garant und Gegner der Freiheit, 2004, S. 99.

584 *L. Michael/M. Morlok*, Grundrechte,6. Aufl., 2017, Rn. 520 f.; *P. Kirchhof*, Der Staat als Garant und Gegner der Freiheit, 2004, S. 65 ff.

585 Vgl. *M. Dolderer*, Objektive Grundrechtsgehalte, 2000, S. 117 ff., 168 f.

586 *R. Alexy*, Theorie der Grundrechte, 3. Aufl, 1996, S. 75 f.; *K. Hesse*, Grundzüge des Verfassungsrechts der Bundesrepublik Deutschland, 20. Aufl., 1999, Rn. 72.

auf ihre optimale Verwirklichung zielt[587]. Wie dies bereits im Rahmen verschiedener Grundrechtstheorien erörtert wurde[588], müssen dabei auch weitere Wirkungsdimensionen der Grundrechte mit in die Überlegungen einbezogen werden. Erkennt man diese auf verwirklichende Umsetzung der Grundrechte bestehende Ordnung indes nicht an, so droht sie in ihrer Gänze zu scheitern bzw. funktionslos zu werden[589]. Dem folgend verschiebt sich daher in Sonderstatusverhältnissen nach dem erstmaligen Begründungsakt der Fokus von der abwehrrechtlichen Schutzrichtung der Grundrechte auf die freiheitsfördernde Leistungsdimension[590].

2. Der Staat als Garant der Grundrechtsverwirklichung

Eine mögliche Gewährung kompensatorischer Leistungen ließe sich damit aus der staatlichen Verantwortung für die Eingliederungslage und seiner umfassenden Grundrechtsverantwortung folgern, die in solchen Verhältnissen auf die Freiheitsförderung zielt. Anders ausgedrückt ließe sich hinsichtlich der besonderen Verantwortung auch davon sprechen, dass der Staat in Sonderstatusverhältnissen damit als Garant der Grundrechtsverwirklichung anzusehen ist[591].

Mit dem Begriff des Garanten bzw. der Garantenstellung gelangt eine Einstandspflicht des jeweiligen Akteurs zur Verhinderung eines bestimmten Erfolgs zum Ausdruck[592]. Dahinter verbirgt sich letztlich die Frage der Zurechnung spezifischer Erfolge und der dabei anzuwendenden Maßstäbe, sowie die Konstatierung einer entsprechenden Pflichtenstellung. Im strafrechtlichen Kontext ist die Garantendogmatik besonders ausgeprägt, ihrerseits aber gefärbt von den spezifischen Besonderheiten strafbaren Verhaltens. So geht es in erster Linie darum, eine jedenfalls annähernde Gleichsetzung des Unterlassens mit einem positiven Tun zu begründen und dies einem entsprechenden Straftatbestand zuzuführen[593].

---

587 *L. Michael/M. Morlok*, Grundrechte, 6. Aufl., 2017, Rn. 23.

588 Vgl. 2. Teil, A., 1., c).

589 *M. Dolderer*, Objektive Grundrechtsgehalte, 2000, S. 164.

590 Zu alledem ähnlich im Kontext von Schutzpflichten *J. Dietlein*, Die Lehre von den grundrechtlichen Schutzpflichten, 2. Aufl., 2005, S. 164.

591 Vgl. *L. Michael/M. Morlok*, Grundrechte, 6. Aufl., 2017, Rn. 520 f.; *K. Stern*, DÖV 2010, 241 (244); BVerwGE 27, 360 (362 f.); *P. Häberle*, VVDStRL 30 (1972), 43 (69 ff.).

592 Im strafrechtlichen Kontext *J. Brammsen*, Die Entstehungsvoraussetzungen der Garantenpflichten, 1986, S. 44.

593 Vgl. *H. Frister*, Strafrecht – Allgemeiner Teil, 7. Aufl., 2015, Kap. 22 Rn. 2; *K. Kühl*, Strafrecht – Allgemeiner Teil, 8. Aufl., 2017, § 18 Rn. 2 f.; *K. Engisch*, Tun und Unterlassen, in: Lackner/Leferenz et al. (Hrsg.), FS Gallas, 1973, S. 163 (164 ff.) zum ambivalenten Charakter der Unterscheidung.

Insoweit ist Vorsicht geboten, hieraus Erkenntnisse für die vorliegende Betrachtung zu ziehen. Gleichwohl mögen sich aus den Grundlagen dieser Rechtsfigur elementare Einsichten ableiten lassen, die zur näheren Konturierung der hier zu erörternden Einordnung des Staates als Garant beitragen mögen.

Kennzeichnend für Garantenpflichten ist, dass ihnen Verhaltenserwartungen zugrunde liegen; diese zielen auf eine bestimmte Handlung, welche den Erfolg abwenden soll[594]. Die jeweilige Verhaltenserwartung ist hierbei geprägt durch die „allgemein anerkannten rechtlichen und sozialethischen Wertvorstellungen zur Erhaltung der Funktionstüchtigkeit des gesamtgesellschaftlichen Ordnungssystems“[595]. In diesem Sinne besteht für die durch die Strafrechtsdogmatik etablierten Garantenstellungen[596] ein gesellschaftlicher Rückbezug, der bei der Begründung für die besondere Verantwortlichkeit des Einzelnen eine maßgebliche Rolle spielt. Vereinfacht ausgedrückt handelt es sich dabei um Fälle, in denen bezüglich der Erfolgsabwendungspflicht des jeweiligen Akteurs entsprechender Konsens besteht. Einige dieser Fälle sind dadurch gekennzeichnet, dass in ihnen eine gewisse Nähe des Garanten zu den betroffenen Rechtsgütern besteht[597]. So bestehen etwa spezifische Obhutspflichten zum Schutz konkreter Rechtsgüter im Rahmen des sogenannten Beschützergaranten. Hierbei obliegt dem Garanten die Pflicht für ein bestimmtes Rechtsgut, welches er vor Gefahren zu schützen hat, die insbesondere – allerdings nicht ausschließlich – von gefährdenden Dritten ausgehen können[598]. Nach strafrechtlichen Maßstäben trifft eine solche Garantenstellung etwa Personen, die eine familiäre Verbundenheit mit dem Betroffenen aufweisen oder in einem ähnlichen Verhältnis zueinanderstehen, welches sich durch gegenseitigen Beistand auszeichnet[599]. Sie umfasst jedoch auch solche Konstellationen, in denen solche Garantenpflichten freiwillig

594 *J. Brammsen*, Die Entstehungsvoraussetzungen der Garantenpflichten, 1986, S. 119 ff.

595 *J. Brammsen*, Die Entstehungsvoraussetzungen der Garantenpflichten, 1986, S. 130.

596 Eine Unterscheidung wird hierbei nach funktionellen Gesichtspunkten vorgenommen, wobei zwischen dem Schutz konkreter Rechtsgüter und der Überwachung von Gefahrenquellen unterschieden wird, s. *K. Lackner*, in: Lackner/Kühl (Hrsg.), StGB, 28. Aufl., 2014, § 13 Rn. 12 m.w.N.

597 *J. Brammsen*, Die Entstehungsvoraussetzungen der Garantenpflichten, 1986, S. 106.

598 Vgl. *R. Rengier*, Strafrecht Allgemeiner Teil, 6. Aufl., 2014, § 50 Rn. 4; *K. Kühl*, JuS 2007, 497 (500); bezüglich des Schutzes gegenüber Dritten könnte man auch über eine mögliche Stellung als Überwachergarant diskutieren, die jedoch in erster Linie auf Schutzpflichten hindeutet.

599 *T. Fischer*, StGB, 64. Aufl., 2017, § 13 Rn. 25; *U. Kindhäuser*, in: ders. (Hrsg.), StGB, 7. Aufl., 2017, § 13 Rn. 57 ff.; *K. Kühl*, JuS 2007, 497 (500 f.); *R. Rengier*, Strafrecht Allgemeiner Teil, 6. Aufl., 2014, § 50 Rn. 11.

übernommen werden[600]. Dieser Aspekt, welcher im strafrechtlichen Kontext in erster Linie für vertragliche Vereinbarungen gelten soll, lässt sich zwar nicht direkt auf die vorliegende Konstellation der Sonderstatusverhältnisse übertragen. Abstrahiert man ihn jedoch, so lassen sich durchaus Parallelen ziehen: Mit Eingehung des reziproken Pflichtengeflechts verpflichtet sich der Staat dazu, seiner gesteigerten Grundrechtsverantwortung in Eingliederungslagen nachzukommen. Der Schutz der Rechtsgüter des Einzelnen besteht hierbei in dem Schutz seiner Grundrechte, deren Entfaltung zu gewährleisten ist. Dies betrifft im Kontext der Schutzpflichten den Schutz vor Beeinträchtigungen Dritter, geht aber im Sinne der Freiheitsermöglichung darüber hinaus.

Wenn nun davon die Rede ist, dass das Näheverhältnis zugunsten der Grundrechte eine staatliche Garantenstellung begründet[601], dann folgt die Erfolgsabwendungspflicht bereits aus der grundgesetzlich fixierten Grundrechtsbindung des Staates aus Art. 1 Abs. 3 GG. Sie verdichtet sich aufgrund des Optimierungsgebots[602] der Grundrechte zu einer Grundrechtsverantwortung in dem spezifischen Bereich der Sonderstatusverhältnisse, die insofern als besondere Garantenstellung für diesen Bereich hervorgehoben werden mag. Um das Bild zu vervollständigen, bestünde in der Gewährung subjektiver Leistungsrechte damit eine Erfolgsabwendungshandlung oder – im positiven Sinne unter Zugrundelegung eines vorteilhaften Erfolgs ausgedrückt – eine Erfolgsermöglichungshandlung. Das spezifische Verhältnis in dieser besonderen Konstellation der Nähe, die vergleichbar auch für die Garantenstellung im strafrechtlichen Kontext einschlägig ist, erhält auf diese Weise eine genauere Prägung, wobei zu betonen ist, dass eine entsprechende Verhaltenserwartung nicht nur einen gesellschaftlichen Rückbezug aufweist, sondern gar verfassungsunmittelbar zu begründen ist.

3. Das komparative System zwischen Eingliederung und Kompensation

Inwieweit aus einer Garantenstellung des Staates zugunsten der Grundrechtsverwirklichung subjektive Rechte des Einzelnen abzuleiten sind, bleibt indes fraglich. Bezieht man die vorigen Überlegungen mit ein, so ließe sich die These formulieren, dass sich die gesteigerte Grundrechtsverantwortung in Sonderstatusverhältnissen in einer Art und Weise verdichten mag, die zur Anerkennung

600 *K. Kühl*, Strafrecht – Allgemeiner Teil, 8. Aufl., 2017, § 18 Rn. 68 ff.

601 *L. Michael/M. Morlok*, Grundrechte, 6. Aufl., 2017, Rn. 520.

602 *R. Alexy*, Theorie der Grundrechte, 3. Aufl, 1996, S. 75 f.; *K. Hesse*, Grundzüge des Verfassungsrechts der Bundesrepublik Deutschland, 20. Aufl., 1999, Rn. 72.

solcher subjektiver Rechte des Einzelnen führt. Sie wären insofern „als Vehikel der objektiven Verfassungsverbürgung“[603] anzusehen.

Eine solche Verdichtung wird dann anzunehmen sein, wenn derartige subjektive Rechte in besonderem Maße zur Grundrechtsverwirklichung gefordert sind[604]. Anders ausgedrückt ließe sich formulieren, dass die Notwendigkeit der Einräumung subjektiver Rechte dann am höchsten ist, wenn der Betroffene sie zur Durchsetzung seiner grundrechtlichen Positionen am dringendsten benötigt. Der entscheidende Faktor ist damit letztlich die Intensität der Eingliederung: Je einschneidender und umfassender die Eingliederungslage ist, desto größer ist der Bedarf subjektiver Rechte zur Grundrechtsverwirklichung des Einzelnen[605]. Dabei ist es vor allem Aufgabe des Gesetzgebers, die Verdichtung zu Leistungsansprüchen entsprechend durch die Schaffung von Spezialgesetzen umzusetzen[606].

Wie gezeigt wurde, kann der Grad der Eingliederung hierbei jeweils variieren. In gesteigertem Maße liegt er im Rahmen des Strafvollzugs vor, der daher als „totales“[607] Verhältnis bezeichnet werden kann. Je intensiver die Eingliederung erfolgt, desto beschränkter sind auch die Möglichkeiten der Freiheitsentfaltung. Das bedeutet, dass die Realisierungsmöglichkeiten persönlicher Freiheit mit steigender Eingliederungsintensität nicht mehr ausschließlich vom Vermögen des Einzelnen abhängen, sondern in spezifischer Weise dem Staat anvertraut sind. Entscheidet sich der Staat dafür, seine Sphäre derart für seine Bürger zu öffnen und dabei innerhalb dieses Verhältnisses über die Modalitäten ihrer Freiheitsausübung maßgeblich zu befinden, so schafft er damit nicht zuletzt auch ein schutzwürdiges Vertrauen, diese Aufgabe im Rahmen seiner umfassenden Grundrechtsverantwortung wahrzunehmen. Ohne staatliche Mithilfe wäre andernfalls die Freiheitsausübung in solchen Verhältnissen gefährdet oder gar überhaupt nicht möglich. Umschrieben ist damit letztlich ein komparatives

603 *P. Häberle*, VVDStRL 30 (1972), 43 (91).

604 Vgl. *P. Häberle*, VVDStRL 30 (1972), 43 (110); *P. Badura*, Die verfassungsrechtliche Pflicht des gesetzgebenden Parlaments zur „Nachbesserung“ von Gesetzen, in: Müller/Rhinow et al. (Hrsg.), FS Eichenberger, 1982, S. 481 (491 f.); *H. Wißmann*, Generalklauseln, 2008, S. 117.

605 Vgl. *W. Loschelder*, Vom besonderen Gewaltverhältnis zur öffentlich-rechtlichen Sonderbindung, 1982, S. 343; *S. Kielmansegg*, Grundrechte im Näheverhältnis, 2012, S. 549.

606 *P. Häberle*, VVDStRL 30 (1972), S. 43 (110).

607 *E. Goffman*, Asyle, 1973, S. 13 ff.; vgl. ferner *W. Loschelder*, Vom besonderen Gewaltverhältnis zur öffentlich-rechtlichen Sonderbindung, 1982, S. 445.

System, welches das Verhältnis zwischen Eingliederungsintensität und Kompensationsbedürftigkeit abbildet. Dieses Verhältnis kann dabei in gradueller Weise variieren, was von der jeweiligen Ausprägung beider Faktoren abhängt.

Der Gedanke der Kompensation mag hierbei ferner Anleihen zum sogenannten Pflichten- und Lastenausgleichs aufweisen[608]. Hiernach hat zwar zum einen die Verteilung öffentlicher Pflichten und Lasten auf alle Bürger in gleicher Weise zu erfolgen; zum anderen ist der Gesetzgeber aber auch grundsätzlich in solchen Fällen, in denen er einzelnen Bürgern durch Gesetz besondere Pflichten auferlegt oder wo sie besondere Lasten zu tragen haben, dazu verpflichtet, die daraus resultierenden Nachteile zu kompensieren[609]. Es geht insofern um die Wiederherstellung des als gleich gedachten Zustands aller Staatsbürger, der durch staatliche Maßnahmen beeinträchtigt wurde[610].

4. *Zwischenfazit*

Nach alledem lässt sich somit eine Grundrechtsverantwortung des Staates zugunsten kompensatorischer Leistungen festhalten, die letztlich in seiner umfassenden Grundrechtsbindung fußt, die sich im konkreten Fall als staatliche Garantenstellung begreifen lassen kann.

Die Schwächung der grundrechtlichen Position des eingegliederten Bürgers ergibt sich zum einen durch das Eintreten in das beschriebene Pflichtengeflecht zum Zeitpunkt der Begründung des Verhältnisses, zum anderen im Rahmen der möglichen Eingliederungsfolgen. Dabei führt die staatliche Verantwortung der Eingliederungslage dazu, den Staat als Garant der Grundrechtsverwirklichung anzusehen. Hiernach ist der Staat verpflichtet, im Sinne einer Freiheitsermöglichung die durch die Eingliederung bedingten Freiheitseinbußen zu kompensieren.

III. Bedenken

Die leistungsrechtliche Konstruktion sieht sich indes einigen Bedenken ausgesetzt.

---

608 Vgl. hierzu allgemein *W. Heun*, in: Dreier (Hrsg.), GGK, Bd. 1, 3. Aufl., 2013, Art. 3 Rn. 90.

609 *A. Voßkuhle*, Das Kompensationsprinzip, 1999, S. 25.

610 *A. Voßkuhle*, Das Kompensationsprinzip, 1999, S. 25.

1. *Zum Vorbehalt des Möglichen*

Bejaht man die Existenz grundrechtlicher Anspruchsrechte, so ist der Staat folgerichtig zu deren Realisierung aufgrund seiner Grundrechtsbindung aus Art. 1 Abs. 3 GG verpflichtet. Dem folgend müsste er mittelbar oder unmittelbar unzählige Güter bereithalten. Da dies eine utopische Vorstellung sei und der Grundrechtsschutz damit von der wirtschaftlichen Leistungsfähigkeit des Staates abhinge, wird angenommen, dass grundrechtliche Leistungsrechte stets unter dem Vorbehalt des Möglichen stünden[611]. Dagegen wird argumentiert, dass der Vorbehalt des Möglichen nicht exklusiv für die leistungsrechtliche Dimension, sondern auch bei anderen Grundrechtsfunktionen gelte und dort eine Relativierung des Grundrechtsschutzes nicht zu beobachten sei[612]. So könne etwa die Nichtigerklärung eines belastenden Gesetzes, beispielsweise auf dem Gebiet des Steuerrechts, ebenfalls zu erheblichen finanziellen Einbußen auf Seiten des Staates führen[613]. Der „Sündenfall kostenträchtiger verfassungsunmittelbarer Rechte“[614] sei insofern in Gestalt der Schutzpflichten und des Rechts auf ein Existenzminimum bereits ohne gravierende Folgen erfolgt[615].

Die Finanzwirksamkeit mag sich in Sonderstatusverhältnissen im Vergleich zur Gesamtbevölkerung jedenfalls geringer auswirken[616]. Sonderstatusverhältnisse bestehen jeweils aus einem begrenzten Kreis möglicher Anspruchsberechtigter. In Besoldungsangelegenheiten leistet der Staat regelmäßig an Beamte und vermag ferner über die zu verteilenden Güter zu verfügen[617]. Der anfallende finanzielle Aufwand mag hier leichter antizipiert werden, als dies in der Normallage der Fall ist. Dies gilt insbesondere für solche Überlegungen, die nur einen Mindeststandard der entsprechenden grundrechtlichen Garantie verbürgen wollen[618]. Gleichwohl bleibt der Vorbehalt des Möglichen auch hierbei in

611 Vgl. dazu bereits oben m.w.N. 2. Teil, A., IV., 1. a).

612 *M. Borowski*, Grundrechte als Prinzipien, 2. Aufl., 2007, S. 365 f.

613 *R. Schneider*, AöR 89 (1964), 24 (46 f.).

614 *H. M. Heinig*, Der Sozialstaat im Dienst der Freiheit, 2008, S. 380.

615 *E. Schmidt-Aßmann*, Grundrechtspositionen und Legitimationsfragen im öffentlichen Gesundheitswesen, 2001, S. 29; *H. M. Heinig*, Der Sozialstaat im Dienst der Freiheit, 2008, S. 380.

616 Vgl. *T. Tetzlaff*, Das Soldatenrecht der Bundesrepublik Deutschland im Lichte neuerer Grundrechtsfunktionen, 2000, S. 308.

617 *T. Tetzlaff*, Das Soldatenrecht der Bundesrepublik Deutschland im Lichte neuerer Grundrechtsfunktionen, 2000, S. 272; *W. Loschelder*, Vom besonderen Gewaltverhältnis zur öffentlich-rechtlichen Sonderbindung, 1982, S. 436.

618 Zu solchen Mindeststandards als Kompromisslösung s. 2. Teil, A., IV., 2., b).

gewisser Weise bestehen. Die Finanzierbarkeit von Sonderstatusverhältnissen ist auch abhängig von dem staatlichen Gesamtbudget. Wenn etwa aufgrund einer wirtschaftlichen Krise insgesamt weniger Haushaltsmittel zur Verfügung stünden, müsste auch in diesen Bereichen – schon aus Gründen der Gleichheit[619] – Mittel gekürzt werden. In einer solchen Lage ist es durchaus denkbar, dass nicht jedes Anspruchsrecht zur Realisierung kommen mag. Eine solche Abhängigkeit von vorhandenen Ressourcen mag das Beispiel verdeutlichen, in dem der von einem Schüler begehrte Gebetsraum aufgrund fehlender räumlicher Ressourcen nicht eingerichtet werden kann[620].

2. *Bestimmung des Gewährleistungsinhalts*

Die Schwierigkeiten, die bei der Bestimmung des Anspruchsinhalts grundrechtlicher Leistungsrechte auftreten, bleiben auch in Sonderstatusverhältnissen bestehen. Die Vielgestaltigkeit der Mittel zur Erreichung des Anspruchsziels kann auch in den besonderen Eingliederungslagen nicht überwunden werden, auch wenn die Mittelauswahl in gewissem Maße durch das jeweilige Verhältnis näher konkretisiert wird. So mag die Auswahl im regulären Staat-Bürger-Verhältnis weitaus höher sein, als dies bei einem Strafgefangenen, bei dem im Lichte der bestehenden Freiheitsentziehung von vorneherein bestimmte Mittel ausscheiden, der Fall ist.

Neben der Art und Weise der Anspruchsverwirklichung bleibt auch der Anspruchsumfang – die Skala reicht hier von Minimalstandard bis zur umfassenden Verwirklichung – fraglich. Dies lässt sich hierbei in Verbindung bringen mit dem Aspekt der Generalisierung der Sonderstatusverhältnisse, die als Gegenstück unspezifischer Anordnungsbefugnisse[621] womöglich auch die Unspezifität der Kompensationsmöglichkeiten bereithält[622]. Hinsichtlich des Maßes der Gewährleistung muss ein Blick auf den jeweiligen Fall gerichtet werden, in dem Leistungsrechte zum Zuge kommen sollen. Dies führt letztlich zu einer Abwägung im Einzelfall, die das Leistungsbedürfnis und mögliche widerstreitende Interessen zu einem optimalen Ausgleich führen[623]. Dem folgend ist

619 Vgl. *T. Tetzlaff*, Das Soldatenrecht der Bundesrepublik Deutschland im Lichte neuerer Grundrechtsfunktionen, 2000, S. 295.

620 BVerwGE 141, 223 (Rn. 57, juris).

621 *M. Morlok*, Strafvollzug und Grundrechte, in: Bemmann/Manoledakis (Hrsg.), Probleme des staatlichen Strafens, 1989, S. 45 (51).

622 Dazu unten 3. Teil, C., I.

623 Vgl. *R. Alexy*, Theorie der Grundrechte, 3. Aufl, 1996, S. 75 f.; *K. Hesse*, Grundzüge des Verfassungsrechts der Bundesrepublik Deutschland, 20. Aufl., 1999, Rn. 72.

bei mehreren in Betracht kommenden Mitteln mit jeweils verschiedenem Leistungsumfang in der Regel ein solches anzuwenden, welches die maximale Förderungsintensität beinhaltet, „es sei denn, ein anderes verhältnismäßiges Mittel fördert nicht wesentlich weniger, weist aber ein evident besseres Nutzen/Kosten-Verhältnis auf.“[624]

3. *Gewaltenteilungsprinzip*

Der Einwand, dass die Anerkennung genuiner Leistungsrechte zur Folge habe, dass die Haushaltskompetenz des Gesetzgebers in Frage gestellt werde, mag sich bezogen auf die Sonderstatusverhältnisse wohl am ehesten überwinden lassen. Immerhin handelt es sich um einen begrenzten Personenkreis. Regelungen, welche den Betroffenen in Sonderstatusverhältnissen etwaige Anspruchsrechte zugestehen und damit mittelbar den Zugriff der Gerichte über Anwendung und Auslegung gewähren, betreffen damit nicht die Haushaltskompetenz als Ganzes. Vielmehr sind davon nur einzelne Bereiche betroffen, womit der Leistungsbedarf zum einen weitaus berechenbarer sein dürfte, als dies im regulären Staat-Bürger-Verhältnis bei einer umfassenden Leistungsgewährung der Fall sein dürfte[625]. Zudem besteht aufgrund der Überschaubarkeit der Mittelgewährung die Möglichkeit, diese Posten in den Haushaltsplan mit aufzunehmen; auf diese Weise könnte der Gesetzgeber umfassende Erwägungen unter Berücksichtigung aller privaten und öffentlichen Belange vornehmen[626]. Dieser Einwand wirkt sich insbesondere im Kontext zu gewährender Minimalstandards aus[627]. Zum anderen sind es diese Verhältnisse, die das Parlament ohnehin bereits maßgeblich gesetzlich ausgestaltet; eine Einbuße an Gestaltungsmöglichkeiten steht daher nicht in wesentlichem Umfang zu befürchten[628].

Auch in Anbetracht der hier vertretenen Auffassung, wonach Leistungsrechte nur als Kompensation für sogenannte Nebenfolgen in Betracht kommen, ist die Versubjektivierung und damit einhergehende Möglichkeit der Justiziabilität

---

624 *M. Borowski*, JöR 50 (2002), 301 (321).

625 *W. Loschelder*, Vom besonderen Gewaltverhältnis zur öffentlich-rechtlichen Sonderbindung, 1982, S. 436 f.

626 *A. Bleckmann*, Staatsrecht II, 4. Aufl., 1997, S. 271; vgl. ferner kritisch *H. Amelsberg*, Zur Zulässigkeit haushaltswirksamer Rechtsfortbildung, 1995, S. 96, der die Bedeutung des Gesetzgebers bei der Feststellung des Haushalts für überschätzt hält.

627 *E. Schmidt-Aßmann*, Grundrechtspositionen und Legitimationsfragen im öffentlichen Gesundheitswesen, 2001, S. 29.

628 *W. Loschelder*, Vom besonderen Gewaltverhältnis zur öffentlich-rechtlichen Sonderbindung, 1982, S. 437.

solcher Rechte nicht als ernstliche Gefahr des gesetzgeberischen Spielraums zu verstehen.

4. *Gleichheitsrechtliche Bedenken*

Schließlich lässt sich gegen sonderstatusspezifische Leistungsrechte der Einwand erheben, sie privilegierten eingegliederte Personen in einer Weise, die sich nicht mit dem allgemeinen Gleichheitssatz aus Art. 3 Abs. 1 GG vereinbaren lässt. Dies wäre mit der sogenannten neuen Formel des Bundesverfassungsgerichts dann abzulehnen, wenn „keine Unterschiede von solcher Art und solchem Gewicht bestehen, daß sie die ungleiche Behandlung rechtfertigen könnten.“[629]

Möglich wäre eine Argumentation dergestalt, dass es sich zwischen eingegliederten Personen im Sonderstatus und denjenigen, die sich dem regulären Staatsbürgerverhältnis der Distanzlage zuordnen lassen, um verschiedene Sphären handelt, innerhalb derer in Betracht kommende Güter nach verschiedenen Prinzipien verteilt werden müssen[630]. Eine solche Argumentation orientiert sich gleichwohl an einem Denken in verschiedenen Sphären, welches sich stets mit entsprechenden Abgrenzungsschwierigkeiten konfrontiert sieht. Darüber hinaus erinnert die Unterscheidung in verschiedene Sphären an eine Unterscheidung, die in Gestalt getrennter Rechtskreise längst als überwunden gelten mag[631]. Überdies besteht für eine solche Argumentation kein Anlass: Bereits betont wurde die gesteigerte Grundrechtsverantwortung des Staates in Sonderstatusverhältnissen[632]. Nach dem hier dargestellten Modell verbleibt im Übrigen der leistungsrechtliche Anwendungsbereich lediglich für solche Nebenfolgen, die inhaltlich mit der Eingliederungslage verbunden sind, ihrerseits jedoch nicht vom Eingliederungszweck intendiert werden. In einer solchen Kompensation ist insofern eine Annäherung der Grundrechtspositionen der Betroffenen an eine solche Befindlichkeit zu sehen, wie sie auch in der Distanzlage, also dem regulären Staat-Bürger-Verhältnis, besteht. Insofern kann von einer übermäßigen Privilegierung nicht die Rede sein; im Übrigen wäre sie jedenfalls aufgrund der gesteigerten Verletzlichkeit des Eingegliederten gerechtfertigt.

---

629 BVerfGE 55, 72 (88).

630 Vgl. ähnlich zu diesem Gedanken *M. Walzer*, Sphären der Gerechtigkeit, 1992, S. 58, 61 ff.

631 Dazu bereits oben 1. Teil, A., II., 2.

632 Siehe 3. Teil, A., II.

IV. Zwischenergebnis

Wie gezeigt vermag die Konstellation des Sonderstatus den status positivus der Grundrechte in spezifischer Weise zu aktivieren. Hierbei verschiebt sich der Fokus von der Beseitigung faktischer Hindernisse in einem güterorientierten Sinne, die im Rahmen der sogenannten sozialen Grundrechte eine herausgehobene Rolle spielten, auf den Abbau der sonderstatusspezifischen – und damit in der Regel rechtlichen – Hindernisse. Kennzeichnend für die leistungsrechtliche Dimension ist hierbei die Inanspruchnahme staatlicher Mittel, sei es sächlicher, räumlicher oder personeller Art. Eine solche Inanspruchnahme setzt zumindest einen staatlichen Mitwirkungsakt voraus, worin sich die Rechtsfolge der Leistungsrechte konkretisiert. Hiermit liegt zugleich ein solches Abgrenzungskriterium vor, welches die handhabbare Unterscheidung von Abwehr- und Leistungsrechten ermöglicht.

Die Notwendigkeit der leistungsrechtlichen Verbürgung folgt aus den Schwächen, welche das Sonderstatusverhältnis hinsichtlich der Freiheitsausübung des Einzelnen bereithält. Konstatieren lässt sich auf diese Weise eine gesteigerte Verletzlichkeit des Einzelnen, für die sich der Staat verantwortlich zeichnet. Aus diesem Grund ist er gehalten, die Grundrechtsverwirklichung in solchen Verhältnissen zu sichern; dabei handelt es sich in letzter Konsequenz um eine Verdichtung seiner allgemeinen Grundrechtsbindung und der Eigenschaft der Grundrechte als Prinzipien, welche als Optimierungsgebote zu begreifen sind. Subjektive Rechte des Einzelnen wirken hierbei als nötiges Vehikel der Grundrechtsverwirklichung. Dies gilt im Sinne eines komparativen Systems umso mehr, je einschneidender und umfassender sich das Sonderstatusverhältnis gestaltet. Bloße objektive Verpflichtungen des Staates können der gesteigerten Kompensationsbedürftigkeit insofern nicht gerecht werden. Der Staat kann demnach als Garant der Grundrechtsverwirklichung angesehen werden.

Durch die besondere Konstellation des Sonderstatus gelingt es, „klassisch" vorgebrachte Gegenargumente gegen die leistungsrechtliche Dimension der Grundrechte, wie etwa den Vorbehalt des Möglichen, weitestgehend zu entkräften. Dies folgt insbesondere daraus, dass in solchen Verhältnissen in der Regel ein abgegrenzter Personenkreis vorliegt, der insbesondere die Finanzierbarkeit solcher Leistungen nicht in das Reich der Utopien verbannt.

Als entscheidende Erkenntnis muss indes festgehalten werden, dass sich die Leistungsdimension in Sonderstatusverhältnissen allerdings nicht dergestalt auswirkt, dass Anspruchsrechte als direkte Kompensation *jeglicher* Freiheitseinbußen der Eingliederungslage gewährt werden. Ein solches System der Äquivalenz würde mitunter den Eingliederungszwecken zuwiderlaufen. Ihr verbleibt daher nur ein solcher Anwendungsbereich, der inhaltlich mit dem Sonderstatus verknüpfte Nebenfolgen betrifft, die vom Eingliederungszweck nicht unmittelbar intendiert werden und diesbezüglich keiner Rechtfertigung unterliegen. In diesem, zugegebenermaßen recht engen, Anwendungsbereich kommt die Leistungsdimension uneingeschränkt zum Zuge. Das Maß der jeweiligen Leistungen wird hierbei durch verschiedene Faktoren beeinflusst und bedarf einer jeweiligen konkreten Betrachtung. Bei solchen Beeinträchtigungen, die vom Eingliederungszweck intendiert werden, ist ein differenzierter Blick vonnöten; die leistungsrechtliche Konstruktion nach dem vorgestellten Modell scheidet hierfür jedenfalls aus.

B. Die abwehrrechtliche Konstruktion

Bereits angeklungen war die Möglichkeit, Leistungsrechte als Reaktion auf vorangegangenes staatliches Handeln einzuordnen[633]. Eine solche Herleitung stellt den Aspekt der Kompensation in den Vordergrund; hiernach ist das Leistungsrecht als Folge einer erlittenen Freiheitseinbuße anzusehen, die ihrerseits den Anwendungsbereich der Abwehrrechte betrifft. Auf diese Weise sind Leistungsrechte als Folge dieses Grundrechtseingriffs zu denken und insofern akzessorische Rechte.

I. Grundlagen der Konstruktion

Das Spezifikum von Leistungsrechten in Sonderstatusverhältnissen besteht nach dem hier verfolgten Modell im Ausgleich solcher Einbußen, die mittelbar oder unmittelbar durch das Sonderstatusverhältnis bedingt werden.

1. Die Begründung des Sonderstatus als Grundrechtseingriff

Die Begründung eines Sonderstatusverhältnisses (die Aufnahme des Schülers in den Schulbetrieb, die Aufnahme des Strafgefangenen in die Justizvollzugsanstalt, die Ernennung des Beamten) beeinträchtigt den Freiheitsraum des Einzelnen. Dies geschieht maßgeblich durch die rechtlich verbindliche Auferlegung verschiedenster Pflichten[634], die insofern als eingliederungskonstituierend anzusehen sind. Unabhängig von der Frage, ob diese Beeinträchtigung jeweils gerechtfertigt ist, mag sie den Schutzbereich verschiedener Grundrechte berühren: So drängt sich etwa die Beeinträchtigung der allgemeinen Handlungsfreiheit

---

633 Vgl. dazu 2. Teil, A., III., 2., d) sowie 2. Teil, B., I., 2. b).
634 Dazu 1. Teil, B., IV., 2., a).

aus Art. 2 Abs. 1 GG auf, die in ihrer Rolle als „Auffanggrundrecht" auch dahingehend für einen lückenlosen Grundrechtsschutz sorgt[635]. Auch hinsichtlich weiterer Grundrechte ergeben sich mit der Eingliederung weitere grundrechtsrelevante Beeinträchtigungen. Besonders intensiv tritt dies in „totalen" Verhältnissen zutage.

Dies sei am Beispiel der Aufnahme des Strafgefangenen illustriert: Besonders in räumlicher Hinsicht wird dabei der Strafgefangene bis zur Abgeltung seiner Strafe dem staatlichen Raum „einverleibt". Hierbei handelt es sich zu Beginn seiner Eingliederung vor allem um Prozeduren der Entpersönlichung[636]: Es erfolgt eine Entkleidung und körperliche Durchsuchung, die Abgabe seiner identitätsstiftenden Gegenstände und Kleidung, Reinigungsprozeduren und schließlich die Übergabe uniformer Haftkleidung[637]. Den Großteil seiner Zeit verbringt der Strafgefangene nun in seiner Zelle, ist in seiner körperlichen Bewegungsfreiheit und seiner übrigen Autonomie damit stark beschränkt[638]. Diese Einverleibung bedingt es ferner, dass er auch andere Grundrechte nicht in dem Maße auszuüben vermag, wie er dies in dem regulären Staats-Bürger-Verhältnis, für den Strafgefangenen also in Freiheit, machen könnte. Der geforderte Aufenthalt in der Zelle hindert ihn etwa daran, an Versammlungen teilzunehmen, seine Religion auszuüben[639] oder sich im Sinne der Kommunikationsfreiheiten des Art. 5 Abs. 1 GG[640] zu betätigen. Auch wird sein natürliches Bedürfnis nach Privatsphäre in Gestalt von Abgeschiedenheit und Anonymität weitestgehend beschränkt[641]. Nach alledem wird somit ein soziales Gebilde geschaffen, in dem mehrere Personen, deren Gemeinsamkeiten sich dem Grunde nach auf das gleiche Geschlecht und die erfolgte Begehung von Straftaten beschränken, einer

---

635 *L. Michael/M. Morlok*, Grundrechte, 6. Aufl., 2017, Rn. 435; *H. Sodan*, in: ders. (Hrsg.), Grundgesetz, 4. Aufl., 2018, Art. 2 Rn. 1; *H. D. Jarass*, in: ders./Pieroth (Hrsg.), GG, 14. Aufl., 2016, Art. 2 Rn. 2; *T. Kingreen/R. Poscher*, Grundrechte, 33. Aufl., 2017, Rn. 437; *J. Ipsen*, Staatsrecht II, 20. Aufl., 2017, Rn. 770.

636 *S. Harbordt*, Die Subkultur des Gefängnisses, 1967, S. 10 f.

637 *K. Laubenthal*, Strafvollzug, 7. Aufl., 2015, S. 133.

638 Zur Frage, inwieweit die Freiheit der Person in weiteren Sonderstatusverhältnissen, insbesondere in Wehr- und Schulverhältnissen, eingeschränkt wird vgl. *S. Kielmansegg*, Grundrechte im Näheverhältnis, 2012, S. 325 ff.

639 *S. Eick-Wildgans*, Anstaltsseelsorge, in: Pirson/Listl (Hrsg.), Handbuch des Staatskirchenrechts der Bundesrepublik Deutschland, Bd. 2, 2. Aufl., 1995, § 70, S. 1013 ff.

640 *M. Löffler*, NJW 1984, 1206 (1208 ff.).

641 *K. Laubenthal*, Strafvollzug, 7. Aufl., 2015, S. 133; *A. F. Westin*, Privacy and freedom, 1970, passim.

Überreglementierung ihres Alltags unterliegen und in der sie nur noch reaktive Rollen spielen[642].

Aber auch in solchen Sonderstatusverhältnissen, die ihrer Natur nach einen deutlich größeren Raum zur Freiheitsentfaltung lassen, liegt in der Begründung des Verhältnisses eine messbare Grundrechtsbeeinträchtigung. So mag der Beamte zwar seiner Diensttätigkeit regelmäßig auch unter Einräumung eines gewissen Spielraums nachgehen können, so etwa bezüglich gewisser Modalitäten seiner Dienstausübung, seinen Arbeitspausen und je nach Hierarchieebene der konkreten Ausgestaltung seiner Tätigkeiten. Gleichwohl besteht auch hierbei ein Geflecht von Pflichten, die etwa Akteure in der Konfusionslage zu berücksichtigen haben[643], und insofern ebenfalls grundrechtlich beeinträchtigend wirken.

Damit angesprochen ist der wesentliche Aspekt, der zur Grundrechtsbeeinträchtigung führt: Es geht um die Auferlegung von Pflichten[644]. So wurde bereits im ersten Teil der Untersuchung ausgeführt, dass der Eingegliederte mit dem Begründungsakt in ein System reziproker Verpflichtungen tritt, welches sich in der Konstituierung von Haupt- und Nebenpflichten in mitunter mannigfaltiger Weise manifestiert. Die auferlegten Pflichten sind insofern als der Anknüpfungspunkt der Grundrechtsbeeinträchtigung zu betrachten, da sich jede einzelne Beeinträchtigung auf ein entsprechendes Verbot oder Gebot zur Duldung bzw. Unterlassung zurückführen lässt. Diese Pflichten lassen sich hierbei einem Gesamtbild der Modalitäten der Grundrechtsausübung zuordnen, welches sich von der Situation außerhalb des Sonderstatusverhältnisses unterscheidet. Häufig lassen sich die Modalitäten der Grundrechtsausübung in Sonderstatusverhältnissen jedoch in weitem Maße antizipieren: So ist es etwa für den Staat vorhersehbar, inwieweit ein Strafgefangener seine Freiheitsrechte auszuüben vermag, wenn er die Abläufe und Organisation des Strafvollzugs bestimmt. Auch sind diese Modalitäten der Grundrechtsausübung rechtfertigungsbedürftig[645]. Als Grundrechtseingriff muss die Begründung des Sonderstatus hierbei den Einschränkungsmöglichkeiten der betroffenen Grundrechte gerecht werden und etwa insbesondere dem Übermaßverbot genügen. So wäre etwa ein Schultag bis

---

642 *K. Laubenthal*, Strafvollzug, 7. Aufl., 2015, S. 131; *H. J. Schneider*, Kriminologie der Gewalt, 1994, S. 109.

643 Dazu 1. Teil, B., II., 1.

644 Vgl. etwa den Wortlaut von § 5 Abs. 2 StVollzG zum Aufnahmeverfahren: „Der Gefangene wird über seine Rechte und Pflichten unterrichtet."

645 Dazu bereits oben 1. Teil, B., III., 1.; vgl. ferner *S. Kielmansegg*, Grundrechte im Näheverhältnis, 2012, S. 334.

in die späten Abendstunden dann nicht mit dem Übermaßverbot in Einklang zu bringen, sofern dies für die heranwachsenden Schüler eine allzu große Belastung darstellt. Besondere Bedeutung erlangt dies, sofern man sich vergegenwärtigt, dass auch Grundrechte betroffen sein können, deren Einschränkungsmöglichkeit durch das Grundgesetz selbst nur unter erschwerten Bedingungen besteht, also insbesondere vorbehaltlos gewährleistete Grundrechte. Exemplarisch sei hier etwa die Glaubensfreiheit des Art. 4 GG genannt, die für den Einzelnen die Einhaltung spezifischer Handlungsgebote (z.B. Speisegebote, Gebetszeiten) erforderlich macht[646]. Hierbei ist im Sinne der Herstellung praktischer Konkordanz ein möglichst schonender Ausgleich zu suchen[647].

Auch am Vorliegen der staatlichen Zurechenbarkeit der Grundrechtsbeeinträchtigung zum Staat bestehen keine Zweifel. Bereits erörtert wurde, dass die eingegliederte Person auf die Aushandlung der Konditionen keinen Einfluss hat, sie vielmehr einseitig vom Staat vorgegeben werden[648]. Er ist insofern verantwortlich für solche Freiheitsbeeinträchtigungen, die durch die Etablierung dieser Verhältnisse entstehen – ungeachtet möglicher Rechtfertigungsgründe. Gezeigt wurde ferner, dass auch der Aspekt der Freiwilligkeit keine Unterbrechung dieser Zurechnung bewirkt; er ist gleichwohl als abwägungsrelevanter Belang mit in die Betrachtung einzustellen.

Ist in dem Begründungsakt des Sonderstatusverhältnisses, also namentlich der Auferlegung bestimmter Pflichten, nach alledem ein rechtfertigungsbedürftiger Grundrechtseingriff zu sehen, so stellt sich schließlich die Frage, auf welchem Wege eine Rechtfertigung dieses Eingriffs erfolgen kann. Das Ergebnis einer solchen Abwägung kann darin bestehen, dass übermäßige Folgen der Eingliederung zugleich durch die Gewährung bestimmter Leistungen ausgeglichen werden. Das Abwägungsergebnis gelangt sodann durch das einfache Recht zum Ausdruck: Leistungsgewährende Regelungen in bestimmten Sonderstatusverhältnissen ließen sich als Katalog dessen deuten, was in verfassungsrechtlicher Hinsicht zur Grundrechtssicherung erforderlich ist. Demzufolge wäre ein solches einfach-rechtliches Leistungssystem nicht allein von der Willkür des sozialen Gesetzgebers abhängig; eine solche Ausgestaltung ließe sich mit dem hier beschriebenen Modell dann auch verfassungsrechtlich fundieren – ungeachtet

646 Vgl. *W. Loschelder*, Vom besonderen Gewaltverhältnis zur öffentlich-rechtlichen Sonderbindung, 1982, S. 435 f.

647 *K. Hesse*, Grundzüge des Verfassungsrechts der Bundesrepublik Deutschland, 20. Aufl., 1999, Rn. 72.

648 S. hierzu bereits 1. Teil, B., III., 1., b).

des Spielraums, der dem Staat bei der Umsetzung naturgemäß verbliebe. Solche eingriffsakzessorische Leistungsrechte stellen in diesem Sinne daher insbesondere Instrumente des Gesetzgebers dar, seiner Grundrechtsverantwortung gerecht zu werden[649].

Die Attraktivität eines solchen Ansatzes besteht darin, dass zu gewährende Leistungsrechte auf diese Weise den Zwecken der Eingliederung nicht zuwiderlaufen, wie dies die Untersuchung des leistungsrechtlichen Modells ergab[650]. Sie stellen vielmehr ein Instrument im Einklang zu den verfolgten Zwecken dar, welches zur Rechtfertigung der Eingliederungslage beitragen kann.

2. *Eingliederungsfolgen als Grundrechtseingriff*

Bereits im Kontext der leistungsrechtlichen Konstruktion wurde bei den eingliederungsbegleitenden Folgen differenziert zwischen spezifischen Folgebeeinträchtigungen und bloßen Nebenfolgen[651]. Gemein ist ihnen, dass sie nicht eingliederungskonstituierend, sondern eingliederungsbegleitend auftreten. Der Unterschied zwischen den Kategorien besteht indes darin, dass nur Folgebeeinträchtigungen vom Eingliederungszweck – zumindest mittelbar – intendiert sind, Nebenfolgen hingegen nicht. Sind Folgebeeinträchtigungen ihrerseits verfassungsrechtlich gerechtfertigt, besteht für eine Aktivierung des status positivus, wie gezeigt, kein Raum. Bei Nebenfolgen kommt die Anwendung des status positivus hingegen in Betracht, da sie im Einklang mit dem Eingliederungszweck stehen und ferner die besondere Konstellation der Sonderstatusverhältnisse die vorgebrachte Kritik gegen originäre Leistungsrechte weitestgehend entschärfen konnte[652].

a) *Folgebeeinträchtigungen*

Da die Beeinträchtigung durch den Begründungsakt und etwaige Folgebeeinträchtigungen eng miteinander verknüpft sind, drängt sich die Einordnung

---

649 Dies folgt letztlich auch aus der Erkenntnis, dass es vor allem Aufgabe des Gesetzgebers ist, grundrechtlichen Leistungsansprüchen zur Durchsetzung – in Gestalt der Schaffung einfachen Rechts – zu verhelfen, vgl. *P. Häberle*, VVDStRL 30 (1972), S. 43 (110); zur besonderen Grundrechtsverantwortung des Staates bereits unter 3. Teil, A., II., 1.–3.

650 Vgl. 3. Teil, A., IV.

651 Vgl. *S. Kielmansegg*, Grundrechte im Näheverhältnis, 2012, S. 474.

652 Vgl. dazu 3. Teil, A., I., 2.

auch eingliederungsbegleitender Beeinträchtigungen als Grundrechtseingriff nach den zuvor angestellten Überlegungen auf. Auch hierbei sind grundsätzlich solche Freiheitsverkürzungen erfasst, die zumindest die allgemeine Handlungsfreiheit aus Art. 2 Abs. 1 GG betreffen[653]. Begründungsakt und Eingliederungsfolgen müssen den Maßstäben einer Rechtfertigung gerecht werden, wobei der Eingliederungszweck als maßgeblicher Belang in die Abwägung mit einzustellen ist.

Dazu mag betont werden, dass nur solche Akte in Betracht kommen, die dem Staat zugerechnet werden können. Diese Erkenntnis folgt bereits aus dem Charakter der Abwehrrechte, die in ihrer „klassischen" Wirkweise als subjektive Rechte des Einzelnen gegen den Staat anzusehen sind[654]. Dies schließt demnach solche Einbußen des Eingegliederten aus, die unmittelbar durch Dritte oder solche Faktoren verursacht werden, für die der Staat nicht verantwortlich gemacht werden kann. Zugegebenermaßen ist auch hierbei die Grenzziehung mitunter schwierig. So stellt sich etwa stets die Frage, ab welcher Schwelle der Staat für eine solche Beeinträchtigung verantwortlich gemacht werden kann.

b) Nebenfolgen

Hinsichtlich drohender Nebenfolgen in Sonderstatusverhältnissen ergab sich im Rahmen der leistungsrechtlichen Konstruktion durchaus die Möglichkeit, den status positivus – wenn auch in begrenztem Umfang – zu aktivieren. Dabei ging es um solche Folgen, die nicht mit der Konstituierung der Eingliederung zusammenfallen und somit nicht in solche Überlegungen einbezogen sind, welche sich mit der Rechtfertigung der Konstituierung des Sonderstatusverhältnisses befassen. Gleichwohl ließe sich auch diesbezüglich die Frage aufwerfen, inwieweit solche Nebenfolgen als Grundrechtsbeeinträchtigungen anzusehen sind, welche die abwehrrechtliche Dimension der Grundrechte zu aktivieren vermögen – um auf diese Weise die leistungsrechtliche Dimension nach dem hier beschriebenen Modell zu aktivieren. Aus der Perspektive des Grundrechtsträgers handelt es sich jedoch bei den Nebenfolgen ebenso um solch eingliederungsbedingte Folgen wie die vom Eingliederungszweck umfassten Folgebeeinträchtigungen; insofern besteht an ihrer Einordnung als mögliche Grundrechtseingriffe kein Zweifel.

---

653 Vgl. auch S. *Kielmansegg*, Grundrechte im Näheverhältnis, 2012, S. 328 f.

654 BVerfGE 7, 198 (204 f.); *H. Dreier*, in: ders. (Hrsg.), GGK, Bd. 1, 3. Aufl., 2013, Vorb. Rn. 84; *H. Maurer*, Staatsrecht I, 6. Aufl., 2010, § 9 Rn. 23.

c) Die Gefahr kumulativer Belastungen

Im Kontext der Eingliederungsfolgen sei ferner auf einen weiteren Aspekt hingewiesen, der grundrechtsbeeinträchtigende Wirkung entfalten mag. Vom abwehrrechtlichen Standpunkt her betrachtet besteht im zeitlichen Verlauf die Gefahr, dass die jeweiligen Eingliederungsfolgen – jeweils für sich genommen – keine derartige Intensität entfalten, welche eine empfindliche Grundrechtsbeeinträchtigung zur Folge hat, in ihrer Vielzahl jedoch eine gesteigerte Eingriffsqualität entfalten. Es handelt sich hierbei um die Möglichkeit eines sogenannten additiven oder kumulativen Grundrechtseingriffs, welche verschiedentlich diskutiert wird[655].

Angesprochen ist dabei insbesondere die zeitliche Perspektive in Frage kommender Beeinträchtigungen, die sowohl gleichzeitig als auch mit zeitlichen Abständen eintreten können[656]. Die dogmatische Aufarbeitung dieses Ansatzes ist indes erst im Gange. *Winkler* hat etwa vorgeschlagen, kumulative Maßnahmen anhand eines grundrechtlichen Schutzgutes zu bewerten, welches sich aus mehreren Grundrechten speisen kann – wie etwa im Fall der Privatautonomie aus Art. 2 Abs. 1 GG, 12 und 14 GG; dies führe zur Gewährleistung eines fortdauernden Schutzraumes[657]. Den dogmatischen Anwendungsbereich könne hierbei die Wesensgehaltsgarantie bilden, die jedoch insofern flexibler als bisher zu handhaben sei[658]. Unter der Annahme eines solchen Schutzraumes sei es schließlich möglich, ein Schutzniveau zu konstatieren, an dem sich kumulative Beeinträchtigungen messen lassen müssten[659]. Von anderer Stelle wird ferner die verstärkte Berücksichtigung im Rahmen der Verhältnismäßigkeitsprüfung betont[660].

Unabhängig von der genaueren Ausformung dieses Ansatzes mag sich für die Betrachtung etwaiger kumulativer Beeinträchtigungen in Sonderstatusverhältnissen folgendes ergeben: Aufgrund der besonderen Grundrechtsverantwortung des Staates und der mitunter gesteigerten Dichte von aufeinanderfolgenden Beeinträchtigungen in Sonderstatusverhältnissen ist anzunehmen, dass die

---

655 *D. Winkler*, JA 2014, 881 ff.; *G. Kirchhof*, NJW 2006, 732 (732 ff.); *J. Lücke*, DVBl 2001, 1469 (1469 ff.); *L. Michael/M. Morlok*, Grundrechte, 6. Aufl., 2017, Rn. 519; dazu ferner BVerfGE 112, 304 (319 f.); 114, 196 (246 f.); 123, 186 (265 f.); 130, 372 (392); vgl. überdies bereits *M. Kloepfer*, VerwArch 74 (1983), 201 (213 ff.).

656 *D. Winkler*, JA 2014, 881 (882); *J. Lücke*, DVBl 2001, 1469 (1470 f.).

657 *D. Winkler*, JA 2014, 881 (884 ff.).

658 *D. Winkler*, JA 2014, 881 (886).

659 Zur Strukturierung eines solchen Freiheitsraumes s. *D. Winkler*, JA 2014, 881 (886).

660 Vgl. etwa *J. Lücke*, DVBl 2001, 1469 (1477); BGH NJW 2001, 1658 (1660).

Schwelle der verlangten Belastungskumulationen insofern niedriger anzusetzen ist bzw. das Potential besteht, sie schneller zu überschreiten. Die Bejahung einer solchen Kumulation ist ferner von wertenden Gesichtspunkten abhängig, bei deren Einschätzung die besondere Konstellation des Sonderstatus als relevanter Belang zu berücksichtigen ist. Dies trifft auch für solche Überlegungen zu, die einen fortdauernden Schutzraum festschreiben wollen, der durch die Abstufung von Schutzintensitäten näher konturiert wird. Letztlich handelt es sich auch hierbei um eine Grenzziehung, welche in wertender Weise vorgenommen werden muss.

II. Leistungsrechte und Eingriffsakzessorietät

1. Eingriffsakzessorische Leistungsrechte im Sonderstatus

Nachdem die Grundlagen für die abwehrrechtliche Konstruktion dargestellt wurden, werden im Folgenden die entsprechenden Leistungsrechte näher konturiert. Zu diesem Zwecke wird hierbei der Begriff der eingriffsakzessorischen Leistungsrechte eingeführt.

a) Zum Modell der Eingriffsakzessorietät

Das Modell eingriffsakzessorischer Leistungsrechte basiert auf der Annahme, dass in dem Begründungsakt (und den damit einhergehenden Beeinträchtigungen) und den jeweiligen Folgebeeinträchtigungen Grundrechtseingriffe zu erblicken sind, die ihrerseits verfassungsrechtlich gerechtfertigt sein müssen. Auf diese Weise müssen sie einer Abwägung genügen, die sowohl den verfolgten Eingliederungszweck als auch die betroffenen Rechtsgüter der eingegliederten Person in die Betrachtung einbezieht und hierbei einen Ausgleich sucht, der verfassungsrechtlichen Anforderungen im Sinne der Herstellung praktischer Konkordanz[661] standhält. Das Ergebnis dieser Abwägung kann dazu führen, dass den Betroffenen Leistungsrechte einzuräumen sind. Sie dienen auf diese Weise der Herstellung der Verhältnismäßigkeit der Eingliederung und derjenigen Eingliederungsfolgen, die vom Eingliederungszweck umfasst sind. Diesem Verständnis nach sind akzessorische Leistungsrechte damit das Ergebnis eines Abwägungsprozesses und leiten sich ihrerseits aus dem Vorliegen eines Grundrechtseingriffs ab. Darin liegt der Grund, sie als eingriffsakzessorische Leistungsrechte zu betrachten. Sie lassen sich als Reaktion auf vorangegangenes staatliches

661 *K. Hesse*, Grundzüge des Verfassungsrechts der Bundesrepublik Deutschland, 20. Aufl., 1999, Rn. 72.

Handeln ansehen, welches die grundrechtliche Freiheit beeinträchtigt hat, also als Leistungsrechte zur Kompensation erlittener Freiheitseinbuße[662]. Aufgrund des strukturellen Einflussnahmedefizits besteht das Kompensationsbedürfnis dabei in passiven Sonderstatusverhältnissen in gesteigertem Maße.

Der Vorteil dieser Konstruktion liegt darin, – das zeigte die Erörterung des leistungsrechtlichen Modells – dass auch in solchen Lagen Leistungsrechte gewährt werden können, in denen die Anerkennung originärer Leistungsrechte zu einer Vereitelung des Eingliederungszwecks führen würde. Solche Einbußen müssen vielmehr bereits im Ansatz gerechtfertigt sein. Um übermäßige Folgen einer spezifischen Eingliederungslage hierbei aufzufangen, kommen eingriffsakzessorische Leistungsrechte daher als Mittel der Kompensation in Betracht. Die Einräumung gewisser Leistungsrechte stellt sich auf diese Weise als Herstellung eines verhältnismäßigen Ausgleichs dar. Dabei wird umfassend Rücksicht auf den Eingliederungszweck genommen, da er in dieser anzustellenden Abwägung als Belang einbezogen ist.

Der Grundgedanke eines solchen Modells wird verschiedentlich beschrieben: So lassen sich solche Leistungsrechte als Rechtsfolge des Abwehrrechts ansehen[663], als Hilfsrechte von Abwehrrechten, die sowohl Ansprüche auf Unterlassen oder positives Handeln darstellen können, einordnen[664], als Annex einer abwehrrechtlichen Position beschreiben[665] oder schließlich als „freiheitsakzessorische Leistungsrechte" etikettieren, die keine leistungs-, sondern eine freiheitsrechtliche Grundlage haben und zur Kompensation von ohne Ausgleichsleistung nicht rechtfertigungsfähigen Freiheitseingriffen dienen[666].

b) Ein Modell zur Umsetzung von Abwägungsergebnissen

Folgt man dem, so geht es bei dem hier beschriebenen Modell nicht primär um die Wirkweise der objektiv-rechtlichen Dimension des status positivus. Das Modell beschreibt vielmehr verschiedene Möglichkeiten der Umsetzung von Abwägungsergebnissen.

---

662 Dieser Ansatz wurde bereits im Kontext originärer Leistungsrechte angesprochen, vgl. dazu 2. Teil, A., III., 2., d).

663 Vgl. *T. Kingreen/R. Poscher*, Grundrechte, 33. Aufl., 2017, Rn. 121.

664 *K. Stern*, Staatsrecht III/1, 1988, S. 671 ff.

665 *S. Kielmansegg*, Grundrechte im Näheverhältnis, 2012, S. 475.

666 *D. Murswiek*, Grundrechte als Teilhaberechte, soziale Grundrechte, in: HStR IX, 3. Aufl., 2011, § 192 Rn. 14.

Gelangt der Staat bei einer Abwägung der betroffenen Belange zu dem Ergebnis, dass es zugunsten des Eingegliederten kompensierender Leistungen bedarf, so stellt sich für ihn die Frage, wie er die Kompensation konkret bewirkt. Nicht zuletzt aufgrund des Pflichtengeflechts und der teils einschneidenden Wirkungen der Sonderstatusverhältnisse sind hierbei gesetzliche Regelungen vonnöten, die das Abwägungsergebnis abzubilden versuchen. Die Realisierung des Abwägungsergebnisses vollzieht sich also durch die Schaffung differenzierter Regelungen in Spezialgesetzen wie den Strafvollzugsgesetzen[667], Schulgesetzen oder dem Soldatengesetz. Dabei kann eine Einbuße durch ein Instrumentarium verschiedenster Rechte kompensiert werden, sei es etwa durch Gewährung einer konkreten Leistung, eines Mitwirkungsrechts[668] oder eines anderen Anspruchs. Das Modell zeigt somit auf, mit welchen Mitteln der Gesetzgeber konfligierende Interessen bei der Schaffung von Rechtssätzen berücksichtigen kann. Eingriffsakzessorische Rechte stellen somit – wie etwa Generalklauseln, Ermessensvorschriften oder Regelbeispiele – Teile der Architektur von Gesetzen dar, die ihrerseits einen verhältnismäßigen Ausgleich anstreben[669].

Angesichts dieser Tatsache stellt das Modell jedoch keine exklusive Erscheinung für Sonderstatusverhältnisse dar. Abwägungsergebnisse mögen regelmäßig ihren Niederschlag in einzelnen Gesetzen finden, dies folgt bereits aus der Wesentlichkeitstheorie[670]. Jedoch ist nach dem bisherigen Verlauf der Untersuchung festzuhalten, dass Sonderstatusverhältnisse ein erhöhtes Komplexitätserfordernis gesetzlicher Regelungen einfordern[671]. Mit Blick auf ihre verschiedenen Wirkdimensionen in räumlicher, zeitlicher und sachlicher Hinsicht und ihrem reziproken Pflichtengeflecht stellen sie besonders hohe Anforderungen an den kreierenden Gesetzgeber, der seiner gesteigerten Grundrechtsverantwortung in diesen Verhältnissen gerecht werden muss. Diese Komplexität schlägt auch auf eingriffsakzessorische Rechte durch, sodass deren Typologie in diesen Verhältnissen in besonderem Maße offenbar wird[672].

---

667 Vgl. zur Diskussion, ob nach Verabschiedung des besonderen Gewaltverhältnisses die Schaffung eines Strafvollzugsgesetz für notwendig erachtet wurde *M. Bachmann*, Bundesverfassungsgericht und Strafvollzug, 2015, S. 128 ff.

668 *L. Budjarek*, Das Recht des öffentlichen Dienstes und die Fortentwicklungsklausel, 2009, S. 369.

669 Vgl. *H. Wißmann*, Generalklauseln, 2008, S. 116 f.

670 Vgl. *P. Badura*, Staatsrecht, 7. Aufl., 2018, D 56.

671 Vgl. ferner *M. Morlok/L. Michael*, Staatsorganisationsrecht, 3. Aufl., 2017, § 7 Rn. 24.

672 Zur Typologie im Einzelnen sogleich unter 3. Teil, B., III.

2. *Konzeptionelle und reaktive Gewährung eingriffsakzessorischer Leistungsrechte*

Leistungsgewährung in diesem Sinne kann auf zwei verschiedene Arten erfolgen. Sie kann zunächst konzeptionell durch Spezialgesetze festgeschrieben werden oder reaktiv durch die Akteure vor Ort geschehen.

a) Zur konzeptionellen Gewährung

In konzeptioneller Hinsicht bedeutet dies, dass bereits im Rahmen der Festschreibung der Eingliederungsbedingungen Rücksicht genommen werden muss auf die vom Staat zu fordernde Grundrechtsverwirklichung, dies freilich unter Berücksichtigung des Eingliederungszwecks. Insoweit sind die mit der Begründung der Eingliederungslage bedingten Beeinträchtigungen durch die Gewährung eingriffsakzessorischer Leistungsrechte aufzufangen. Die besondere Grundrechtsverantwortung des Staates in Sonderstatusverhältnissen wurde diesbezüglich bereits im Kontext der leistungsrechtlichen Konstruktion beschrieben[673]. Sie ließ sich an der staatlichen Verantwortlichkeit für die Eingliederungslage festmachen, welche die gesteigerte Verletzlichkeit – aufgrund der Schwächung grundrechtlicher Positionen des Einzelnen inmitten des konstituierten Pflichtengeflechts – bedingt.

Eine konzeptionelle Ausgestaltung der jeweiligen Eingliederungsbedingungen betrifft die normative Ebene. Sie erfolgt in erster Linie durch das einfache Recht, welches das Bündel der mit dem Begründungsakt einhergehenden Rechten und Pflichten in einer Weise figurieren muss, die einer verfassungsrechtlichen Rechtfertigung standhält. Es geht um die Erstellung eines gesetzlichen Eingliederungskonzepts, um die Schaffung eines Spezialgesetzes, welches sich in konzeptioneller Hinsicht vornehmlich der allgemeinen Rechtsstellung der Betroffenen im jeweiligen Verhältnis zuwendet[674]. Unter diesem Blickwinkel finden sich eingriffsakzessorische Leistungsrechte in der Regel ausdrücklich im Gesetzeswortlaut und formulieren einen konkreten Anspruch des jeweilig Betroffenen[675].

---

673 Vgl. 3. Teil, A., II.

674 Exemplarisch seien hierbei etwa die §§ 6 ff. SG genannt, welche die allgemeinen Pflichten und Rechte der Soldaten regeln.

675 Dazu im Hinblick auf das Strafgefangenenverhältnis ausführlich unten 3. Teil, B., VI.

b) Zur reaktiven Gewährung

Freiheitseinbußen in Sonderstatusverhältnissen sind nicht nur bei der konzeptionellen Gestaltung der Eingliederungsbedingungen zu berücksichtigen. Sie können auch im Laufe der Eingliederung auftreten und damit die reaktive Leistungsgewährung notwendig machen[676]. Leistungsrechte knüpfen hinsichtlich der Eingriffsakzessorietät in einem solchen Sinne nicht an den Begründungsakt als solchen, sondern an Folgebeeinträchtigungen an, die dem staatlichen Verantwortungsbereich zuzurechnen sind. Dies mag im besonderen Maße für solche Eingliederungslagen gelten, die sich über einen längeren Zeitraum erstrecken, da hierbei die Dichte der Berührungspunkte zwischen Staat und Eingegliedertem erhöht ist. Es handelt sich hiermit letztlich um solche Beeinträchtigungen, die zwar vom Eingliederungszweck erfasst sind, sich jedoch nicht eingliederungskonstituierend, sondern vielmehr eingliederungsbegleitend darstellen.

Solche Einfallstore für ein dynamisches Tätigwerden können konzeptionell bei der Erstellung von Spezialgesetzen geschaffen werden. Angesprochen sind somit Generalklauseln oder ähnliche Vorschriften, die den staatlichen Akteuren einen weiten Spielraum belassen[677]. Gleichwohl handelt es sich damit nicht um eine konzeptionelle Leistungsgewährung in dem zuvor beschriebenen Sinne, da die weitere Ausgestaltung der jeweiligen Leistungen in entscheidender Weise den staatlichen Akteuren vor Ort obliegt. Es geht hierbei nicht um die allgemeine Konzeption von Eingliederungsbedingungen, sondern um die Übertragung von Entscheidungsbefugnissen über Leistungsgewährung im Einzelfall. Auf diese Weise kommt den Akteuren vor Ort eine herausgehobene Stellung zu, indem sie – möglicherweise über einen längeren Zeitraum – stets im Spannungsfeld zwischen der auf Dauer angelegten Erfüllung eines Eingliederungszwecks und der besonderen Grundrechtsverantwortung stehen, deren Verwirklichung im Laufe der Zeit auf unterschiedliche Weise erfolgen mag.

c) Reaktive Leistungsgewährung und unspezifische Anordnungsbefugnis

Die Notwendigkeit solch unspezifischer Leistungsgewährung im Einzelfall ergibt sich damit ebenso wie die Notwendigkeit unspezifischer Eingriffsbefugnisse[678].

---

676 Vgl. *A. Bleckmann*, DVBl 1984, 991 (996).

677 Vgl. *H. Wißmann*, Generalklauseln, 2008, S. 116.

678 *M. Morlok*, Strafvollzug und Grundrechte, in: Bemmann/Manoledakis (Hrsg.), Probleme des staatlichen Strafens, 1989, S. 45 (51); ferner dazu bereits oben 1. Teil, B., IV., 3., b); vgl. auch BVerfGE 33, 1 (11): „Die Grundrechte von Strafgefangenen können also nur durch oder aufgrund eines Gesetzes eingeschränkt werden, das allerdings auf – möglichst engbegrenzte – Generalklauseln nicht wird verzichten können."; vgl.

Dies betrifft diejenigen Befugnisse, die den Amtswaltern vor Ort dynamische Möglichkeiten der Grundrechtseinschränkung eröffnen. Mit zunehmender Stärke des Spannungsfelds zwischen Eingliederungszweck, Eingliederungskonditionen und der Freiheitssphäre des Einzelnen steigt auch das Bedürfnis nach solchen Anordnungsbefugnissen. Sie dienen dabei vornehmlich der dynamischen Zweckverfolgung und Einhaltung der Funktionsbedingungen der jeweiligen Institution. Eine solch unspezifische Anordnungsbefugnis gelangt etwa im Soldatenverhältnis zum Ausdruck, indem nach § 11 SG die Gehorsamspflicht des Soldaten gegenüber Befehlen festlegt ist. Im Strafvollzug besteht ferner die Regelung des § 4 Abs. 2 S. 2 StVollzG[679], wonach den Gefangenen für den Fall, dass eine besondere Regelung nicht existiert, nur Beschränkungen auferlegt werden dürfen, die zur Aufrechterhaltung der Sicherheit oder zur Abwendung einer schwerwiegenden Störung der Ordnung der Anstalt unerlässlich sind. Besondere Anordnungsbefugnisse für den Einzelfall finden sich im StVollzG sodann in der Regel als folgender Absatz eines gewährten Rechts, exemplarisch so etwa das Recht auf Schriftwechsel nach § 28 Abs. 1 StVollzG, welches nach § 28 Abs. 2 StVollzG im Einzelfall von der Anstaltsleitung untersagt werden kann, wenn die Sicherheit oder Ordnung der Anstalt gefährdet würde oder wenn zu befürchten ist, dass der Schriftwechsel negativen Einfluss auf den Gefangenen oder seine Eingliederung hat. Dieses Beispiel offenbart zugleich, dass die Grenze zwischen unspezifischer Leistungsgewährung und Eingriffsbefugnissen mitunter fließend sein kann.

3. *Akzessorietät im Recht*

Der Gedanke, bestimmte Leistungen in ein Verhältnis der Akzessorietät zu einem Eingriff zu setzen, ist dem Recht nicht fremd. Prominent sei etwa die Junktimklausel in Art. 14 Abs. 3 S. 2 GG genannt. Auch ein abwehrrechtlicher Störungsbeseitigungsanspruch bezieht sich auf die Rückgängigmachung der erlittenen Freiheitsbeschränkung[680]. Für die vorliegende Untersuchung sind

---

ferner *K. Hesse*, Grundzüge des Verfassungsrechts der Bundesrepublik Deutschland, 20. Aufl., 1999, Rn. 323, der von der Notwendigkeit elastischerer Ordnungen in Sonderstatusverhältnissen spricht.

679 Auch „Vorratsklausel" oder „Angstklausel" genannt, vgl. *R.-P. Calliess/H. Müller-Dietz*, Strafvollzugsgesetz, 11. Aufl., 2008, § 4 Rn. 20.

680 Dabei mag diskutiert werden, ob bei der begehrten Handlung insoweit von einer Leistung gesprochen werden kann, vgl. *M. Prothmann*, Die Wahl des Versammlungsortes, 2013, S. 154.

dabei solche Rechte von Relevanz, die zur Kompensation von rechtswidrigen oder ohne Ausgleichsleistung nicht rechtfertigungsfähigen Beeinträchtigungen gewährt werden[681].

Der Gedanke, welcher eingriffsakzessorischen Leistungsrechten zugrunde liegt, erinnert in gesteigertem Maße an eine Schöpfung des Bundesverfassungsgerichts zur Garantie des Eigentums aus Art. 14 GG in seiner sog. Pflichtexemplar-Entscheidung[682]: Der Umstand, dass ein rechtsgeprägtes Verhältnis zwischen Staat und Bürger etwaige Kompensationsansprüche auslösen kann, existiert mit der Figur der sog. ausgleichspflichtigen Inhalts- und Schrankenbestimmungen[683].

Im Folgenden wird daher untersucht, inwieweit weitere Erkenntnisse für eingriffsakzessorische Leistungsrechte aus diesem Vergleich gewonnen werden können[684]. Inhalts- und Schrankenbestimmungen legen die Reichweite des grundgesetzlichen Schutzguts „Eigentum" abstrakt fest. Dies erfolgt durch verschiedenste Normen, welche die Gesamtheit der Rechte und Pflichten des Eigentümers formen[685]. In vergleichbarer Weise wurde im Kontext der Sonderstatusverhältnisse bereits von einem „normgeprägtem Grundrechtsraum"[686] gesprochen[687]. Im Gegensatz zur (konkreten) Enteignung bestimmt die Inhalts- und Schrankenbestimmung abstrakt die Modalitäten der Grundrechtsausübung[688]. Dabei kann diese Ausgestaltung in Einzelfällen zu unverhältnismäßigen Ergebnissen führen, wenn ein ausgewogenes Verhältnis zwischen den Interessen des Eigentümers und den staatlich verfolgten Zwecken nicht besteht[689]. Dem kann der Gesetzgeber entgehen, wenn er Ausgleichsregelungen vorsieht, um den Grundsatz der Verhältnismäßigkeit auch in besonderen Härtefällen zu wahren[690]. Damit ist zugleich ein wesentliches Erfordernis

---

681 Vgl. *D. Murswiek*, Grundrechte als Teilhaberechte, soziale Grundrechte, in: HStR IX, 3. Aufl., 2011, § 192 Rn. 14; *S. Haack*, DVBl 2010, 1475 (1479).

682 BVerfGE 58, 137 (137 ff.).

683 BVerfGE 58, 137 (147 ff.).

684 Vergleichbare Überlegungen, jedoch mit Bezug zum Staatshaftungsrecht, stellt *S. Haack*, DVBl 2010, 1475 (1475 ff.) an.

685 *J. Wieland*, in: Dreier (Hrsg.), GGK, Bd. 1, 3. Aufl., 2013, Art. 14 Rn. 27 ff.; *O. Depenheuer*, in: v. Mangoldt/Klein/Starck (Hrsg.), GGK, Bd. 1, 6. Aufl., 2010, Art. 14 Rn. 52; *R. Wendt*, in: Sachs (Hrsg.), GGK, 7. Aufl., 2014, Art. 14 Rn. 21 ff.

686 *T. Tetzlaff*, Das Soldatenrecht der Bundesrepublik Deutschland im Lichte neuerer Grundrechtsfunktionen, 2000, S. 270.

687 S. oben 3. Teil, A., II., 1.

688 *R. König*, DVBl 1999, 954 (954).

689 BVerfGE 58, 137 (147).

690 *U. Kischel*, JZ 2003, 604 (605).

angesprochen, welches das Bundesverfassungsgericht dahingehend geäußert hat, dass es grundsätzlich Sache des Gesetzgebers sei, solche Ausgleichsregelungen zu treffen; er könne nicht darauf vertrauen, dass ein solcher Ausgleich durch die Exekutive oder Judikative getroffen werde[691]. Dies folge nicht zuletzt aus seiner Pflicht, verfassungsrechtliche Grenzen inhaltsbestimmender Gesetze zu wahren und die Budgethoheit des Parlaments zu respektieren[692]. Ferner konstatiert das Bundesverfassungsgericht, der Ausgleichsanspruch sei kein bloßer Entschädigungsanspruch, der stets in Geld zu realisieren sei. Differenziert wird damit in entscheidender Weise zwischen der Ausgleichspflicht und der Entschädigungspflicht[693]. Vielmehr erfordere Art. 14 GG die reale Vermeidung der unverhältnismäßigen Belastung, wofür etwa Übergangsregelungen, Ausnahmevorschriften und Befreiungsvorschriften in Frage kämen[694]. Nur unter der Maßgabe, dass ein solcher Ausgleich nicht zu erzielen sei, kämen als ultima ratio Entschädigungsansprüche in Betracht[695]. Darüber hinaus wird betont, auch die Exekutive habe bei der Aktualisierung der Eigentumsbeschränkung im konkreten Einzelfall zugleich über den erforderlichen Ausgleich zumindest dem Grunde nach zu entscheiden[696].

Bezogen auf die vorliegende Untersuchung der Sonderstatusverhältnisse ergibt sich ein Fingerzeig auf die Notwendigkeit einer gesetzlichen Grundlage eingriffsakzessorischer Leistungsrechte. Eine solche Konsequenz erscheint folgerichtig: Fordert man ein Verhältnis von Rechten und Pflichten, welches einer Abwägung nach oben beschriebenen Maßstäben gerecht werden muss, so ist ein differenziertes System von Regelungen vonnöten, in dem das Verhältnismäßigkeitsprinzip sachbereichsspezifisch realisiert wird[697]. Dies gilt umso mehr angesichts der Grundrechtsverantwortung des Staates und der Grundrechtswesentlichkeit[698] in diesem Bereich. Darüber hinaus findet sich auch die

691 BVerfGE 100, 226 (245).

692 BVerfGE 100, 226 (245).

693 *U. Kischel*, JZ 2003, 604 (607).

694 BVerfGE 100, 226 (245).

695 BVerfGE 100, 226 (245 f.).

696 BVerfGE 100, 226 (246).

697 Vgl. zur ausgleichspflichtigen Inhalts- und Schrankenbestimmung als sachbereichsspezifische Ausprägung des Verhältnismäßigkeitsprinzips *U. Kischel*, JZ 2003, 604 (606); vgl. ferner zum Anspruch auf Kompensation als Rechtsfolge eines Freiheitsgrundrechts *S. Haack*, DVBl 2010, 1475 (1479 f.).

698 Vgl. *M. Sachs*, in: ders. (Hrsg.), GGK, 7. Aufl., 2014, Art. 20 Rn. 117; *H. D. Jarass*, in: ders./Pieroth (Hrsg.), GG, 14. Aufl., 2016, Art. 20 Rn. 71 ff.; *H. Sodan*, in: ders. (Hrsg.), Grundgesetz, 4. Aufl., 2018, Vorb. Rn. 56 f.; *D. Hömig*, Grundlagen und

Unterscheidung zwischen konzeptioneller und reaktiver Gewährung im Anwendungsbereich ausgleichspflichtiger Inhalts- und Schrankenbestimmungen wieder. So ist in konzeptioneller Hinsicht eine Ermächtigungsgrundlage gefordert, die in reaktiver Hinsicht durch die handelnde Exekutive aktualisiert werden kann. Die Notwendigkeit der Gewährung eines gewissen Entscheidungsspielraums im Einzelfall ergibt sich ebenfalls.

Eine solche Delegation des Abwägungsprozesses seitens des Gesetzgebers an den staatlichen Akteur vor Ort widerspricht auch nicht dem Grundsatz, dass es grundsätzlich Aufgabe des Gesetzgebers sei, entsprechende Ausgleichsregelungen zu schaffen. Der Gesetzgeber ist vielmehr gefordert, die Leitlinien möglicher Leistungsgewährung klar festzulegen. Geht er hierbei sorgfältig vor, so können entsprechende Regelungen Einfallstore für Einzelfallgerechtigkeit darstellen, die der Verhältnismäßigkeit der Eingliederungsbedingungen zuträglich sind.

4. *Rechtsfolge oder Leistungsrecht*

Berücksichtigt man, dass die Gewährung eingriffsakzessorischer Leistungsrechte das Ergebnis einer Abwägung widerstreitender Interessen darstellt, so ließe sich der Einwand erheben, es handele sich um eine bloße Rechtsfolge und nicht um ein Leistungsrecht im Sinne eines subjektiven Rechts. Nach *Luhmanns* Verständnis des „subjektiven Rechts" erfolgt die Gewährung von Anspruchsrechten unabhängig von reziproken Verpflichtungen[699]. In diesem Sinne dient es der Freiheit schlechthin, es „ist das ungerechte Recht, das Recht, das in sich selbst keinen Ausgleich hat."[700] Die Konzeption eingriffsakzessorischer Rechte lässt ein solches Verständnis jedoch unangetastet, da es sich um kein originäres, sondern abgeleitetes Recht des Betroffenen handelt. Es stellt vielmehr ein mögliches Mittel des Ausgleichs widerstreitender verfassungsrechtlicher Belange dar, um die Eingliederung zu rechtfertigen. Derartige Erwägungen zu widerstreitenden Verfassungsbelangen stellt der Gesetzgeber jedoch auch dann an, wenn er Anspruchsrechte im Wege der sozialen Gesetzgebung normiert. Eingriffsakzessorische Leistungsrechte stellen somit zwar die Rechtsfolge einer

---

Ausgestaltung der Wesentlichkeitslehre, in: Schmidt-Aßmann/Sellner et al. (Hrsg.), Festgabe 50 Jahre BVerwG, 2003, S. 273 (273 ff.).

699 *N. Luhmann*, Zur Funktion der „subjektiven Rechte", in: Lautmann/Maihofer/Schelsky (Hrsg.), Jahrbuch für Rechtssoziologie und Rechtstheorie, 1970, S. 321 (325).

700 *N. Luhmann*, Zur Funktion der „subjektiven Rechte", in: Lautmann/Maihofer/Schelsky (Hrsg.), Jahrbuch für Rechtssoziologie und Rechtstheorie, 1970, S. 321 (325).

Güterabwägung dar. Ihrer Bezeichnung als sachbereichsspezifische Leistungsrechte steht dies jedoch nicht entgegen.

Ein verwandter Einwand ließe sich ferner mit der Argumentation erheben, dass eine bloße Leistungsverpflichtung des Staates als Ergebnis einer Abwägung widerstreitender Interessen nicht zwingend zur Gewährung eines subjektiven Rechts führe[701]. Dieser Einwurf mag in solchen Konstellationen gerechtfertigt sein, in denen eine Leistungsverpflichtung nicht zwingend die Kehrseite einer Gewährung eines korrespondierenden subjektiven Rechts darstellt. Dies folgt bereits aus der Autonomie des Gesetzgebers, darüber zu entscheiden, ob und in welchem Umfang er Leistungsverpflichtungen im Sinne einer Sozialgesetzgebung konstatiert. Wo keine verfassungsrechtliche Verpflichtung zur Leistungsgewährung besteht, dort drängt sich die Gewährung eines subjektiven Rechts nicht auf.

Für die hier vorliegende Konstellation vermag dieser Einwand indes nicht zu überzeugen. Bereits dargestellt wurde die gesteigerte Grundrechtsverantwortung des Staates in Sonderstatusverhältnissen. Aus ihr folgt, dass der Gesetzgeber bei der Schaffung der Spezialgesetze wie dem Strafvollzugsgesetz, Soldatengesetz oder den Schulgesetzen bestrebt sein muss, einen verhältnismäßigen Ausgleich der Interessen zu erzielen. Er ist hierbei folglich nicht frei in der Leistungsgewährung, sondern muss seiner Stellung als Garant der Grundrechtsverwirklichung in Sonderstatusverhältnissen gerecht werden. Zur Durchsetzung der Grundrechte der Betroffenen ist es daher unabdingbar, dass die gesetzlich gewährten Leistungen im Sinne subjektiver Rechte auch gerichtlich durchsetzbar sind. In Sonderstatusverhältnissen gehen Leistungsverpflichtungen des Staates daher mit subjektiven Rechten einher, sofern sie das Ergebnis der zugrundeliegenden Abwägung darstellen und ihrerseits gesetzlich fixiert sind. Dabei muss dem Einzelnen zudem die Möglichkeit verbleiben, ein als nicht ausreichend empfundenes Leistungsniveau gerichtlich überprüfen zu lassen.

III. Inhalte eingriffsakzessorischer Leistungsrechte

Nachdem das Modell eingriffsakzessorischer Leistungsrechte eingeführt wurde, soll im Folgenden eine Typologie der verschiedenen Rechte erfolgen. Eingriffsakzessorische Leistungsrechte dienen dabei der Freiheitsermöglichung im Sonderstatus. Denkbar sind hierbei drei Mittel der Leistungserbringung, die jeweils einen spezifischen Bereich der Grundrechtsverwirklichung in

701 Vgl. zu diesem Einwand bereits oben, 2. Teil, A., I., 2., c).

Sonderstatusverhältnissen betreffen. Darüber hinaus bedarf das jeweilige Maß der Leistungserbringung im Rahmen dieser Rechte der näheren Erörterung.

1. *Der Modus der Freiheitsförderung*

Neben den bereits erörterten Leistungsrechten kommen darüber hinaus auch Schutzrechte und Verfahrens-, insbesondere Anhörungsrechte in Betracht.

a) Eingriffsakzessorische Leistungsrechte im engeren Sinne

Die bisherigen Überlegungen haben die Kategorie der eingriffsakzessorischen Leistungsrechte bereits eingehend konturiert. Sie wurden als Ergebnis eines Abwägungsprozesses beschrieben, deren Durchsetzbarkeit – aufgrund der gesteigerten Grundrechtsverantwortung des Staates im Sinne eines komparativen Systems – für den einzelnen Betroffenen zu fordern ist. Daher soll an dieser Stelle ein weiterer Aspekt angesprochen werden, der unmittelbaren Bezug zu möglichen Leistungsinhalten aufweist. Es handelt sich hierbei um den Charakter der eingriffsakzessorischen Leistungsrechte als sachbereichsspezifische Rechte.

Diese Erkenntnis leitet sich gewiss von dem Umstand ab, dass die beschriebenen Leistungsrechte ihrerseits durchsetzbar sein müssen. Dabei liegt auf der Hand, dass allzu allgemein gehaltene Leistungsverpflichtungen nur schwerlich konkret eingefordert werden können. Auch erscheint es mit Blick auf die besondere Grundrechtsverantwortung sachgerecht zu sein, dass der Staat bzw. der Gesetzgeber einzelne Rechte bereits so spezifisch ausformt, wie ihm dies möglich ist. Dabei ist zuzugeben, dass dies angesichts der Notwendigkeit unspezifischer Anordnungsbefugnisse mitunter eine Herausforderung für den Gesetzgeber darstellen mag. Gleichwohl bleibt es Aufgabe des Gesetzgebers, da andernfalls die Konkretisierung der Leistungsrechte den Grundrechtsträgern überlassen bliebe[702]. Auf diese Weise würde sich der Staat jedoch seiner besonderen Grundrechtsverantwortung in Sonderstatusverhältnissen in gewissem Umfang entledigen. Offen verbleibt lediglich die Frage, inwieweit die Durchsetzbarkeit gegeben ist, sofern der Gesetzgeber keine Regelung trifft[703].

Bei eingriffsakzessorischen Leistungsrechten ist der Begriff *Alexys*[704] daher dergestalt zu modifizieren, dass ein Leistungsrecht das Recht darstellt, eine

---

702 Vgl. zum Verhältnis der Gestaltungsfreiheit der Legislative und der Zuerkennung individueller Rechtsmacht zur Durchsetzung *J. Dietlein*, Die Lehre von den grundrechtlichen Schutzpflichten, 2. Aufl., 2005, S. 176.

703 Dazu unten 3. Teil, B., IV.

704 *R. Alexy*, Theorie der Grundrechte, 3. Aufl., 1996, S. 402; vgl. dazu bereits 2. Teil, A., I., 2., b).

spezifische Handlung des Staates zu verlangen. Je nach Eingliederungslage und anzustellender Güterabwägung kommen hierbei verschiedene Ansprüche ideeller und materieller Art in Betracht. Dies können etwa Ermöglichungshandlungen für bestimmte Bereiche der Grundrechtsentfaltung sein, namentlich im Bereich der Religionsausübung, sei es durch Zurverfügungstellung eines abgeschiedenen Raumes zur Religionsausübung oder der Rücksichtnahme in Bezug auf spezifische Speisegebote der Eingegliederten. Ferner ist gar die Gewährung finanzieller Leistungen nicht per se auszuschließen, sofern sie in der Lage sind, die erlittenen Einbußen entsprechend zu kompensieren. Insbesondere in totalen Institutionen ist eingriffsakzessorischen Leistungsrechten darüber hinaus gemein, dass sie auf deren Funktionsabläufe Einfluss nehmen. Zugunsten der Entfaltungsmöglichkeit spezifischer Aspekte der Grundrechtsausübung sind so organisatorische Abläufe anzupassen.

b) *Eingriffsakzessorische Schutzrechte*

Auch mögliche eingriffsakzessorische Schutzrechte des Einzelnen stellen spezifische Rechte dar, die angesichts der Herausbildung der Schutzpflichten als eigenständige Kategorie in Literatur und Rechtsprechung hier gesondert dargestellt werden sollen. Dabei wurde das Merkmal des Drittbezugs, welches Schutzpflichten von Leistungsrechten im engeren Sinne trennt, bereits erörtert[705]. Im Kontext eingriffsakzessorischer Anspruchsrechte stellt die Möglichkeit der Beeinträchtigung durch Dritte ein Szenario dar, dem durch die Anerkennung eingriffsakzessorischer Schutzrechte begegnet werden kann. Gesteigerte Bedeutung gewinnen etwaige Schutzrechte im Hinblick auf die räumliche Dimension der Sonderstatusverhältnisse[706]. Dort, wo der Staat etwa über den Aufenthaltsort des Eingegliederten entscheidet, hat er es – mitunter ausschließlich – in der Hand, gewisse Vorkehrungen zur Abwehr von Gefahren zu treffen, die von Dritten ausgehen[707].

Im Kontext der Schutzpflichten bestehen Bedenken hinsichtlich der Frage, inwieweit sie einer Subjektivierung zugänglich sind[708]. Entscheidendes Kriterium für die Anerkennung solcher subjektiven Schutzrechte soll die Schutzzielrichtung der grundrechtlichen Schutzpflichten sein, d.h. die Frage, ob das

---

705 S. oben, 2. Teil, A., III., 3., a).

706 Dazu bereits oben, 1. Teil, B., I., 1.

707 Dabei geht es auch um den Schutz der Integritätsrechte der Eingegliederten vor gegenseitigen Rechtsverletzungen, vgl. *S. Kielmansegg*, Grundrechte im Näheverhältnis, 2012, S. 477 f.

708 *K. Stern*, DÖV 2010, 241 (248) m.w.N.

Verfassungsrecht gerade auch dem Schutz konkret-individueller Grundrechtsträger dienen soll[709]. Dabei geht es um die Bestimmung des Verhältnisses zwischen Staat und Grundrechtsträger und der diesbezüglichen Frage, ab wann eine individualisierte Schutzbeziehung zwischen beiden Akteuren angenommen werden kann, die den Grundrechtsträger als individuelles Schutzobjekt aus der Allgemeinheit emporhebt[710]. Bezieht man diese Überlegungen auf die hier zu untersuchenden Sonderstatusverhältnisse, so gelingt ohne weiteres ein Rekurs auf die besondere Grundrechtsverantwortung des Staates und dem bestehenden Pflichtengeflecht in diesen Konstellationen, die zur Annahme einer individualisierten Schutzbeziehung führen. Darüber hinaus ist zu beachten, dass die hier angenommenen Schutzrechte ihrerseits eingriffsakzessorisch konstruiert sind. Das bedeutet, dass sie als Folge der Abwägung zu gewähren sind, um zur Verhältnismäßigkeit der Eingliederung als Grundrechtseingriff beizutragen. Demgemäß geht es im Kontext der hier dargestellten Rechte nicht um die Bestimmung des Bereichs, in dem ein Nichthandeln des Staates qualitativ dem aktiven Eingriff in die grundrechtlichen Gewährleistungen gleichkommt[711], sondern um die Rechtfertigung eines bestehenden Grundrechtseingriffs.

c) Eingriffsakzessorische Verfahrens- und Anhörungsrechte

Zur Herstellung eines verhältnismäßigen Ausgleichs kann auch die Gewährung eingriffsakzessorischer Verfahrensrechte dienen. Auf diese Weise kann ein Grundrechtsschutz durch Verfahren erfolgen[712]. Solche Rechte können zugunsten bereits eingegliederter Personen zudem als „Vehikel praktischer Konkordanz“[713] dazu beitragen, neuerliche Konflikte zu vermeiden und einen Ausgleich widerstreitender Interessen zu erzielen.

Im Bereich des Soldatenrechts besteht etwa die Möglichkeit des sog. Wehrbeschwerdeverfahrens nach der WBO. So kann der Soldat sich nach § 1 WBO beschweren, wenn er glaubt, von Vorgesetzten oder von Dienststellen der Bundeswehr unrichtig behandelt oder durch pflichtwidriges Verhalten von

709 *J. Dietlein*, Die Lehre von den grundrechtlichen Schutzpflichten, 2. Aufl., 2005, S. 169 f.; *S. Langer*, NVwZ 1987, 195 (197).

710 *J. Dietlein*, Die Lehre von den grundrechtlichen Schutzpflichten, 2. Aufl., 2005, S. 171; vgl. ferner *E. Klein*, NJW 1989, 1633 (1637).

711 Vgl. *J. Dietlein*, Die Lehre von den grundrechtlichen Schutzpflichten, 2. Aufl., 2005, S. 171 f.

712 Dazu grundlegend *P. Häberle*, VVDStRL 30 (1972), 43 ff., 81; *H. Goerlich*, Grundrechte als Verfahrensgarantien, 1981, passim.

713 *P. Häberle*, VVDStRL 30 (1972), 43 (87).

Kameraden verletzt zu sein. Das Verfahren zeichnet sich somit insbesondere dadurch aus, dass die Schwelle zur Einlegung der Beschwerde nicht allzu hoch ist, sie lediglich von der Überzeugung des Soldaten abhängt. Ein solcher Grundsatz der Beschwerdefreiheit wird flankiert durch eine besondere Einfachheit des Verfahrens[714].

Etwaige Rechte können zudem Anhörungsrechte darstellen, die es dem Eingegliederten ermöglichen, sich entsprechend Gehör zu verschaffen oder in anderer Weise mitzuwirken[715] und damit eine Wechselbezüglichkeit der Kommunikation zu erreichen – letztlich handelt es sich damit auch um ein Recht, welches der Reziprozität in Sonderstatusverhältnissen in besonderer Weise Rechnung trägt.

2. *Zum Umfang der gewährten Rechte*

Neben den möglichen Inhalten stellt sich ferner die Frage, in welchem Umfang die Leistungserbringung erfolgen kann oder – aus verfassungsrechtlichen Gründen – erfolgen muss. Die abstrakte Bestimmung eines Maßes der Leistungserbringung fällt angesichts der Vielzahl möglicher Leistungen schwer. Als Maßstab kann jedoch ein solches Leistungsniveau gelten, welches verfassungsrechtlich als Normleistung gefordert ist[716]. Aufgrund der Eingriffsakzessorietät dieses Modells orientiert sich das Maß der Leistungserbringung dabei stets an dem zugrundeliegenden Grundrechtseingriff in Gestalt der erfolgten Eingliederung. Daher ist die Bestimmung des Maßes stets eine Einzelfallentscheidung angesichts der konkreten Eingliederungssituation. Die üblichen Bedenken im Dunstkreis originärer Leistungsrechte, wie etwa zur Frage zu gewährender Mindeststandards, verfangen daher nicht vollends. Im Übrigen mag es sich größtenteils um typisierte Entscheidungen handeln, bei denen sich das Maß der Leistungserbringungen auch gesetzlich, d.h. konzeptionell, festschreiben lässt.

---

714 *T. Tetzlaff*, Das Soldatenrecht der Bundesrepublik Deutschland im Lichte neuerer Grundrechtsfunktionen, 2000, S. 195.

715 Denkbar sind hierbei etwa Initiativrechte, etwa nach Vorbild des § 91 BetrVG. Zur Typologie der Mitbestimmung im öffentlichen Dienst s. *F. Ossenbühl*, Grenzen der Mitbestimmung im öffentlichen Dienst, 1986, S. 18 ff.

716 Vgl. *G. Lübbe-Wolff*, Die Grundrechte als Eingriffsabwehrrechte, 1988, S. 226; vgl. zu dieser Erkenntnis bereits im Kontext genuiner Leistungsrechte 2. Teil, A., IV., 3.

IV. Grenzen des Modells

1. Grenzen der Durchsetzbarkeit

Versteht man die Anerkennung eingriffsakzessorischer Leistungsrechte zuvörderst als Auftrag an den Gesetzgeber, so offenbart sich eine Schwäche des Modells: Es ist in hohem Maße auf eine entsprechende Umsetzung des parlamentarischen Gesetzgebers angewiesen[717]. Dieser Einwand spricht nicht per se gegen das Modell, führt jedoch zu der Frage nach der Konsequenz, wenn der Gesetzgeber seinem Auftrag nicht nachkommt.

Zwar ist nicht ausgeschlossen, dass derartige Anspruchsrechte auch im Wege richterlicher Rechtsfortbildung geformt werden können. Exemplarisch sei nur auf die bereits erwähnte Inhalts- und Schrankenbestimmung verwiesen. Gleichwohl betont das Bundesverfassungsgericht in der Pflichtexemplar-Entscheidung, dass es grundsätzlich Sache des Gesetzgebers sei, entsprechende Ausgleichsregelungen zu schaffen[718]. Darüber hinaus ergeben sich auch Schwierigkeiten für den betroffenen Grundrechtsträger, sofern er lediglich auf eine richterliche Schaffung etwaiger Anspruchsrechte vertraut. So steht er angesichts der Vielzahl der Möglichkeiten, das Bedürfnis nach Anspruchsrechten einzulösen, vor der Anstrengung, spezifische Leistungsinhalte zu formulieren und dann entsprechend im gerichtlichen Verfahren einzufordern. Exemplarisch lässt sich die grundrechtlich geschützte Informationsfreiheit, die insbesondere im Strafvollzug eingeschränkt ist, auf verschiedene Weise einfordern: sei es etwa durch Zurverfügungstellung einer Zeitung, eines Fernsehers oder eines Internetanschlusses[719]. Darüber hinaus ist fraglich, inwieweit ein gesetzgeberisches Handeln – in Gestalt der Schaffung einer konkreten gesetzlichen Vorschrift – Gegenstand eines solchen Anspruchs sein kann. Für den Gesetzgeber besteht insoweit ein Spannungsverhältnis zwischen seinem parlamentarischen Entscheidungsspielraum und seiner Grundrechtsverantwortung, auf das der einzelne Grundrechtsträger nur bedingt Einfluss zu nehmen vermag.

Möchte man angesichts des gesetzgeberischen Gestaltungsspielraums nicht so weit gehen, ein Recht auf eine bestimmte Maßnahme zu bejahen, so ließe

717 Mit *Bethge* lässt sich somit von gesetzesabhängigen Leistungsrechten sprechen, vgl. *H. Bethge*, Der Staat 24 (1985), 351 (376).

718 BVerfGE 100, 226 (245); ferner dazu bereits 3. Teil, B., II., 2., a).

719 Solche Ansprüche haben freilich ihren Eingang in das einfache Recht gefunden, vgl. §§ 68 f. StVollzG.

sich annehmen, dass dem Einzelnen jedenfalls eines auf ein Tätigwerden des Gesetzgebers zusteht[720], das gewählte System zwischen Eingliederungszweck und Kompensation nachzubessern[721]. In prozessualer Hinsicht erscheint indes fraglich, vor welchem Gericht ein solcher Anspruch geltend zu machen ist. Mit Blick auf den möglichen Verwaltungsrechtsweg spricht die Tatsache, dass Grundrechte in einem solchen Streit eine entscheidende Rolle spielen, nicht bereits für die Annahme einer verfassungsrechtlichen Streitigkeit, welche eine Anwendung von § 40 VwGO ausschließt[722]. Für die Annahme einer verfassungsrechtlichen Streitigkeit spricht jedoch zusätzlich die Zielrichtung eines solchen Verfahrens, das auf die Verpflichtung eines Rechtsetzungsorgans zielt. Der unmittelbare Zugang zum Bundesverfassungsgericht könnte sodann unter der Annahme bejaht werden, dass das Verfassungsbeschwerdeverfahren als eigenständiger primärer Rechtsweg i.S.d. Art. 19 Abs. 4 GG für solche Streitigkeiten einzustufen ist[723].

Besteht hingegen bereits ein gesetzlich normiertes Anspruchsrecht, so vermag die eingegliederte Person vor den Fachgerichten die Frage zu klären lassen, inwieweit eine bestimmte Leistung darunter zu subsumieren ist. Dies umfasst auch die Möglichkeit, ein als nicht ausreichend empfundenes Leistungsniveau gerichtlich überprüfen zu lassen. In prozessualer Hinsicht bedeutet das, dass ein gesetzlich fixierter Anspruch einzuklagen bzw. eine konkrete Leistung unter Berufung auf eine bestimmte Norm zu fordern ist. Im Übrigen verbleibt die Möglichkeit der Erhebung eines Rechtsbehelfs, der die Abwehr des erlittenen Grundrechtseingriffs – in Gestalt der Eingliederung – anstrebt und dabei zu entsprechenden Erwägungen im Sinne einer Verhältnismäßigkeitsprüfung führt.

720 Vgl. *K. Stern*, DÖV 2010, 241 (248).

721 Zu gesetzgeberischen Nachbesserungen vgl. *P. Badura*, Die verfassungsrechtliche Pflicht des gesetzgebenden Parlaments zur „Nachbesserung" von Gesetzen, in: Müller/Rhinow et al. (Hrsg.), FS Eichenberger, 1982, S. 481 (481 ff.).

722 BVerwGE 50, 124 (131); BVerwG NJW 1985, 2344 (2344).

723 *J. Dietlein*, Die Lehre von den grundrechtlichen Schutzpflichten, 2. Aufl., 2005, S. 180; *W. Rüfner*, Leistungsrechte, in: HGR II, 2006, § 40 Rn. 38 f.; dies setzt freilich die Annahme voraus, dass alle staatlichen Gewalten unter den Begriff der „öffentlichen Gewalt" fallen, vgl. zum diesbezüglichen Streitstand *E. Schmidt-Aßmann*, in: Maunz/Dürig (Begr.), Grundgesetz-Kommentar, Stand: September 2017, Art. 19 Abs. 4 Rn. 93 f.; *H. Schulze-Fielitz*, in: Dreier (Hrsg.), Grundgesetz-Kommentar, Bd. 1, 3. Aufl., 2013, Art. 19 IV Rn. 50 m.w.N.

2. *Zur Relevanz des Vorbehalts des Möglichen*

Bei Anwendung seines legislativen Instrumentariums, auch in Gestalt eingriffsakzessorischer Rechte, unterliegt der Gesetzgeber auch solchen Grenzen, die bereits unter dem Schlagwort des „Vorbehalts des Möglichen“ thematisiert wurden[724]. In der Sache geht es dabei um die faktische Grenze des haushaltsrechtlich Machbaren. Im Kontext des Strafvollzugs hat das Bundesverfassungsgericht dabei die Grenzen näher umrissen. Unter Anerkennung des begrenzten haushaltsrechtlichen Spielraums gestattet das Bundesverfassungsgericht dem Gesetzgeber, bei der Entwicklung eines Resozialisierungskonzepts auch entsprechende Kostenlasten und weitere ökonomische Aspekte mit in die Betrachtung einzubeziehen[725]. Dem folgend können Strafgefangene nach Auffassung des Gerichts nicht verlangen, dass zur Vermeidung von Beschränkungen ihrer grundrechtlichen Freiheiten unbegrenzt personelle und sonstige Mittel aufgewendet werden[726]. Ein bloßer Verweis auf fiskalische Interessen soll indes nicht zur Grundrechtsbeschränkung ausreichend sein; so kann gar die zeitweise Unterbrechung des Strafvollzugs ein zuvor zu ergreifendes Mittel darstellen[727]. Im Ergebnis gilt daher angesichts des Vorbehalts des Möglichen nichts anderes als mit Blick auf die Beschäftigung im Rahmen der genuinen Leistungsrechte[728]. Der eher umgrenzte Personenkreis in Sonderstatusverhältnissen mag für eine geringere Auswirkung dieses Einwands sprechen.

V. Zwischenergebnis

Das Modell eingriffsakzessorischer Leistungsrechte beschreibt eine abwehrrechtliche Konstruktion, die dem Einzelnen Leistungen zur Kompensation eines Grundrechtseingriffs gewährt. Der Grundrechtseingriff liegt hierbei in der Begründung des Sonderstatusverhältnisses: Durch die Eingliederung werden den betroffenen Personen- mal mehr, mal weniger intensive – Pflichten auferlegt, die insoweit den maßgeblichen Anknüpfungspunkt bilden.

Dieser Grundrechtseingriff muss gerechtfertigt sein, also bei einer Abwägung der Eingliederungszwecke mit den betroffenen Rechtsgütern dem Grundsatz der Verhältnismäßigkeit genügen. Eine Möglichkeit, diesen Ausgleich zu erzielen, liegt in der Gewährung von Leistungen, die sich in diesem Sinne akzessorisch

---

724 Dazu bereits unten 2. Teil, A., IV., 1., a) und 3. Teil, A., III., 1.

725 BVerfGE 98, 169 (201).

726 Vgl. BVerfGE 34, 370 (380 f.); 35, 307 (310); BVerfGK 19, 157 (160 ff.).

727 BVerfG NJW-RR 2001, 1043 (1046).

728 Dazu 3. Teil, A., III., 1.

zum Grundrechtseingriff darstellen. Das beschriebene Modell dient somit der Umsetzung von Abwägungsergebnissen, die sodann in Gestalt verschiedener Spezialgesetze ihre Verwirklichung finden. Anders als bei originären Leistungsrechten droht hierbei auch kein unmittelbarer Konflikt mit den verfolgten Eingliederungszwecken, da diese einen Teil der anzustellenden Abwägung darstellen.

Der Gedanke der Akzessorietät erinnert an die Schöpfung des Bundesverfassungsgerichts in Gestalt sogenannter ausgleichspflichtiger Inhalts- und Schrankenbestimmungen. Im Kontext der Eigentumsfreiheit aus Art. 14 GG, die für einen normgeprägten Grundrechtsraum steht[729], offenbaren sich Parallelen zur Normgeprägtheit der Sonderstatusverhältnisse. In dieser Konsequenz erscheint es sachgerecht, dem Gesetzgeber auch in Sonderstatusverhältnissen die Aufgabe zuzuweisen, über Ausgleichsregelungen zu entscheiden. Die Typologie der verschiedenen eingriffsakzessorischen Rechte ist dabei vielseitig und reicht von Leistungsrechten im engeren Sinne über Schutzrechte und Verfahrensrechte.

Seine Grenzen erreicht das Modell mit Blick auf die Position des einzelnen Grundrechtsträgers, sofern der parlamentarische Gesetzgeber seinem Auftrag zur Grundrechtsverwirklichung in Sonderstatusverhältnissen nicht nachkommt. Zur Durchsetzbarkeit ist ein subjektives Recht des Einzelnen vonnöten, dem Gesetzgeber im Wege des verfassungsgerichtlichen Rechtsschutzes aufzutragen, das gewählte System zwischen Eingliederungszweck und Kompensation nachzubessern[730].

VI. Eingriffsakzessorische Leistungsgewährung im Strafgefangenenverhältnis

Abschließend soll das zuvor dargestellte Modell in Verbindung gebracht werden mit einschlägigen Regelungen des geltenden Rechts. Eine solche Betrachtung verspricht die Erkenntnis, dass es sich bei eingriffsakzessorischer Leistungsgewährung um ein taugliches Mittel des Gesetzgebers handelt, einen verhältnismäßigen Ausgleich im Sonderstatus zu erzielen. Folgt man dem komparativen Verhältnis zwischen Eingliederung und Kompensation, so mag die Notwendigkeit eingriffsakzessorischer Leistungsrechte im Strafvollzug aufgrund dessen totalen Charakters deutlich hervortreten. Es eignet sich daher in besonderem Maße, um das dargestellte Modell auf das geltende Recht zu beziehen.

---

729 *A. Grochtmann*, Die Normgeprägtheit des Art. 14 GG, 2010, S. 24 ff., 112 ff.

730 Vgl. zur Durchsetzbarkeit als Wesensmerkmal eines Leistungsrechts bereits 2. Teil, A., III., 4., b).

Einen Anhaltspunkt dafür, dass das StVollzG das Ergebnis einer Güterabwägung darstellt und hierbei nachteilige – nicht zwingend intendierte – Effekte auszugleichen sucht, gibt der Angleichungsgrundsatz des § 3 Abs. 1 StVollzG[731]. Hiernach soll das Leben im Vollzug den allgemeinen Lebensverhältnissen soweit als möglich angeglichen werden. Die Begründung hierfür liegt in der Tatsache, dass die Inhaftierung als Ausnahmesituation eher kontraproduktiven Einfluss auf die Erreichung des Vollzugsziels in Gestalt der Resozialisierung nimmt[732]. In der Sache handelt es sich gleichwohl eher um ein an den Staat gerichtetes Gestaltungsprinzip zur Auslegung der Einzelbestimmungen des StVollzG, welches sich aufgrund seines unbestimmten Gehalts wohl kaum subjektiv-rechtlich bewehren lässt[733]. In diesem Sinne kann er auch als Fürsorgepflicht der Vollzugsbehörde zugunsten der Inhaftierten gedeutet werden[734]. Auf diese Weise trägt der Angleichungsgrundsatz zur reaktiven Leistungsgewährung im Einzelfall bei.

1. Rechtsgrundlagen

Erkenntnisquellen dieser Betrachtung bilden vornehmlich das Strafvollzugsgesetz des Bundes und diejenigen der Länder. Auf Bundesebene regelt der zweite Abschnitt des Strafvollzugsgesetzes die maßgeblichen Einzelheiten des Vollzugs. Er gliedert sich wiederum in sechzehn Titel, die jeweils die verschiedenen Themenbereiche wie Planung des Vollzugs, Unterbringung, Arbeit, Religionsausübung, Gesundheitsfürsorge oder soziale Hilfen zum Gegenstand haben. Dabei fällt ins Auge, dass die Gewährung bestimmter Leistungen oftmals im Einzelfall untersagt werden kann. Darüber hinaus bestehen besondere Vorschriften zu freiheitsentziehenden Maßregelungen der Besserung und Sicherung (dritter Abschnitt) und sonstigen freiheitsentziehenden Maßnahmen (fünfter Abschnitt), auf die im Folgenden nicht eingegangen werden soll. Im Übrigen wird weitestgehend nicht auf die Landesgesetzgebung eingegangen, da nicht jedes Bundesland von seiner Gesetzgebungskompetenz im Bereich des Strafvollzugs Gebrauch gemacht hat und die bestehenden Gesetze zahlreiche Gemeinsamkeiten mit dem Bundesgesetz aufweisen[735].

---

731 Vgl. dazu umfassend *I. Matthey*, Der Angleichungsgrundsatz nach § 3 StVollzG, 2011, S. 48 ff.; *G. Bemmann*, Über den Angleichungsgrundsatz des § 3 Abs. 1 StVollzG, in: Küper (Hrsg.), FS Lackner, 1987, S. 1047 (1047 ff.).

732 *K. Laubenthal*, Strafvollzug, 7. Aufl., 2015, S. 131 spricht von der „Reduzierung lebensfremder Restriktionen".

733 Vgl. *I. Matthey*, Der Angleichungsgrundsatz nach § 3 StVollzG, 2011, S. 159 ff., 275 ff.

734 Vgl. *K. Laubenthal*, Strafvollzug, 7. Aufl., 2015, S. 339.

735 Vgl. hierzu im Einzelnen *K. Laubenthal*, Strafvollzug, 7. Aufl., 2015, S. 22 f.

2. Eingriffsakzessorische Leistungsrechte im Überblick

a) Rechte auf kommunikativen Verkehr

Ausdrücklich als Recht des Gefangenen ist das Verkehrsrecht in § 23 StVollzG festgeschrieben und das korrespondierende Recht auf Besuch nach § 24 StVollzG. Hiernach hat der Gefangene das Recht, mit Personen außerhalb der Anstalt im Rahmen der gesetzlichen Vorgaben zu verkehren, insbesondere Besuch zu empfangen. Geregelt ist hierbei eine Gesamtdauer von mindestens einer Stunde im Monat, § 24 Abs. 1 S. 2 StVollzG. Im Einzelfall können hierbei Besuche untersagt werden, vgl. § 25 StVollzG. Das Recht auf Besuch ist als eingriffsakzessorisches Leistungsrecht einzuordnen. Konzeptionell handelt es sich hierbei um einen Ausgleich für die räumliche Eingliederung, die mit der weitgehenden sozialen Isolation des Strafgefangenen einhergeht. Sie ist kompensationsbedürftig, da zwar die Aufhebung der körperlichen Bewegungsfreiheit beabsichtigt ist, die vollständige Isolation der Inhaftierten jedoch – auch mit Blick auf die Erreichung des Vollzugsziels in Gestalt der Erlangung sozialer Kompetenzen – nicht intendiert ist[736]. Um auf die Besonderheiten des Einzelfalls Rücksicht zu nehmen, sieht das StVollzG ferner ein Einfallstor für die reaktive Leistungsgewährung vor, indem nach § 24 Abs. 1 S. 3 StVollzG für weitere Einzelheiten auf die Hausordnung der jeweiligen Einrichtung verwiesen wird. So kann etwa auf unterschiedliche Bedürfnisse, etwa im Fall eines Familienvaters, der mit seinen Kindern auf bestimmte Weise oder zu bestimmten Zeiten in Kontakt treten möchte, Rücksicht genommen werden[737]. Eine kommunikative Anbindung an Personen außerhalb der jeweiligen Einrichtung wird ferner durch das Recht auf Schriftwechsel nach § 28 StVollzG gewährt, welches aus den gleichen Gründen als eingriffsakzessorisches Leistungsrecht einzuordnen ist[738]. Ähnliches gilt für das Recht auf Paketempfang nach § 33 StVollzG.

---

736 *K. Laubenthal*, Strafvollzug, 7. Aufl., 2015, S. 346; OLG Zweibrücken NStZ 2005, 289 (289); *F. Arloth*, in: in: Arloth/Krä (Hrsg.), StVollzG, 4. Aufl., 2017, § 23 StVollzG Rn. 1, § 24 StVollzG Rn. 1; *R.-P. Calliess/H. Müller-Dietz*, Strafvollzugsgesetz, 11. Aufl., 2008, § 24 Rn. 2.

737 Vgl. BVerfG NJW 1993, 3059 (3059) zum Einfluss von Art. 6 Abs. 1 GG in diesem Zusammenhang.

738 Nach OLG Zweibrücken NStZ 2005, 289 (289) folgt aus der Fürsorgepflicht zugunsten des Strafgefangenen, dass ihm hierfür unentgeltlich Schreibmaterial zur Verfügung zu stellen ist; *H. Schöch*, Spezielle Rechte und Pflichten im Vollzug, in: *Kaiser/Schöch* (Hrsg.), Strafvollzug, 5. Aufl., 2002, § 7 Rn. 78.

b) Informationsrechte

Die Unterbringung im Strafvollzug bedingt es ferner, dass dem Strafgefangenen übliche Informationskanäle nicht zur Verfügung stehen. Mit Blick auf die Ausübung ihrer Informationsfreiheit nach Art. 5 Abs. 1 S. 1 GG gewährt § 68 Abs. 1 StVollzG den Gefangenen den Bezug von Zeitungen und Zeitschriften in angemessenem Umfang. Auf diese Weise wird ebenfalls eine kompensationsbedürftige Folge der Eingliederung in Gestalt eines eingriffsakzessorischen Leistungsrecht ausgeglichen. Dabei fällt ins Auge, dass die Vorschrift eine Vermittlung der Printwerke durch die Strafanstalt vorsieht. Der Grund hierfür liegt in der angestrebten Verminderung des Kontrollaufwands seitens der Einrichtung[739]. Deutlich wird gleichwohl, dass staatlicherseits hierbei organisatorische Vorkehrungen zu treffen sind, welche die konkrete Abwägung zwischen den Interessen der Gefängnisanstalt und dem Informationsbedürfnis des Gefangenen in einer Vielzahl von Fällen ermöglichen[740]. Das eingriffsakzessorische Leistungsrecht beschränkt sich somit nicht auf die bloße Leistungsgewährung, sondern fordert auch die Etablierung eines entsprechenden Verfahrens zur Mittelgewährung, in welchem die Rechte der Betroffenen beleuchtet werden.

Vergleichbares gilt im Ergebnis auch für weitere Informationskanäle, namentlich sind dies Hörfunk und Fernsehen, § 69 StVollzG. Hier ist gar eine Auswahl einzelner Programme erforderlich. Angesichts des gesteigerten Kontrollaufwands mag ein Anspruch auf Bereitstellung eines eigenen Computers hingegen grundsätzlich nicht bestehen[741].

c) Seelsorge

Bereits umfassend thematisiert wurde das verfassungsrechtlich flankierte Recht auf Anstaltsseelsorge[742]. Seine einfach-rechtliche Umsetzung findet es in § 53 StVollzG. Konkretisiert wird es ferner durch das Recht, grundlegende religiöse Schriften zu besitzen. Der Gesetzgeber trägt damit dem Umstand Rechnung, dass die Einschränkung der Religionsfreiheit durch die Eingliederung nicht bezweckt ist. Darüber hinaus besteht die Möglichkeit, an religiösen Veranstaltungen teilzunehmen, § 54 StVollzG.

---

739 LG Gießen BeckRS 2011, 03855 (03855); *K. Laubenthal*, Strafvollzug, 7. Aufl., 2015, S. 436; *F. Arloth*, in: Arloth/Krä (Hrsg.), StVollzG, 4. Aufl., 2017, § 68 StVollzG Rn. 2; *R.-P. Calliess/H. Müller-Dietz*, Strafvollzugsgesetz, 11. Aufl., 2008, § 68 Rn. 1.

740 LG Gießen BeckRS 2011, 03855 (03855).

741 BVerfG NStZ 2003, 621 (621).

742 Vgl. dazu umfassend 2. Teil, B., I.

d) Gesundheitsfürsorge

Regelungen zur Gesundheitsfürsorge finden sich in den §§ 56 ff. StVollzG. Der Strafgefangene hat hierbei einen Anspruch auf umfassende Sorge für seine körperliche und geistige Gesundheit[743].

Fraglich ist, ob es sich hierbei um ein eingriffsakzessorisches Leistungsrecht handelt. Zweifel daran könnten dergestalt bestehen, dass es sich bei der Gesundheitsfürsorge um eine allgemeine Verpflichtung des Staates handelt, die auch im regulären Staat-Bürger-Verhältnis in Gestalt etwaiger Sicherungssysteme zum Zuge kommt. Der Leistungsanspruch aus § 56 StVollzG weist jedoch sonderstatusspezifischen Bezug auf: So ist festzuhalten, dass die Strafgefangenen nicht in die gesetzlichen Krankenversicherungen einbezogen sind und ihre sozialversicherungsrechtlichen Ansprüche gem. § 16 Abs. 1 Nr. 4 SGB V zugunsten der Gesundheitsfürsorge nach dem StVollzG ruhen[744]. Somit besteht eine Entscheidung des Gesetzgebers, eine gesonderte Lösung für Strafgefangene zu treffen und sie nicht ohne abweichende Regelungen in das bestehende Sozialversicherungssystem zu integrieren[745]. Auf diese Weise wird den Besonderheiten des Strafgefangenenverhältnisses Rechnung getragen und eine Kompensationsmöglichkeit gewählt, die sich akzessorisch zur erfolgten Eingliederung darstellt.

e) Soziale Hilfe

Die Gewährung sozialer Hilfen folgt verfassungsrechtlich aus dem Sozialstaatsprinzip[746]. Einfach-rechtlich folgt sie aus den §§ 71 ff. StVollzG, welche die Hilfe

---

743 *K. Laubenthal*, Strafvollzug, 7. Aufl., 2015, S. 456 f.; *F. Arloth*, in: Arloth/Krä (Hrsg.), StVollzG, 4. Aufl., 2017, § 56 StVollzG Rn. 1; *R.-P. Calliess/H. Müller-Dietz*, Strafvollzugsgesetz, 11. Aufl., 2008, § 56 Rn. 1; *H. Schöch*, Spezielle Rechte und Pflichten im Vollzug, in: *Kaiser/Schöch* (Hrsg.), Strafvollzug, 5. Aufl., 2002, § 7 Rn. 200.

744 *K. Peters*, in: Körner/Leitherer/Mutschler (Hrsg.), Kasseler Kommentar Sozialversicherungsrecht, Stand: 97. EL, SGB V § 5 Rn. 168; *ders.*, in: Körner/Leitherer/Mutschler (Hrsg.), Kasseler Kommentar Sozialversicherungsrecht, Stand: 97. EL, SGB V § 16 Rn. 13 f.; *K. Laubenthal*, Strafvollzug, 7. Aufl., 2015, S. 457; *F. Arloth*, in: Arloth/Krä (Hrsg.), StVollzG, 4. Aufl., 2017, § 56 StVollzG Rn. 1; *M. Steiner*, Der Strafgefangene im System der gesetzlichen Sozialversicherung, 2006, S. 77 ff.; *U. Schorn*, NZS 1995, 444 (444); *K. P. Rotthaus*, NStZ 1987, 1 (4) spricht in diesem Kontext von „resozialisierungsfeindliche(n) Spätfolge(n) der Freiheitsstrafe".

745 Freilich folgt der Gesetzgeber damit auch seiner verfassungsrechtlichen Pflicht aus Art. 2 Abs. 2 S. 1 GG.

746 BVerfGE 35, 202 (235 f.); 45, 187 (228 f.); BVerfG NJW 2016, 389 (390); *K. Laubenthal*, Strafvollzug, 7. Aufl., 2015, S. 461; *F. Arloth*, in: Arloth/Krä (Hrsg.), StVollzG, 4. Aufl.,

bei der Aufnahme, während des eigentlichen Vollzugs und der Entlassung umfassen. Den Vollzugsbehörden ist im Rahmen der Umsetzung dieser Vorgaben ein weiter Spielraum eröffnet[747]. Dabei zeigt insbesondere § 73 StVollzG, wonach der Gefangene in dem Bemühen unterstützt werden soll, seine Rechte und Pflichten innerhalb des Strafvollzugs wahrzunehmen, dass die eingegliederten Betroffenen zur Ausübung ihrer Rechte und Pflichten auf die Mitwirkung des Staates angewiesen sind; dies gilt in gesteigertem Maße für solche Rechte und Pflichten, die den Dunstkreis der Strafanstalt verlassen, wie etwa die Ausübung des Wahlrechts oder die Zahlung von Unterhaltsleistungen an Angehörige.

Auf diese Weise ist es das Bestreben der gesetzlichen Regelung, im Lichte des Resozialisierungsauftrags diejenigen Nachteile zu kompensieren, die mit der Eingliederung einhergehen. Es handelt sich somit um eingriffsakzessorische Leistungsrechte, die insbesondere mit Blick auf den weiten Spielraum der Vollzugsbehörden die reaktive Leistungsgewährung vor Ort ermöglichen.

f) Schutz- und Partizipationsrechte

Neben den Leistungsrechten im engeren Sinne kommen auch Schutz- und Partizipationsrechte im Strafvollzug in Betracht. So mag man die Aufgabe des Strafvollzugs nach § 2 S. 2 StVollzG, die Allgemeinheit vor weiteren Straftaten zu schützen, auch auf die übrigen Strafgefangenen beziehen[748]. Ein solches Bedürfnis besteht umso mehr angesichts der Tatsache, dass es sich bei dem Strafvollzug um ein künstliches soziales Gebilde handelt, in dem die Gefangenen oftmals aufgrund ihrer individuellen Vorgeschichte Konflikte mit Gewalt oder aggressivem Verhalten zu lösen versuchen[749]. Insoweit wird man annehmen können, dass sich die allgemeine Schutzpflicht des Staates, Leib und Leben seiner Bürger zu schützen, im Strafvollzug sonderstatusspezifisch konkretisiert. Der Staat gerät in diese Verantwortung, da er die Umstände der Eingliederung insoweit zu vertreten hat. Das Schutzrecht des Strafgefangenen ist somit eingriffsakzessorisch.

2017, § 71 StVollzG Rn. 1; *R.-P. Calliess/H. Müller-Dietz*, Strafvollzugsgesetz, 11. Aufl., 2008, § 71 Rn. 1.

747 *K. Laubenthal*, Strafvollzug, 7. Aufl., 2015, S. 462; *F. Arloth*, in: Arloth/Krä (Hrsg.), StVollzG, 4. Aufl., 2017, § 71 StVollzG Rn. 1a; *R.-P. Calliess/H. Müller-Dietz*, Strafvollzugsgesetz, 11. Aufl., 2008, § 71 Rn. 1; *H. Schöch*, Spezielle Rechte und Pflichten im Vollzug, in: *Kaiser/Schöch* (Hrsg.), Strafvollzug, 5. Aufl., 2002, § 7 Rn. 200.

748 So deutlich konstatiert dies etwa § 6 Abs. 5 S. 1 StVollzG NW: „Die Sicherheit in den Anstalten soll ein gewaltfreies Klima fördern und die Gefangenen vor Übergriffen Mitgefangener schützen."; *K. Laubenthal*, Strafvollzug, 7. Aufl., 2015, S. 116.

749 *K. Laubenthal*, Strafvollzug, 7. Aufl., 2015, S. 134.

Umfangreiche Partizipationsrechte zur Einflussnahme auf die Willensbildung sieht das StVollzG nicht vor, was an der Tatsache liegen mag, dass dort bezweckt wird, die Einflussmöglichkeiten der Strafgefangenen zu reduzieren. Gleichwohl bestehen vereinzelte Regelungen. So lässt sich etwa das Beschwerderecht nach § 108 StVollzG, wonach der Gefangene Gelegenheit erhält, sich mit Wünschen, Anregungen und Beschwerden an den Anstaltsleiter zu wenden, als ein solches Recht deuten. Auch sehen vereinzelte Vollzugsgesetze der Länder die Möglichkeit vor, Interessenvertretungen der Gefangenen zu bilden[750]. Auf diese Weise können die Gefangenen kollektiv Einfluss nehmen und konkrete Vorschläge und Anregungen an die Vollzugsbehörde richten.

C. Weitere Konstruktionen

I. Fürsorge kraft generalisierter Reziprozität

Im Rahmen der Betrachtung verfassungsunmittelbarer Leistungsrechte im Sonderstatus fiel mit der Fürsorgeverpflichtung des Dienstherrn zugunsten des Beamten ein Modell in den Blick, welches erlittene Freiheitseinbußen und kompensierende Leistungen in ein globales Verhältnis setzt: Erstrebt wird hierbei nicht die Äquivalenz erlittener Nachteile und entsprechend zu gewährender Vorteile, sondern die Schaffung eines ausgewogenen Systems. Es handelt sich hierbei also um ein Verhältnis generalisierter Reziprozität[751]. Demgemäß kann überlegt werden, ob sich Sonderstatusverhältnisse als Verhältnisse generalisierter Reziprozität dergestalt verselbständigt haben, dass sie – ähnlich dem Beamtentum und der korrespondierenden Fürsorgeverpflichtung – einen eigenständigen Geltungsgrund für die Leistungsgewährung darstellen.

Gegen eine solche Konstruktion sprechen indes tragende Gründe. Zunächst käme dies der Anerkennung der Sonderstatusverhältnisse als eigenständige Rechtsfiguren gleich. Wie bereits erörtert, handelt es sich dabei um bestehende, vollständig abstrakte Denkformen, die Begründungsprobleme lösen sollen, die mit den bestehenden Dogmen aus Gesetz, Rechtsprechung und Lehre nicht hinreichend gelöst werden können[752]. Nimmt man demgemäß an, dass hinsichtlich der Leistungsgewährung in Sonderstatusverhältnissen entsprechende

---

750 So etwa § 99 StVollzG MV, § 139 StVollzG SH, § 112 JVollzGB SA, § 182 NJVollzG.

751 Vgl. 1. Teil, B., IV., 3., b).

752 Vgl. 1. Teil, A., IV., 1.; *M. Bors*, Die Figur der Rechtsfigur, in: Gauch/Pichonnaz (Hrsg.), Figures juridiques/Rechtsfiguren, FS Tercier, 2003, S. 219 (230, 238 f.); *J. F. Lindner*, Rechtswissenschaft als Metaphysik, 2017, S. 91 ff.

Begründungsprobleme bestehen, so ließe sich nicht nur eine immanente Beschränkungsermächtigung[753], sondern auch eine immanente Leistungsbefugnis für Sonderstatusverhältnisse folgern. Nach der hier vertretenen Auffassung besteht jedoch diesbezüglich kein Begründungsproblem, da der Staat als Garant der Grundrechtsverwirklichung in Sonderstatusverhältnissen einen angemessenen Ausgleich herstellen muss und dies in Gestalt der eingriffsakzessorischen Leistungsrechte auch einzulösen vermag. Darüber hinaus handelt es sich auch um durchsetzbare Rechte für den Einzelnen[754], sodass auch hieraus kein Begründungsproblem entstehen kann. Wie bereits ausgeführt, stellt das Sonderstatusverhältnis nach dem hier verstandenen Sinne eine deskriptive Kategorie und keine Rechtsfigur dar.

Ferner hinkt ein direkter Vergleich mit dem Berufsbeamtentum, da dessen Fürsorgepflicht in Gestalt von Art. 33 GG über einen unmittelbaren Anknüpfungspunkt in der Verfassung verfügt; eine vergleichbare allgemeine Bestimmung für Sonderstatusverhältnisse findet sich indes freilich nicht.

II. Leistungspflicht aus Ingerenz

Eine Leistungsverpflichtung des Staates könnte sich darüber hinaus aufgrund der Tatsache ergeben, dass er die Gefahren für die Freiheitssphäre des Einzelnen durch Festschreibung der Eingliederungskonditionen schafft[755]. Dem folgend könnten Kompensationsleistungen erforderlich sein, damit der Staat seiner Grundrechtsverantwortung gerecht wird. In der Sache handelt es sich hierbei jedoch um das beschriebene Modell der eingriffsakzessorischen Leistungsrechte, wonach die Eingliederung seitens des Staates – die er entweder zu vertreten hat oder auf deren Konditionen er maßgeblichen Einfluss hat – bereits als Grundrechtseingriff einzuordnen ist. In einem solchen Sinne kann diesbezüglich durchaus von einer Leistungsverpflichtung des Staates aus Ingerenz gesprochen werden[756], wenn auch ein differenzierter Blick im Einzelnen vonnöten ist.

---

753 *D. Merten*, Grundrechte und Besonderes Gewaltverhältnis, in: ders. (Hrsg.), Das besondere Gewaltverhältnis, 1985, S. 53 (70).

754 Vgl. 3. Teil, B., IV., 1.

755 Vgl. zur Garantenstellung aus vorangegangenem Tun im Strafrecht *C. Sowada*, Jura 2003, 236 (236 ff.).

756 Vgl. zur Ingerenzverantwortung des Staates aus grundrechtsgefährdendem Tun bezüglich Warnungen und Kooperationen mit Privaten *L. Michael/M. Morlok*, Grundrechte, 6. Aufl., 2017, Rn. 518.

D. Fazit anhand der dargestellten Modelle

Nach der Untersuchung des leistungsrechtlichen und des abwehrrechtlichen Modells lassen sich zusätzlich folgende Erkenntnisse bezüglich der leistungsrechtlichen Dimension der Sonderstatusverhältnisse gewinnen.

Zunächst fällt auf, dass der Anwendungsbereich originärer grundrechtlicher Leistungsrechte in Sonderstatusverhältnissen gering bleibt. Dies liegt indes nicht an einer Skepsis gegenüber der weiteren Wirkdimension der Grundrechte. Es liegt vielmehr in dem Umstand begründet, dass etwaige Leistungsrechte nicht in Konflikt mit den Eingliederungszwecken stehen dürfen. Andernfalls ergeben sich Wertungswidersprüche mit Blick auf die Rechtfertigung der jeweiligen Eingliederung. Trotz der gesteigerten Grundrechtsverantwortung des Staates verbleibt originären grundrechtlichen Leistungsrechten in Sonderstatusverhältnissen damit nur ein unwesentlicher Anwendungsbereich.

Jede Eingliederung von Personen in den Raum staatlicher Verantwortung stellt eine Beeinträchtigung von grundrechtlichen Positionen dar, die ihrerseits jedoch gerechtfertigt werden kann. Dies folgt bereits daraus, dass der Staat einseitig die Konditionen der Eingliederung festlegt und die jeweils Betroffenen auf diesen Konstitutionsakt keinen unmittelbaren Einfluss haben. Dabei variiert das Bedürfnis nach Kompensation je nach Ausgestaltung des konkreten Verhältnisses; nicht in jedem Sonderstatusverhältnis bedarf es zur Rechtfertigung umfassender kompensierender Leistungen. Zwar handelt es sich bei Sonderstatusverhältnissen um Verhältnisse generalisierter Reziprozität. Sie sind jedoch in unterschiedlicher Intensität asymmetrisch: So mag bei „flüchtigen" Sonderstatusverhältnissen nicht zwingend eine Leistungsgewährung, wohl aber etwa die Gewährung von Schutzrechten in Betracht kommen. In „totalen" Verhältnissen hingegen bedarf es einer umfassenden Abwägung und der Schaffung eines Eingliederungskonzepts in Gestalt eines Spezialgesetzes wie etwa dem Strafvollzugsgesetz.

Die Notwendigkeit eines gesetzlichen Eingliederungskonzeptes folgt aus der gesteigerten Grundrechtsverantwortung des Staates, die sich als bereichsspezifische Ausprägung der Wesentlichkeitstheorie im Sinne einer Grundrechtswesentlichkeit begreifen lässt. Jedenfalls in „totalen" Verhältnissen ist die Schaffung solcher Normen daher aus verfassungsrechtlichen Gründen zu fordern. Der Staat vermag seiner Garantenstellung in diesem Bereich sodann dadurch gerecht werden, dass er einen verhältnismäßigen Ausgleich schafft unter Verwendung eingriffsakzessorischer Leistungsrechte, die ihrerseits für den Einzelnen durchsetzbar sind.

Die leistungsrechtliche Dimension der Sonderstatusverhältnisse steht damit im Spannungsfeld zwischen den verfolgten Eingliederungszwecken und der Freiheitssphäre des Einzelnen. Sie findet vornehmlich ihre Verwirklichung in Gestalt eines abwehrrechtlichen Modells der vorgestellten Art.

4. Teil: Zusammenfassung in Thesen

Zum 1. Teil:

1. Der oftmals postulierte „Abschied vom Sonderstatusverhältnis“ ist ein Abschied vom Sonderstatusverhältnis als Rechtsfigur. Das Sonderstatusverhältnis selbst weist keine immanente Beschränkungsermächtigung auf. Der Begriff des Sonderstatusverhältnisses ist demgemäß lediglich eine deskriptive Kategorie.
2. Sonderstatusverhältnisse sind in ihrer Ausgestaltung heterogen und haben eine räumliche, eine zeitliche und eine sachliche Dimension inne. Eingegliederte Personen können entweder der Konfusions- oder Oppositionslage angehören und dies entweder freiwillig, also aktiv, oder unfreiwillig, d.h. in passiver Weise.
3. Die Willensrichtung der Akteure in Sonderstatusverhältnissen ist ein Spezifikum, welches im Rahmen der leistungsrechtlichen Betrachtung zu berücksichtigen ist. Sie taugt indes nicht zur Annahme eines Grundrechtsverzichts.
4. Sonderstatusverhältnisse sind Verhältnisse generalisierter Reziprozität: Staat und Bürger begegnen sich innerhalb eines Pflichtengeflechts wechselseitiger Rechte und Verpflichtungen. Die Konfusionslage ist dabei hauptsächlich gekennzeichnet durch Handlungspflichten, die Oppositionslage hingegen von Duldungspflichten.

Zum 2. Teil:

5. Die Spezifizierung grundrechtlicher Werte bezieht sich nicht nur auf den abwehrrechtlichen Kontext, sondern betrifft auch die Leistungsdimension. Damit Grundrechte ihrem Wirklichkeitsbezug gerecht werden können, bedarf es Möglichkeiten ihrer dynamischen Anpassung. Dabei ist im Laufe der Zeit die Notwendigkeit gestiegen, die tatsächlichen Voraussetzungen der Grundrechtsausübung zu gewährleisten.
6. Grundrechtliche Leistungsrechte setzen eine entsprechende Leistungsverpflichtung des Staates voraus; eine Leistungsverpflichtung des Staates muss hingegen nicht zwingend zu einer subjektivierten Rechtsposition des Einzelnen führen.
7. Die Gewährung bestimmter grundrechtlicher Mindeststandards gilt als Leitlinie für die Bestimmung des Umfangs etwaiger Leistungsrechte, da sie für die Grundrechtsverwirklichung im Ansatz ausreichend sind und überdies in

der Lage sind, die aufgeworfenen Einwände gegen diese Grundrechtsdimension weitestgehend zu neutralisieren.

8. Der Anspruch, welcher der Anstaltsseelsorge aus Art. 141 WRV entspringt, dient anders als soziale Grundrechte nicht dazu, das Unvermögen des Eingegliederten in faktischer Hinsicht auszugleichen, sondern vielmehr solche Hindernisse, die durch den Sonderstatus bedingt sind und insofern rechtlicher Natur sind.
9. Die Fürsorgeverpflichtung des Dienstherrn im Berufsbeamtentum beschreibt ein Modell, welches erlittene Freiheitseinbußen und kompensierende Leistungen in ein globales Verhältnis setzt, welches nicht nach einer Saldierung der Leistungen, sondern nach einem angemessenen Ausgleich strebt. Es handelt sich um ein Verhältnis generalisierter Reziprozität.

Zum 3. Teil:

10. Die Notwendigkeit der leistungsrechtlichen Garantien im Sonderstatus folgt aus den Schwächen, welche die Eingliederungslage hinsichtlich der Freiheitsausübung des Einzelnen bereithält.
11. In Sonderstatusverhältnissen besteht eine gesteigerte Verletzlichkeit des Einzelnen, für die sich der Staat verantwortlich zeichnet. Er ist gehalten, die Grundrechtsverwirklichung in solchen Verhältnissen zu sichern; dabei handelt es sich in letzter Konsequenz um eine Verdichtung seiner allgemeinen Grundrechtsbindung und der Eigenschaft der Grundrechte als Prinzipien, welche als Optimierungsgebote zu begreifen sind. Der Staat kann als Garant der Grundrechtsverwirklichung angesehen werden.
12. Im Sinne eines komparativen Systems besteht die Notwendigkeit durchsetzbarer subjektiver Rechte des Einzelnen umso mehr, je einschneidender und umfassender sich das Sonderstatusverhältnis gestaltet.
13. Anspruchsrechte dürfen den Eingliederungszwecken nicht zuwiderlaufen. Für sie verbleibt ein Anwendungsbereich abseits derjenigen Zwecke, die mit dem Sonderstatusverhältnis verfolgt werden.
14. Das Modell eingriffsakzessorischer Leistungsrechte beschreibt eine abwehrrechtliche Konstruktion, die dem Einzelnen Leistungen zur Rechtfertigung des Grundrechtseingriffs in Gestalt der Eingliederung gewährt. Auf diese Weise dient das Modell der Umsetzung von Abwägungsergebnissen, die sodann in Gestalt verschiedener Spezialgesetze ihre Verwirklichung finden.
15. Die Leistungsgewährung kann hierbei konzeptionell, also durch Schaffung eines gesetzlichen Eingliederungskonzepts, erfolgen, wobei in reaktiver Hinsicht Einfallstore für ein dynamisches Tätigwerden „vor Ort" vorzusehen

sind. Gefordert ist stets die sachbereichsspezifische Realisierung des Verhältnismäßigkeitsprinzips.

16. Seine Grenzen erreicht das Modell eingriffsakzessorischer Leistungsrechte mit Blick auf die Position des einzelnen Grundrechtsträgers, sofern der parlamentarische Gesetzgeber seinem Auftrag zur Grundrechtsverwirklichung in Sonderstatusverhältnissen nicht nachkommt. Zur Durchsetzbarkeit ist ein subjektives Recht des Einzelnen vonnöten, dem Gesetzgeber im Wege des verfassungsgerichtlichen Rechtsschutzes aufzutragen, das gewählte System zwischen Eingliederungszweck und Kompensation nachzubessern.
17. Die Typologie eingriffsakzessorischer Leistungsrechte reicht von Leistungsrechten im engeren Sinne bis hin zu Schutzrechten, Partizipationsrechten und Verfahrensrechten.
18. Sonderstatusverhältnisse haben sich als Verhältnisse generalisierter Reziprozität nicht dergestalt verselbständigt, dass sie einen eigenständigen Geltungsgrund für die Leistungsgewährung darstellen.

Literaturverzeichnis

Alexy, Robert, Theorie der Grundrechte, 3. Auflage, Frankfurt am Main 1996.

Alexy, Robert, Jörn Ipsens Konstruktion der Grundrechte, Der Staat 52 (2013), S. 87 ff.

Amelsberg, Hajo, Zur Zulässigkeit haushaltswirksamer Rechtsfortbildung, 1995.

Anschütz, Gerhard, Die Verfassung des Deutschen Reichs vom 11. August 1919, 14. Auflage, Berlin 1933.

Arango, Rodolfo, Der Begriff der sozialen Grundrechte, Baden-Baden 2001.

Arloth, Frank/Krä, Horst (Hrsg.), Strafvollzugsgesetze Bund und Länder, Kommentar, 4. Auflage, München 2017.

Arnauld, Andreas von, Das Existenzminimum, in: ders. (Hrsg.), Strukturfragen des Sozialverfassungsrechts, Tübingen 2009, S. 251 ff.

Axer, Peter, Das Grundrecht auf Gewährleistung eines menschenwürdigen Existenzminimums und die Sicherung sozialer Grundrechtsvoraussetzungen, in: Anderheiden, Michael (Hrsg.), Verfassungsvoraussetzungen, Gedächtnisschrift für Winfried Brugger, Tübingen 2013, S. 335 ff.

Bachmann, Mario, Bundesverfassungsgericht und Strafvollzug, Eine Analyse aller veröffentlichten Entscheidungen, Berlin 2015.

Badura, Peter, Das Prinzip der sozialen Grundrechte und seine Verwirklichung im Recht der Bundesrepublik Deutschland, Der Staat 14 (1975), S. 17 ff.

Badura, Peter, Die verfassungsrechtliche Pflicht des gesetzgebenden Parlaments zur „Nachbesserung“ von Gesetzen, in: Müller, Georg/Rhinow, René A./Schmid, Gerhard/Wildhaber, Luzius (Hrsg.), Staatsorganisation und Staatsfunktionen im Wandel, Festschrift für Kurt Eichenberger zum 60. Geburtstag, Basel 1982, S. 481 ff.

Badura, Peter, Staatsrecht, Systematische Erläuterung des Grundgesetzes für die Bundesrepublik Deutschland, 7. Auflage, München 2018.

Battis, Ulrich (Hrsg.), Bundesbeamtengesetz, Kommentar, 5. Auflage, München 2017.

Bauer, Hartmut, Die Bundestreue, Zugleich ein Beitrag zur Dogmatik des Bundesstaatsrechts und zur Rechtsverhältnislehre, Tübingen 1992.

Bauer, Hartmut, „Der Staat“ und die „staatlichen“ Rechte im Ordnungsrahmen der Rechtsverhältnislehre, Zugleich Bemerkungen zur „Neuen Verwaltungsrechtswissenschaft“, in: Schlieffen, Katharina von (Hrsg.), Republik – Rechtsverhältnis – Rechtskultur, Tübingen 2018, S. 263 ff.

Becker, Hans-Jürgen, Das Gewaltmonopol des Staates und die Sicherheit des Bürgers, Der Ewige Landfriede – vor 500 Jahren, NJW 1995, S. 2077 ff.

Becker, Howard, Man in reciprocity, New York 1956.

Bemmann, Günter, Über den Angleichungsgrundsatz des § 3 Abs. 1 StVollzG, in: Küper, Wilfried (Hrsg.), Festschrift für Karl Lackner zum 70. Geburtstag am 18. Februar 1987, Berlin u.a. 1987, S. 1047 ff.

Benda, Ernst (Hrsg.), Handbuch des Verfassungsrechts der Bundesrepublik Deutschland, 2. Auflage, Berlin u.a. 1994.

Benz, Christian E., Die Kodifikation der Sozialrechte, Zürich 1973.

Berg, Wilfried, Die öffentlichrechtliche Anstalt, NJW 1985, S. 2294 ff.

Bethge, Herbert, Aktuelle Probleme der Grundrechtsdogmatik, Der Staat 24 (1985), S. 351 ff.

Bethge, Herbert, Grundrechtswahrnehmung, Grundrechtsverzicht, Grundrechtsverwirkung, in: Isensee, Josef/Kirchhof, Paul (Hrsg.), Handbuch des Staatsrechts der Bundesrepublik Deutschland, 3. Auflage, Heidelberg 2011, § 203.

Bieback, Karl-Jürgen, Sozialstaatsprinzip und Grundrechte, EuGRZ 1985, S. 657 ff.

Bierweiler, Alexia, Soziale Sicherheit als Grundrecht in der Europäischen Union, Stuttgart u.a. 2007.

Bleckmann, Albert, Zum Sonderstatus insbesondere der Straf- und Untersuchungsgefangenen, DVBl 1984, S. 991 ff.

Bleckmann, Albert, Probleme des Grundrechtsverzichts, JZ 1988, S. 57 ff.

Bleckmann, Albert, Staatsrecht II – Die Grundrechte, 4. Auflage, Köln u.a. 1997.

Bleese, Jörn, Die Militärseelsorge und die Trennung von Staat und Kirche, Bamberg 1969.

Bock, Martin, Religion im Militär, Soldatenseelsorge im internationalen Vergleich, München 1994.

Böckenförde, Ernst-Wolfgang, Grundrechtstheorie und Grundrechtsinterpretation, NJW 1974, S. 1529 ff.

Böckenförde, Ernst-Wolfgang, Die Methoden der Verfassungsinterpretation – Bestandsaufnahme und Kritik, NJW 1976, S. 2089 ff.

Böckenförde, Ernst-Wolfgang, Die sozialen Grundrechte im Verfassungsgefüge, in: ders./Jekewitz, Jürgen/Ramm, Thilo (Hrsg.), Soziale Grundrechte, Heidelberg 1981, S. 7 ff.

Böckenförde, Ernst-Wolfgang, Grundrechte als Grundsatznormen, Zur gegenwärtigen Lage der Grundrechtsdogmatik, Der Staat 29 (1990), S. 1 ff.

Böckenförde, Ernst-Wolfgang/Jekewitz, Jürgen/Ramm, Thilo (Hrsg.), Soziale Grundrechte, Heidelberg 1981.

Boehme-Neßler, Volker, Reziprozität und Recht, Rechtstheorie 39 (2008), S. 521 ff.

Borowski, Martin, Grundrechtliche Leistungsrechte, JöR 50 (2002), S. 301 ff.

Borowski, Martin, Die Glaubens- und Gewissensfreiheit des Grundgesetzes, Tübingen 2006.

Borowski, Martin, Grundrechte als Prinzipien, 2. Auflage, Baden-Baden 2007.

Bors, Marc, Die Figur der Rechtsfigur, in: Gauch, Peter (Hrsg.), Figures juridiques, Mélanges dissociés pour Pierre Tercier à l'occasion de son soixantième anniversaire, Rechtsfiguren, K(l)eine Festschrift für Pierre Tercier zu seinem sechzigsten Geburtstag, Zürich 2003, S. 219 ff.

Brammsen, Joerg, Die Entstehungsvoraussetzungen der Garantenpflichten, Berlin 1986.

Breckwoldt, Maike, Grundrechtskombinationen, Tübingen 2015.

Brenne, Anke, Soziale Grundrechte in den Landesverfassungen, Frankfurt am Main u.a. 2003.

Breuer, Rüdiger, Grundrechte als Anspruchsnormen, in: Bachof, Otto/Heigl, Ludwig/Redeker, Konrad (Hrsg.), Verwaltungsrecht zwischen Freiheit, Teilhabe und Bindung, Festgabe aus Anlass des 25-jährigen Bestehens des Bundesverwaltungsgerichts, München 1978, S. 89 ff.

Breuer, Rüdiger, Die öffentlichrechtliche Anstalt, VVDStRL 44 (1986), S. 211 ff.

Brugger, Winfried, Georg Jellineks Statuslehre: national und international, AöR 136 (2011), S. 1 ff.

Brunner, Georg, Die Problematik der sozialen Grundrechte, Tübingen 1971.

Budjarek, Lucia, Das Recht des öffentlichen Dienstes und die Fortentwicklungsklausel, Hamburg u.a. 2009.

Buschmann, Luise, Das Menschenrecht auf soziale Grundsicherung aus Art. 9 und Art. 11 ICESCR Münster, Bielefeld 2013.

Calliess, Rolf-Peter, Strafvollzugsrecht, 3. Auflage, München 1992.

Calliess, Rolf-Peter/Müller-Dietz, Heinz (Hrsg.), Strafvollzugsgesetz, Gesetz über den Vollzug der Freiheitsstrafe und der freiheitsentziehenden Maßregeln der Besserung und Sicherung mit ergänzenden Bestimmungen, 11. Auflage, München 2008.

Cremer, Wolfram, Freiheitsgrundrechte, Funktionen und Strukturen, Tübingen 2003.

Dahmen, Carolin, Die Verpflichtung zur Arbeit im Strafvollzug, Untersuchung zur Vereinbarkeit der Regelungen zu Arbeitspflicht, Entlohnung und

Sozialversicherung nach dem Strafvollzugsgesetz mit deutschem Verfassungsrecht und Völkerrecht, Frankfurt am Main 2011.

de Wall, Heinrich, Die Einrichtungsgarantien des Grundgesetzes als Grundlagen subjektiver Rechte, Der Staat 38 (1999), S. 377 ff.

Degenhart, Christoph, Staatsorganisationsrecht, Mit Bezügen zum Europarecht, 32. Auflage, Heidelberg 2016.

Deja, Michał, Die Besoldung und Versorgung der Beamten nach den Maßstäben des Alimentationsprinzips als Landeskompetenz, Berlin 2012.

Denninger, Erhard, Staatsrecht, Funktionen und Institutionen, Hamburg 1979.

Detterbeck, Steffen, Allgemeines Verwaltungsrecht, Mit Verwaltungsprozessrecht, 16. Auflage, München 2018.

Di Fabio, Udo, Zur Theorie eines grundrechtlichen Wertesystems, in: Merten, Detlef/Papier, Hans-Jürgen (Hrsg.), Handbuch der Grundrechte, in Deutschland und Europa, Band 2, Heidelberg 2006, § 46.

Dietlein, Johannes, Die Lehre von den grundrechtlichen Schutzpflichten, 2. Auflage, Berlin 2005.

Dirnberger, Franz, Recht auf Naturgenuss und Eingriffsregelung, Berlin 1991.

Dolderer, Michael, Objektive Grundrechtsgehalte, Berlin 2000.

Dreier, Horst, Dimensionen der Grundrechte, Von der Wertordnungsjudikatur zu den objektiv-rechtlichen Grundrechtsgehalten, Hannover 1993.

Dreier, Horst (Hrsg.), Grundgesetz-Kommentar, Band 1, 3. Auflage, Tübingen 2013; Band 2, 3. Auflage, Tübingen 2015; Band 3, 2. Auflage, Tübingen 2008.

Dreier, Ralf, Konstitutionalismus und Legalismus, Zwei Arten juristischen Denkens im demokratischen Verfassungsstaat, in: Kaufmann, Arthur (Hrsg.), Rechtsstaat und Menschenwürde, Festschrift für Werner Maihofer zum 70. Geburtstag, Frankfurt am Main 1988, S. 87 ff.

Dühr, Florian, Prinzip und System der Grundpflichten, Münster u.a. 2002.

Ehlers, Dirk, Verwaltungsrecht, in: Erichsen, Hans-Uwe/Ehlers, Dirk (Hrsg.), Allgemeines Verwaltungsrecht, 14. Auflage, Berlin 2010.

Ehmke, Horst, Prinzipien der Verfassungsinterpretation, VVDStRL 20 (1963), S. 53 ff.

Eick-Wildgans, Susanne, Anstaltsseelsorge, in: Pirson, Dietrich/Listl, Joseph (Hrsg.), Handbuch des Staatskirchenrechts der Bundesrepublik Deutschland, Berlin 1995, § 70.

Eick-Wildgans, Susanne, Anstaltsseelsorge, Möglichkeiten und Grenzen des Zusammenwirkens von Staat und Kirche im Strafvollzug, Berlin 1993, § 70.

Eiselt, Gerhard, Zur Privatschulsubventionierung, DÖV (1987), S. 557 ff.

Engisch, Karl, Tun und Unterlassen, in: Lackner, Karl/Leferenz, Heinz/Schmidt, Eberhard/Welp, Jürgen/Wolff, Ernst Amadeus (Hrsg.), Festschrift für Wilhelm Gallas zum 70. Geburtstag, Berlin u.a. 1973, S. 163 ff.

Ennuschat, Jörg, Sollen Militärgeistliche Staats- oder Kirchenbeamte sein?, Verfassungs-, völker- und beamtenrechtliche Aspekte, ZevKR 41 (1996), S. 419 ff.

Epping, Volker/Hillgruber, Christian (Hrsg.), Beck'scher Online-Kommentar Grundgesetz, 36. Edition, München 2018.

Erbguth, Wilfried/Guckelberger, Annette, Allgemeines Verwaltungsrecht, Mit Verwaltungsprozess- und Staatshaftungsrecht, 9. Auflage, Baden-Baden 2018.

Erichsen, Hans-Uwe, Besonderes Gewaltverhältnis und Sonderverordnung, in: Menger, Christian-Friedrich (Hrsg.), Fortschritte des Verwaltungsrechts, Festschrift für Hans Julius Wolff zum 75. Geburtstag, München 1973, S. 219 ff.

Erichsen, Hans-Uwe/Ehlers, Dirk (Hrsg.), Allgemeines Verwaltungsrecht, 14. Auflage, Berlin 2010.

Erichsen, Hans-Uwe/Martens, Wolfgang (Hrsg.), Allgemeines Verwaltungsrecht, 8. Auflage, Berlin u.a. 1988.

Evers, Hans-Ulrich, Das besondere Gewaltverhältnis, Gegenwärtige Gestalt und Entwicklungstendenzen, Frankfurt am Main 1972.

Fikentscher, Wolfgang, Reziprozität als Begriff der Rechtsanthropologie – einige Bemerkungen, in: Jakob, Raimund/Fikentscher, Wolfgang (Hrsg.), Korruption, Reziprozität und Recht, Grundlagenwissenschaftliche und rechtsdogmatische Forschungsbeiträge, Bern 2000, S. 129 ff.

Fischer, Thomas (Hrsg.), Strafgesetzbuch, Mit Nebengesetzen, 64. Auflage, München 2017.

Fleiner, Fritz, Institutionen des Deutschen Verwaltungsrechts, 1. Auflage, Tübingen 1911.

Fleiner, Fritz, Institutionen des Deutschen Verwaltungsrechts, 3. Auflage, Tübingen 1913.

Freudenthal, Berthold, Der Strafvollzug als Rechtsverhältnis des öffentlichen Rechts, ZStW 32 (1911), S. 222 ff.

Friauf, Karl Heinrich, Zur Rolle der Grundrechte im Interventions- und Leistungsstaat, DVBl 1971, S. 674 ff.

Friauf, Karl-Heinrich/Höfling, Wolfram (Hrsg.), Berliner Kommentar zum Grundgesetz, 7. Auflage, Berlin 2017.

Friedrich, Manfred, Paul Laband und die Staatsrechtswissenschaft seiner Zeit, AöR 111 (1986), S. 197 ff.

Fries, Gunter, Die Rechtsstellung des Studenten innerhalb der wissenschaftlichen Hochschule, Eine Untersuchung des studentischen Status aus verfassungsrechtlicher Sicht, Hamburg 1974.

Friesenhahn, Ernst, Der Wandel des Grundrechtsverständnis, in: Röhl, Wilhelm/ Friesenhahn, Ernst (Hrsg.), Ansprachen anlässlich der Eröffnungssitzung des 50. Deutschen Juristentages, München 1974, G1-G37.

Frister, Helmut, Strafrecht, Allgemeiner Teil, Ein Studienbuch, 7. Auflage, München 2015.

Fuß, Ernst-Werner, Personale Kontaktverhältnisse zwischen Verwaltung und Bürger, DÖV 1972, S. 765 ff.

Geiger, Andreas, Die Einwilligung in die Verarbeitung von persönlichen Daten als Ausübung des Rechts auf informationelle Selbstbestimmung, NVwZ 1989, S. 35 ff.

Goerlich, Helmut, Grundrechte als Verfahrensgarantien, Baden-Baden 1981.

Goffman, Erving, Asyle, Über die soziale Situation psychiatrischer Patienten und anderer Insassen, Frankfurt am Main 1973.

Gouldner, Alvin W., The Norm of Reciprocity: A Preliminary Statement, American Sociological Review 25 (1960), S. 161 ff.

Grabitz, Eberhard, Freiheit und Verfassungsrecht, Kritische Untersuchung zur Dogmatik und Theorie der Freiheitsrechte, Tübingen 1976.

Gramlich, Ludwig, Neuere Probleme der Privatschulförderung, BayVBl. 1987, S. 490 ff.

Grimm, Dieter, Rückkehr zum liberalen Grundrechtsverständnis?, in: ders. (Hrsg.), Die Zukunft der Verfassung, Berlin 1991, S. 221 ff.

Grochtmann, Ansgar, Die Normgeprägtheit des Art. 14 GG, Konsequenzen für die Eigentumsdogmatik, 2. Auflage, Berlin 2010.

Gröttrup, Hendrik, Die kommunale Leistungsverwaltung, Stuttgart u.a. 1973.

Günther, Hellmuth, Folgepflicht, Demonstration und Verantwortlichkeit des Beamten, Eine Skizze zur fachlichen Weisung, ZBR 1988, S. 297 ff.

Günther, Hellmuth, Das öffentlich-rechtliche Dienst- und Treueverhältnis i.S.v. Art. 33 Abs. 4 GG, DÖV 2012, S. 678 ff.

Günther, Hellmuth, Zum Verfassungsort der Fürsorgepflicht des Dienstherrn gegenüber Beamten, ZBR 2013, S. 14 ff.

Haack, Stefan, Entschädigungspflichtige Grundrechtseingriffe außerhalb des Eigentumsschutzes, DVBl 2010, S. 1475 ff.

Häberle, Peter, Das Bundesverfassungsgericht im Leistungsstaat. Die Numerus-clausus-Entscheidung vom 18.7.1972, DÖV 1972, S. 729 ff.

Häberle, Peter, Grundrechte im Leistungsstaat, VVDStRL 30 (1972), S. 43 ff.

Häberle, Peter, Verfassungstheorie ohne Naturrecht, AöR 99 (1974), S. 437 ff.

Häberle, Peter, Die Wesensgehaltsgarantie des Art. 19 Abs. 2 Grundgesetz, Zugleich ein Beitrag zum institutionellen Verständnis der Grundrechte und zur Lehre vom Gesetzesvorbehalt, 3. Auflage, Heidelberg 1983.

Häberle, Peter, Grundrechtsgeltung und Grundrechtsinterpretation im Verfassungsstaat, JZ 1989, S. 913 ff.

Hagenah, Astrid, Die Pflicht von Beamten zur Zurückhaltung bei politischer Tätigkeit und öffentlichen Äußerungen, Eine rechtsvergleichende Studie, Frankfurt am Main u.a. 2002.

Halberstadt, Rudolf, Staatliche Subventionierung kirchlicher Privatschulen, Als Problem des Staatskirchenrechts in den Vereinigten Staaten von Nordamerika und in der Bundesrepublik Deutschland, Darmstadt 1977.

Hamel, Walter, Die Bedeutung der Grundrechte im sozialen Rechtsstaat, Eine Kritik an Gesetzgebung und Rechtsprechung, Berlin 1957.

Hänel, Albert, Deutsches Staatsrecht, Leipzig 1892.

Harbordt, Steffen, Die Subkultur des Gefängnisses, Eine soziologische Studie zur Resozialisierung, Stuttgart 1967.

Hauck, Ernst, Gestaltung des Leistungsrechts der gesetzlichen Krankenversicherung durch das Grundgesetz?, Auswirkungen des Beschlusses des BVerfG vom 6.12.2005, NJW 2007, S. 1320 ff.

Haverkate, Görg, Rechtsfragen des Leistungsstaates, Tübingen 1983.

Haverkate, Görg, Verfassungslehre, Verfassung als Gegenseitigkeitsordnung, München 1992.

Heinig, Hans Michael, Hüter der Wohltaten?, NVwZ 2006, S. 771 ff.

Heinig, Hans Michael, Der Sozialstaat im Dienst der Freiheit, Zur Formel vom "sozialen" Staat in Art. 20 Abs. 1 GG, Tübingen 2008.

Heintschel von Heinegg, Wolff/Haltern, Ulrich R., Grundrechte als Leistungsansprüche des Bürgers gegenüber dem Staat, JA 1995, S. 333 ff.

Hermes, Georg, Das Grundrecht auf Schutz von Leben und Gesundheit, Schutzpflicht und Schutzanspruch aus Art. 2 Abs. 2 Satz 1 GG, Heidelberg 1987.

Hesse, Konrad, Bestand und Bedeutung der Grundrechte in der Bundesrepublik Deutschland, EuGRZ 1978, S. 427 ff.

Hesse, Konrad, Verfassung und Verfassungsrecht, in: Benda, Ernst (Hrsg.), Handbuch des Verfassungsrechts der Bundesrepublik Deutschland. 2. Auflage, Berlin u.a. 1994, S. 3 ff.

Hesse, Konrad, Grundzüge des Verfassungsrechts der Bundesrepublik Deutschland, 20. Auflage, Heidelberg 1999.

Heusch, Andreas, Freiheitseinbußen durch staatliche Leistungen, in: Durner, Wolfgang/Peine, Franz-Joseph/Shirvani, Foroud (Hrsg.), Freiheit und Sicherheit in Deutschland und Europa, Festschrift für Hans-Jürgen Papier zum 70. Geburtstag, Berlin 2013, S. 251 ff.

Hill, Hermann, Rechtsverhältnisse in der Leistungsverwaltung, NJW 1986, S. 2602 ff.

Hillebrandt, Frank, Praktiken des Tauschens, Zur Soziologie symbolischer Formen der Reziprozität, Wiesbaden 2009.

Hillgruber, Christian, Der Körperschaftsstatus von Religionsgemeinschaften, NVwZ 2001, S. 1347 ff.

Hof, Hagen, Grenzen der Reziprozität, in: Jakob, Raimund/Fikentscher, Wolfgang (Hrsg.), Korruption, Reziprozität und Recht, Grundlagenwissenschaftliche und rechtsdogmatische Forschungsbeiträge, Bern 2000, S. 179 ff.

Hoffmann-Riem, Wolfgang, Grundrechtsanwendung unter Rationalitätsanspruch, Eine Erwiderung auf Kahls Kritik an neueren Ansätzen in der Grundrechtsdogmatik, Der Staat 43 (2004), S. 203 ff.

Höfling, Wolfram, Vom überkommenen Staatshaftungsrecht zum Recht der staatlichen Einstandspflichten, in: Hoffmann-Riem, Wolfgang/Schmidt-Aßmann, Eberhard/Voßkuhle, Andreas (Hrsg.), Grundlagen des Verwaltungsrechts, 2. Auflage, München 2012, § 51.

Holz, Dagmar/Kürten, Nils/Grabolle, Sabine, Die Anstalt des öffentlichen Rechts als Organisations- und Kooperationsform, KommJur 2014, S. 281 ff.

Homans, George C., Social Behavior as Exchange, American Journal of Sociology 63 (1958), S. 597 ff.

Hömig, Dieter, Grundlagen und Ausgestaltung der Wesentlichkeitslehre, in: Schmidt-Aßmann, Eberhard/Sellner, Dieter/Hirsch, Günter/Kemper, Gerd-Heinrich/Lehmann-Grube, Hinrich (Hrsg.), Festgabe 50 Jahre Bundesverwaltungsgericht, Köln u.a. 2003, S. 273 ff.

Hömig, Dieter/Wolff, Heinrich Amadeus (Hrsg.), Grundgesetz für die Bundesrepublik Deutschland, Handkommentar, 12. Auflage, Baden-Baden 2018.

Hörmann, Jens-Hendrik, Rechtsprobleme des Grundrechts auf Gewährleistung eines menschenwürdigen Existenzminimums, Hamburg 2013.

Huber, Hans, Soziale Verfassungsrechte?, in: Forsthoff, Ernst (Hrsg.), Rechtsstaatlichkeit und Sozialstaatlichkeit, Aufsätze und Essays, Darmstadt 1968, S. 1 ff.

Hufen, Friedhelm, Förderung privater Ersatzschulen – Anmerkung zu BVerfGE 90, 107 und 90, 128, JuS 1995, S. 1129 ff.

Hufen, Friedhelm, Staatsrecht II, Grundrechte, 6. Auflage, München 2017.

Huster, Stefan, Verfassungsunmittelbarer Leistungsanspruch gegen die gesetzliche Krankenversicherung?, JZ 2006, S. 466 ff.

Ipsen, Jörn, Grundzüge einer Grundrechtsdogmatik, Zugleich Erwiderung auf Robert Alexy, „Jörn Ipsens Konstruktion der Grundrechte", Der Staat 52 (2013), S. 266 ff.

Ipsen, Jörn, Staatsrecht II – Grundrechte, 20. Auflage, München 2017.

Isensee, Josef, Verfassung ohne soziale Grundrechte, Der Staat 19 (1980), S. 367 ff.

Isensee, Josef, Das Grundrecht auf Sicherheit, Zu den Schutzpflichten des freiheitlichen Verfassungsstaates, Vortrag gehalten vor der Berliner Juristischen Gesellschaft am 24. November 1982 – erweiterte Fassung, Berlin 1983.

Isensee, Josef, Das Grundrecht als Abwehrrecht und als staatliche Schutzpflicht, in: ders./Kirchhof, Paul (Hrsg.), Handbuch des Staatsrechts der Bundesrepublik Deutschland, Band 9, 3. Auflage, Heidelberg 2011, § 191.

Isensee, Josef, Gemeinwohl im Verfassungsstaat, in: ders./Kirchhof, Paul (Hrsg.), Handbuch des Staatsrechts der Bundesrepublik Deutschland, Band 4, 3. Auflage, Heidelberg 2006, § 71.

Isensee, Josef, Grundrechtsvoraussetzungen und Verfassungserwartungen an die Grundrechtsausübung, in: ders./Kirchhof, Paul (Hrsg.), Handbuch des Staatsrechts der Bundesrepublik Deutschland, Band 9, 3. Auflage, Heidelberg 2011, § 190.

Isensee, Josef, Staatsaufgaben, in: ders./Kirchhof, Paul (Hrsg.), Handbuch des Staatsrechts der Bundesrepublik Deutschland, Band 4, 3. Auflage, Heidelberg 2006, § 73.

Isensee, Josef, Verwaltung des Mangels im Gesundheitswesen –verfassungsrechtliche Maßstäbe der Kontingentierung, in: Söllner, Alfred/Gitter, Wolfgang/Waltermann, Raimund u. a. (Hrsg.), Gedächtnisschrift für Meinhard Heinze, München 2005, S. 417 ff.

Isensee, Josef, Gemeinwohl und öffentliches Amt, Vordemokratische Fundamente des Verfassungsstaates, Wiesbaden 2014.

Jach, Frank-Rüdiger, Grundsätze amtsangemessener Beamtenbesoldung, Recht im Amt 2014, S. 1 ff.

Jarass, Hans D./Pieroth, Bodo, Grundgesetz für die Bundesrepublik Deutschland, Kommentar, 14. Auflage, München 2016.

Jarass, Hans Dieter, Der Vorbehalt des Gesetzes bei Subventionen, NVwZ 1984, S. 473 ff.

Jarass, Hans Dieter, Grundrechte als Wertentscheidungen bzw. objektivrechtliche Prinzipien in der Rechtsprechung des Bundesverfassungsgerichts, AöR 110 (1985), S. 363 ff.

Jecht, Hans, Die Öffentliche Anstalt, Wandlungen und gegenwärtige Struktur, Berlin 1963.

Jellinek, Georg, System der subjektiven öffentlichen Rechte, Freiburg i.B. 1892.

Jestaedt, Matthias, Verfassungstheorie als Disziplin, in: Depenheuer, Otto/Grabenwarter, Christoph (Hrsg.), Verfassungstheorie, Tübingen 2010, § 1.

Jestaedt, Matthias, Recht als Relation, Skizzenhafte Anmerkungen zur Rechtsverhältnislehre, in: Schlieffen, Katharina von (Hrsg.), Republik – Rechtsverhältnis – Rechtskultur, Tübingen 2018, S. 211 ff.

Kahl, Wolfgang/Waldhoff, Christian/Walter, Christian (Hrsg.), Bonner Kommentar zum Grundgesetz, 189. Auflage, Heidelberg 2018.

Kempf, Eberhard, Grundrechte im besonderen Gewaltverhältnis – BVerfG, NJW 1972, 811, JuS 1972, S. 701 ff.

Kielmansegg, Sebastian Graf von, Das Sonderstatusverhältnis, JA 2012, S. 881 ff.

Kielmansegg, Sebastian Graf von, Grundrechte im Näheverhältnis, Eine Untersuchung zur Dogmatik des Sonderstatusverhältnisses, Tübingen 2012.

Kimminich, Otto, Anmerkung zum Urteil des BVerfG v. 18.7.1972 – 1 BvL 32/70 und 1 BvL 25/71, JZ 1972, S. 696 ff.

Kindhäuser, Urs (Hrsg.), Strafgesetzbuch, Lehr- und Praxiskommentar, 7. Auflage, Baden-Baden 2017.

Kingreen, Thorsten/Poscher, Ralf, Grundrechte, 33. Auflage, Heidelberg 2017.

Kirchhof, Gregor, Kumulative Belastung durch unterschiedliche Maßnahmen, NJW 2006, S. 732 ff.

Kirchhof, Paul, Mittel staatlichen Handelns, in: Isensee, Josef/Kirchhof, Paul (Hrsg.), Handbuch des Staatsrechts der Bundesrepublik Deutschland, Band 5, 3. Auflage, Heidelberg 2007, § 99.

Kirchhof, Paul, Der Staat als Garant und Gegner der Freiheit, Von Privileg und Überfluss zu einer Kultur des Maßes, Paderborn u.a. 2004.

Kischel, Uwe, Wann ist die Inhaltsbestimmung ausgleichspflichtig?, JZ 2003, S. 604 ff.

Klein, Eckart, Grundrechtliche Schutzpflicht des Staates, NJW 1989, S. 1633 ff.

Kloepfer, Michael, Grundrechte als Entstehenssicherung und Bestandsschutz, München 1970.

Kloepfer, Michael, Belastungskumulationen durch Normenüberlagerungen im Abwasserrecht, VerwArch 74 (1983), S. 201 ff.

Kloepfer, Michael/Greve, Holger, Staatsrecht kompakt, Staatsorganisationsrecht – Grundrechte – Bezüge zum Völker- und Europarecht, 2. Auflage, Baden-Baden 2016.

König, Ruth, Kriterien für die Begründung der Ausgleichspflicht bei Inhalts- und Schrankenbestimmungen des Eigentums, DVBl 1999, S. 954 ff.

Körner, Anne/Leitherer, Stephan/Mutschler, Bernd (Hrsg.), Kasseler Kommentar Sozialversicherungsrecht, 97. EL, München 2018.

Köttgen, Arnold, Verwaltungsrecht der öffentlichen Anstalt, VVDStRL 6 (1929), S. 105 ff.

Kratzmann, Horst, Grundrechte – Rechte auf Leistungen, Bern 1974.

Krebs, Walter, Die öffentlichrechtliche Anstalt, NVwZ 1985, S. 609 ff.

Krebs, Walter, Verwaltungsorganisation, in: Isensee, Josef/Kirchhof, Paul (Hrsg.), Handbuch des Staatsrechts der Bundesrepublik Deutschland, Band 5, 3. Auflage, Heidelberg 2007, § 108.

Krüger, Herbert, Der Verwaltungsrechtsschutz im besonderen Gewaltverhältnis, NJW 1953, S. 1369 ff.

Krüger, Heribert, Das besondere Gewaltverhältnis, VVDStRL 15 (1957), S. 109 ff.

Kruk, Volkmar, Die rechtlichen Probleme der Militärseelsorge, NZWehrr 37 (1997), S. 1 ff.

Kübler, Friedrich, Lüth: eine sanfte Revolution (BVerfGE 7, 198 ff.), KritV 83 (2000), S. 313 ff.

Kühl, Kristian, Die strafrechtliche Garantenstellung – Eine Einführung mit Hinweisen zur Vertiefung, JuS 2007, S. 497 ff.

Kühl, Kristian, Strafrecht – Allgemeiner Teil, 8. Auflage, München 2017.

Kunig, Philip, Das Recht des öffentlichen Dienstes, in: Schoch, Friedrich (Hrsg.), Besonderes Verwaltungsrecht, 15. Auflage, Berlin u.a 2013, S. 661 ff.

Laband, Paul, Das Staatsrecht des Deutschen Reiches, Band 1, 2. Auflage, Tübingen 1888.

Lackner, Karl/Kühl, Kristian (Hrsg.), Strafgesetzbuch, Kommentar, 28. Auflage, München 2014.

Lange, Klaus, Soziale Grundrechte in der deutschen Verfassungsentwicklung und in den derzeitigen Länderverfassungen, in: Böckenförde, Ernst-Wolfgang/Jekewitz, Jürgen/Ramm, Thilo (Hrsg.), Soziale Grundrechte, Heidelberg 1981, S. 49 ff.

Lange, Klaus, Die öffentlichrechtliche Anstalt, VVDStRL 44 (1986), S. 169 ff.

Langer, Stefan, Staatshaftung für Waldschäden wegen Verletzung grundrechtlicher Schutzpflichten?, NVwZ 1987, S. 195 ff.

Laubenthal, Klaus, Strafvollzug, 7. Auflage, Heidelberg u.a. 2015.

Laubinger, Hans-Werner, Die nutzbare Anstalt des öffentlichen Rechts – ein Fabelwesen, in: Geis, Max-Emanuel (Hrsg.), Staat, Kirche, Verwaltung, Festschrift für Hartmut Maurer zum 70. Geburtstag, München 2001, S. 641 ff.

Lecheler, Helmut, Die Fürsorgepflicht des Dienstherrn – Eigenständiges Rechtsinstitut oder Brücke zum Arbeitsrecht?, ZBR 1972, S. 129 ff.

Lecheler, Helmut, Der öffentliche Dienst, in: Isensee, Josef/Kirchhof, Paul (Hrsg.), Handbuch des Staatsrechts der Bundesrepublik Deutschland, Band 5, 3. Auflage, Heidelberg 2007, § 110.

Leisner, Walter, Die schutzwürdigen Rechte im Besonderen Gewaltverhältnis, DVBl 1960, S. 617 ff.

Leisner, Walter Georg, Existenzsicherung im Öffentlichen Recht, Minimum – Grundlagen – Förderung, Tübingen 2007.

Lemmen, Thomas/Miehl, Melanie, Islamisches Alltagsleben in Deutschland, 2. Auflage, Bonn 2001.

Lévi-Strauss, Claude, Les structures élémentaires de la parenté, Neudruck der 2. Auflage von 1967, Berlin u.a. 2002.

Lindner, Josef Franz, Rechtswissenschaft als Metaphysik, Das Münchhausenproblem einer Selbstermächtigungswissenschaft, Tübingen 2017.

Löffler, Martin, Die Kommunikationsfreiheit im Einordnungsverhältnis, NJW 1984, S. 1206 ff.

Loschelder, Wolfgang, Vom besonderen Gewaltverhältnis zur öffentlich-rechtlichen Sonderbindung, Köln u.a. 1982.

Loschelder, Wolfgang, Staatseingliederung als Institutionalisierungsproblem, Zur Entwicklung und Krise des besonderen Gewaltverhältnisses, in: Merten, Detlef (Hrsg.), Das besondere Gewaltverhältnis, Berlin 1985, S. 9 ff.

Loschelder, Wolfgang, Grundrechte im Sonderstatus, in: Isensee, Josef/Kirchhof, Paul (Hrsg.), Handbuch des Staatsrechts der Bundesrepublik Deutschland, Band 9, 3. Auflage, Heidelberg 2011, § 202.

Loschelder, Wolfgang, Weisungshierarchie und persönliche Verantwortung in der Exekutive, in: Isensee, Josef/Kirchhof, Paul (Hrsg.), Handbuch des Staatsrechts der Bundesrepublik Deutschland, Band 5, 3. Auflage, Heidelberg 2007, § 107.

Löwer, Wolfgang, Die öffentliche Anstalt, DVBl 1985, S. 928 ff.

Lübbe-Wolff, Gertrude, Die Grundrechte als Eingriffsabwehrrechte, Struktur und Reichweite der Eingriffsdogmatik im Bereich staatlicher Leistungen, Baden-Baden 1988.

Lücke, Jörg, Soziale Grundrechte als Staatszielbestimmungen und Gesetzgebungsaufträge, AöR 107 (1982), S. 15 ff.

Lücke, Jörg, Der additive Grundrechtseingriff sowie das Verbot der übermäßigen Gesamtbelastung des Bürgers, DVBl 2001, S. 1469 ff.

Luhmann, Niklas, Zur Funktion der „subjektiven Rechte", in: Lautmann, Rüdiger/Maihofer, Werner/Schelsky, Helmut (Hrsg.), Jahrbuch für Rechtssoziologie und Rechtstheorie, Die Funktion des Rechts in der modernen Gesellschaft, Bielefeld 1970, S. 321 ff.

Luhmann, Niklas, Rechtssoziologie, 3. Auflage, Opladen 1987.

Malachowski, Walther A., Recht auf Arbeit und Arbeitspflicht, Jena 1922.

Malinowski, Bronislaw, Crime and custom in savage society, London 1926.

Mangoldt, Hermann von/Klein, Friedrich/Starck, Christian (Hrsg.), Kommentar zum Grundgesetz, Band 1, 6. Auflage, München 2010.

Martens, Wolfgang, Grundrechte im Leistungsstaat, VVDStRL 30 (1972), 7 ff.

Matthey, Isabell, Der Angleichungsgrundsatz nach § 3 StVollzG, Frankfurt am Main u.a., Wien 2011.

Maunz, Theodor/Dürig, Günter (Begr.), Grundgesetz, Kommentar, 81. EL, München 2017.

Maurer, Hartmut, Staatsrecht I, 6. Auflage, München 2010.

Maurer, Hartmut/Waldhoff, Christian, Allgemeines Verwaltungsrecht, 19. Auflage, München 2017.

Mayer, Franz, Verfassungsrechtliche Probleme einer Reform des öffentlichen Dienstes, in: Achterberg, Norbert (Hrsg.), Öffentliches Recht und Politik, Festschrift für Hans Ulrich Scupin zum 70. Geburtstag, Berlin 1973, S. 249 ff.

Mayer, Otto, Zur Lehre vom öffentlich-rechtlichen Vertrage, AöR 3 (1888), S. 3 ff.

Mayer, Otto, Deutsches Verwaltungsrecht, Bände 1 und 2, 3. Auflage, München u.a. 1924.

Mayer-Maly, Theo, Die Wiederkehr von Rechtsfiguren, JZ 1971, S. 1 ff.

Meinke, Monika M., In Verbindung mit, Die Verbindung von Grundrechten miteinander und mit anderen Bestimmungen des Grundgesetzes in der Rechtsprechung des Bundesverfassungsgerichts, Berlin 2006.

Menger, Christian-Friedrich, Höchstrichterliche Rechtsprechung zum Verwaltungsrecht, VerwArch 56 (1965), S. 177 ff.

Merten, Detlef, Grundrechte und Besonderes Gewaltverhältnis, in: Börner, Bodo (Hrsg.), Einigkeit und Recht und Freiheit, Festschrift für Karl Carstens zum 70. Geburtstag, Band 2, Köln u.a. 1984, S. 721 ff.

Merten, Detlef, Landesgesetzgebungspflichten kraft Bundesrahmenrechts?, in: Wilke, Dieter (Hrsg.), Festschrift zum 125jährigen Bestehen der Juristischen Gesellschaft zu Berlin, Berlin 1984, S. 431 ff.

Merten, Detlef, Grundrechte und Besonderes Gewaltverhältnis, in: ders. (Hrsg.), Das besondere Gewaltverhältnis, Berlin 1985, S. 53 ff.

Merten, Detlef, Allgemeine Lehren der Landesgrundrechte, in: ders./Papier, Hans-Jürgen (Hrsg.), Handbuch der Grundrechte, in Deutschland und Europa, Band 8, Heidelberg 2017, § 232.

Merten, Detlef, Grundrechtsverzicht, in: ders./Papier, Hans-Jürgen (Hrsg.), Handbuch der Grundrechte, in Deutschland und Europa, Band 3, Heidelberg 2009, § 73.

Michael, Lothar, Die drei Argumentationsstrukturen des Grundsatzes der Verhältnismäßigkeit, Zur Dogmatik des Über- und Untermaßverbotes und der Gleichheitssätze, JuS 2001, S. 148 ff.

Michael, Lothar/Morlok, Martin, Grundrechte, 6. Auflage, Baden-Baden 2017.

Michalowski, Ines, Auf dem Weg der Integration: Muslimische Militärseelsorge – ein internationaler Vergleich, WZB-Mitteilungen (2015), S. 17 ff., siehe unter https://www.wzb.eu/de/publications/wzb-mitteilungen/nr-147-religion-und-gesellschaft (zuletzt abgerufen am 30.04.2018).

Morlok, Martin, Was heißt und zu welchem Ende studiert man Verfassungstheorie?, Berlin 1988.

Morlok, Martin, Strafvollzug und Grundrechte, in: Bemmann, Günter/Manoledakis, Ioannis (Hrsg.), Probleme des staatlichen Strafens, Unter besonderer Berücksichtigung des Strafvollzugs, Baden-Baden 1989, S. 45 ff.

Morlok, Martin, Selbstverständnis als Rechtskriterium, Tübingen 1993.

Morlok, Martin, Reflexionsdefizite in der deutschen Staatsrechtslehre, in: Schulze-Fielitz, Helmuth (Hrsg.), Staatsrechtslehre als Wissenschaft, Berlin 2007, S. 49 ff.

Morlok, Martin, Allgemeine Elemente der Einstandspflichten für rechtswidriges Staatshandeln, in: Hoffmann-Riem, Wolfgang/Schmidt-Aßmann, Eberhard/Voßkuhle, Andreas (Hrsg.), Grundlagen des Verwaltungsrechts, 2. Auflage, München 2012, § 52.

Morlok, Martin/Michael, Lothar, Staatsorganisationsrecht, 3. Auflage, Baden-Baden 2017.

Muckel, Stefan, Verbot des rituellen Gebets in der Schule, Besprechung v. BVerwG, Urteil v. 30.11.2011 – 6 C 20.10, JA 2012, S. 235 ff.

Müller, Friedrich/Pieroth, Bodo/Fohmann, Lothar, Leistungsrechte im Normbereich einer Freiheitsgarantie, Untersucht an der staatlichen Förderung Freier Schulen, Berlin 1982.

Münch, Ingo von, Verfassung und Verwaltung, in: Erichsen, Hans-Uwe/Martens, Wolfgang (Hrsg.), Allgemeines Verwaltungsrecht, 8. Auflage, Berlin u.a. 1988, § 3.

Münch, Ingo von/*Kunig, Philip* (Hrsg.), Grundgesetz, Kommentar, 6. Auflage, Bände 1 und 2, München 2012.

Murswiek, Dietrich, Grundrechte als Teilhaberechte, soziale Grundrechte, in: Isensee, Josef/Kirchhof, Paul (Hrsg.), Handbuch des Staatsrechts der Bundesrepublik Deutschland, Band 9, 3. Auflage, Heidelberg 2011, § 192.

Mutius, Albert von, Grundrechte als „Teilhaberechte" – zu den verfassungsrechtlichen Aspekten des „numerus clausus", VerwArch 64 (1973), S. 183 ff.

Neumann, Volker, Sozialstaatsprinzip und Grundrechtsdogmatik, DVBl 1997, S. 92 ff.

Nimis, Jens, Der Anspruch des Patienten auf neue Untersuchungs- und Behandlungsmethoden in der gesetzlichen Krankenversicherung, Baden-Baden 2012.

Oberle-Kahn, Marita, Ursprünge des beamtenrechtlichen Lebenszeitprinzips, Inamovibilität, Frankfurt am Main 1990.

Ossenbühl, Fritz, Die Interpretation der Grundrechte in der Rechtsprechung des Bundesverfassungsgerichts, NJW 1976, S. 2100 ff.

Ossenbühl, Fritz, Schule im Rechtsstaat, DÖV 1977, S. 801 ff.

Ossenbühl, Fritz, Grenzen der Mitbestimmung im öffentlichen Dienst, Baden-Baden 1986.

Ossenbühl, Fritz, Vorrang und Vorbehalt des Gesetzes, in: Isensee, Josef/Kirchhof, Paul (Hrsg.), Handbuch des Staatsrechts der Bundesrepublik Deutschland, Band 5, 3. Auflage, Heidelberg 2007, S. 183 ff.

Pagels, Carsten, Schutz- und förderpflichtrechtliche Aspekte der Religionsfreiheit, Zugleich ein Beitrag zur Auslegung eines speziellen Freiheitsrechts, Frankfurt am Main 1999.

Peine, Franz-Joseph, Grundrechtsbeschränkungen in Sonderstatusverhältnissen, in: Merten, Detlef/Papier, Hans-Jürgen (Hrsg.), Handbuch der Grundrechte, in Deutschland und Europa, Band 3, Heidelberg 2009, § 65.

Pencereci, Turgut/Brandt, Claudia, Die Kommunale Anstalt, LKV 2008, S. 293 ff.

Pietzcker, Jost, Die Rechtsfigur des Grundrechtsverzichts, Der Staat 17 (1978), S. 527 ff.

Podlech, Adalbert, Das Grundrecht der Gewissensfreiheit und die besonderen Gewaltverhältnisse, Berlin 1969.

Poscher, Ralf, Grundrechte als Abwehrrechte, Reflexive Regelung rechtlich geordneter Freiheit, Tübingen 2003.

Prothmann, Martin, Die Wahl des Versammlungsortes, Grundrechtliche Probleme der Nutzung privater öffentlicher Räume zu Versammlungszwecken, Berlin 2013.

Püttner, Günter, Zur Neutralitätspflicht des Beamten, in: König, Klaus/Laubinger, Hans-Werner/Wagener, Frido (Hrsg.), Öffentlicher Dienst, Festschrift für Carl Hermann Ule zum 70. Geburtstag am 26. Februar 1977, Köln u.a. 1977, S. 383 ff.

Ramm, Thilo, Die sozialen Grundrechte im Verfassungsgefüge, in: Böckenförde, Ernst-Wolfgang/Jekewitz, Jürgen/Ramm, Thilo (Hrsg.), Soziale Grundrechte, Heidelberg 1981, S. 17 ff.

Ramsauer, Thomas, Reziprozität im Zivilrecht. Die Reziprozitätserwartungen beim Austauschgeschäft, dargestellt am schuldrechtlichen Austauschvertrag, in: Jakob, Raimund/Fikentscher, Wolfgang (Hrsg.), Korruption, Reziprozität und Recht, Grundlagenwissenschaftliche und rechtsdogmatische Forschungsbeiträge, Bern 2000, S. 235 ff.

Ramsauer, Ulrich/Stallbaum, Michael/Sternal, Sonja (Hrsg.), Bundesausbildungsförderungsgesetz (BAföG), Mit Härteverordnung, Darlehensverordnung und Teilerlaßverordnung, 4. Auflage, München 2005.

Rehm, Hermann, Die rechtliche Natur des Staatsdienstes nach deutschem Staatsrecht, Annalen des Deutschen Reichs 18 (1885), S. 65 ff.

Rengier, Rudolf, Strafrecht, Allgemeiner Teil, 6. Auflage, München 2014.

Robbers, Gerhard, Der Grundrechtsverzicht, JuS 1985, S. 925 ff.

Röhl, Wilhelm/Friesenhahn, Ernst (Hrsg.), Ansprachen anlässlich der Eröffnungssitzung, München 1974.

Roth, Helmut, Die kommunalen öffentlichen Einrichtungen, Frankfurt am Main u.a. 1998.

Rotthaus, Karl Peter, Die Bedeutung des Strafvollzugsgesetzes für die Reform des Strafvollzugs, NStZ 1987, S. 1 ff.

Rüfner, Wolfgang, Grundrechtliche Leistungsansprüche, in: Gitter, Wolfgang/Thieme, Werner/Zacher, Hans F. (Hrsg.), Im Dienst des Sozialrechts, Festschrift für Georg Wannagat zum 65. Geburtstag am 26. Juni 1981, Köln 1981, S. 379 ff.

Rüfner, Wolfgang, Die Nutzung öffentlicher Anstalten, DV 17 (1984), S. 19 ff.

Rüfner, Wolfgang, Zur Lehre von der öffentlichen Anstalt, DÖV 1985, S. 605 ff.

Rüfner, Wolfgang, Leistungsrechte, in: Merten, Detlef/Papier, Hans-Jürgen (Hrsg.), Handbuch der Grundrechte, in Deutschland und Europa, Band 2, Heidelberg 2006, § 40.

Rupp, Hans Heinrich, Vom Wandel der Grundrechte, AöR 101 (1976), S. 161 ff.

Sachs, Michael, Grundrechte, 2. Auflage, Berlin u.a. 2003.

Sachs, Michael, Wiederbelebung des besonderen Gewaltverhältnisses?, NWVBl. 2004, S. 209 ff.

Sachs, Michael (Hrsg.), Grundgesetz, Kommentar, 7. Auflage, München 2014.

Säcker, Franz Jürgen/Rixecker, Roland/Oetker, Hartmut/Limperg, Bettina (Hrsg.), Münchener Kommentar zum Bürgerlichen Gesetzbuch, Band 2, 7. Auflage, München 2016.

Sailer, Christian, Subjektives Recht und Umweltschutz, DVBl 1976, S. 521 ff.

Sartorius, Ulrich, Das Existenzminimum im Recht, Baden-Baden 2000.

Sauer, Heiko, Staatshaftungsrecht, JuS 2012, S. 695 ff.

Scheuner, Ulrich, Die Funktion der Grundrechte im Sozialstaat, Die Grundrechte als Richtlinie und Rahmen der Staatstätigkeit, DÖV 1971, S. 505 ff.

Schmidt, Walter, Grundrechtstheorie im Wandel der Verfassungsgeschichte, Jura 1983, S. 169 ff.

Schmidt-Aßmann, Eberhard, Grundrechtspositionen und Legitimationsfragen im öffentlichen Gesundheitswesen, Verfassungsrechtliche Anforderungen an Entscheidungsgremien in der gesetzlichen Krankenversicherung und im Transplantationswesen. Vortrag gehalten vor der Juristischen Gesellschaft zu Berlin am 16. Mai 2001, Berlin 2001.

Schmidt-Aßmann, Eberhard, Der Rechtsstaat, in: Isensee, Josef/Kirchhof, Paul (Hrsg.), Handbuch des Staatsrechts der Bundesrepublik Deutschland, Band 2, 3. Auflage, Heidelberg 2004, § 26.

Schmidt-Bleibtreu, Bruno/Klein, Franz/Hofmann, Hans/Henneke, Hans-Günter (Hrsg.), Kommentar zum Grundgesetz, 14. Auflage, Köln 2018.

Schmitt, Carl, Verfassungslehre, 5. Auflage, Berlin 1970.

Schmitthenner, Friedrich, Grundlinien des allgemeinen oder idealen Staatsrechtes, Gießen 1845.

Schneider, Hans Joachim, Kriminologie der Gewalt, Stuttgart u.a. 1994.

Schneider, Rudolf, Rechtsschutz gegen verfassungswidriges Unterlassen des Gesetzgebers, AöR 89 (1964), S. 24 ff.

Schnellenbach, Helmut, Die Fürsorgepflicht des Dienstherrn in der Rechtsprechung des Bundesverfassungsgerichts, VerwArch 92 (2001), S. 2 ff.

Schöch, Heinz, Spezielle Rechte und Pflichten im Vollzug, in: Kaiser, Günther/Schöch, Heinz (Hrsg.), Strafvollzug, 5. Auflage, Heidelberg 2002, S. 253 ff.

Scholler, Heinrich, Die sozialen Grundrechte in der Paulskirche, Der Staat 13 (1974), S. 51 ff.

Schönberger, Christoph/Takada, Atsushi/Jakab, András, Der "German Approach", Die deutsche Staatsrechtslehre im Wissenschaftsvergleich, Tübingen 2015.

Schorn, Ulrich, Sozialversicherung im Strafvollzug, NZS 1995, S. 444 ff.

Schrader, Hans-Hermann, Rechtsbegriff und Rechtsentwicklung der Verfassungstreue im öffentlichen Dienst, Berlin 1985.

Schulten, Markus, Anstaltsseelsorge für Muslime, KuR 2014, S. 50 ff.

Schulze-Fielitz, Helmuth (Hrsg.), Staatsrechtslehre als Wissenschaft, Berlin 2007.

Schwabe, Jürgen, Probleme der Grundrechtsdogmatik, Darmstadt 1977.

Schwind, Hans-Dieter/Laubenthal, Klaus/Jehle, Jörg-Martin (Hrsg.), Strafvollzugsgesetz – Bund und Länder, Kommentar, 6. Auflage, Berlin u.a. 2013.

Seiler, Rudolf, Seelsorge in Bundeswehr und Bundesgrenzschutz, in: Pirson, Dietrich/Listl, Joseph (Hrsg.), Handbuch des Staatskirchenrechts der Bundesrepublik Deutschland, Band 2, Berlin 1995, § 68.

Sendler, Horst, Teilhaberechte in der Rechtsprechung des Bundesverwaltungsgerichts, DÖV 1978, S. 581 ff.

Simianer, Robert, Gehorsam und Verantwortung im Beamtenverhältnis, ZBR 2004, S. 149 ff.

Simmel, Georg, Philosophie des Geldes, 5. Auflage, München u.a. 1930.

Smend, Rudolf, Verfassung und Verfassungsrecht (1928), in: ders. (Hrsg.), Staatsrechtliche Abhandlungen und andere Aufsätze, 3. Auflage, Berlin 1994, S. 119 ff.

Sodan, Helge (Hrsg.), Grundgesetz, 4. Auflage, München 2018.

Sodan, Helge/Ziekow, Jan, Grundkurs Öffentliches Recht, Staats- und Verwaltungsrecht, 7. Auflage, München 2016.

Sowada, Christoph, Die Garantenstellung aus vorangegangenem Tun (Ingerenz), Jura 2003, S. 236 ff.

Starck, Christian, Teilnahmerechte, in: Merten, Detlef/Papier, Hans-Jürgen (Hrsg.), Handbuch der Grundrechte, in Deutschland und Europa, Band 2, Heidelberg 2006, § 41.

Stauf, Wolfgang (Hrsg.), Soldatengesetz, München 2012.

Stegbauer, Christian, Reziprozität, Einführung in soziale Formen der Gegenseitigkeit, 2. Auflage, Wiesbaden 2011.

Steiner, Harald, Neue Fürsorgepflichten des Dienstherrn nach § 79 BBG – Die Dynamik der beamtenrechtlichen Fürsorge, PersV 2007, S. 510 ff.

Steiner, Michael, Der Strafgefangene im System der gesetzlichen Sozialversicherung, Frankfurt am Main 2006.

Stern, Klaus, Das Staatsrecht der Bundesrepublik Deutschland, Band 1, 2. Auflage, München 1984; Band 3/1, München 1988; Band 3/2, München 1994.

Stern, Klaus, Die Schutzpflichtenfunktion der Grundrechte: Eine juristische Entdeckung, DÖV 2010, S. 241 ff.

Stern, Klaus/Becker, Florian (Hrsg.), Grundrechte-Kommentar, Köln 2010.

Stolleis, Michael, Die Rechtsgrundlagen der Regelsätze unter besonderer Berücksichtigung verfassungsrechtlicher und sozialhilferechtlicher Grundsätze, NDV 1981, S. 99 ff.

Stuzky, Hartmut, Auswirkungen des Sozialstaatsprinzips auf das Beamtenverhältnis unter Berücksichtigung der Fürsorgepflicht des Dienstherrn Würzburg, Würzburg 1966.

Summer, Rudolf, Gedanken zur beamtenrechtlichen Fürsorgepflicht, PersV 1988, S. 76 ff.

Summer, Rudolf, Die hergebrachten Grundsätze des Berufsbeamtentums – ein Torso, ZBR 1992, S. 1 ff.

Summer, Rudolf, Neue Aspekte zur Fürsorgepflicht – Einerseits Entzauberung, andererseits weitere Anwendungen, ZBR 1998, S. 151 ff.

Summer, Rudolf, Amt und Funktion, in: Pechstein, Matthias (Hrsg.), Beiträge zum Beamtenrecht, Tübingen 2007, S. 160 ff.

Summer, Rudolf, Das Amt im statusrechtlichen Sinne, in: Pechstein, Matthias (Hrsg.), Beiträge zum Beamtenrecht, Tübingen 2007, S. 45 ff.

Tetzlaff, Thilo, Das Soldatenrecht der Bundesrepublik Deutschland im Lichte neuerer Grundrechtsfunktionen, Zur aktuellen Grundrechtslage der Soldaten in Deutschland und ausgewählten NATO-Staaten, Baden-Baden 2000.

Thiele, Willi, Rechte und Pflichten der Beamten, DöD 1988, S. 273 ff.

Tomandl, Theodor, Der Einbau sozialer Grundrechte in das positive Recht, Tübingen 1967.

Ule, Carl Hermann, Das besondere Gewaltverhältnis, VVDStRL 15 (1957), S. 133 ff.

Umbach, Dieter C./Clemens, Thomas (Hrsg.), Grundgesetz, Mitarbeiterkommentar und Handbuch, Band 1, Heidelberg 2002.

Unruh, Peter, Religionsverfassungsrecht, 2. Auflage, Baden-Baden 2012.

van der Ven, Franciscus Josephus Henricus Maria, Soziale Grundrechte, Köln 1963.

Voßkuhle, Andreas, Das Kompensationsprinzip, Grundlagen einer prospektiven Ausgleichsordnung für die Folgen privater Freiheitsbetätigung – zur Flexibilisierung des Verwaltungsrechts am Beispiel des Umwelt- und Planungsrechts, Tübingen 1999.

Voswinkel, Stephan, Reziprozität und Anerkennung in Arbeitsbeziehungen, in: Adloff, Frank (Hrsg.), Vom Geben und Nehmen, Zur Soziologie der Reziprozität, Frankfurt am Main u.a. 2005, S. 237 ff.

Walzer, Michael, Sphären der Gerechtigkeit, Ein Plädoyer für Pluralität und Gleichheit, Frankfurt am Main u.a. 1992.

Wenninger, Ludwig, Geschichte der Lehre vom besonderen Gewaltverhältnis, Köln u.a. 1982.

Werner, Fritz, Bemerkungen zum Verhältnis von Grundrechtsordnung, Verwaltung und Verwaltungsgerichtsbarkeit, JZ 1954, S. 557 ff.

Werres, Stefan, Beamtenverfassungsrecht, Systematische Darstellung des Berufsbeamtentums auf Grundlage der verfassungsrechtlichen Vorschriften, Heidelberg u.a. 2011.

Wesche, Steffen, Reziprozität im Strafrecht und im öffentlichen Recht, in: Jakob, Raimund/Fikentscher, Wolfgang (Hrsg.), Korruption, Reziprozität und Recht, Grundlagenwissenschaftliche und rechtsdogmatische Forschungsbeiträge, Bern 2000, S. 295 ff.

Westermann, Ulrich, Dogmatik und Bedeutung der allgemeinen Fürsorge- und Treuepflicht im Arbeits- und Beamtenrecht, Münster 1982.

Westin, Alan F., Privacy and freedom, London 1970.

Wiegand, Dietrich, Sozialstaatsklausel und soziale Teilhaberechte, DVBl 1974, S. 657 ff.

Wildhaber, Luzius, Soziale Grundrechte, in: Saladin, Peter/Wildhaber, Luzius (Hrsg.), Der Staat als Aufgabe, Gedenkschrift für Max Imboden, Basel u.a. 1972, S. 371 ff.

Wilksch, Florian, Recht auf Krankenbehandlung und Recht auf ein menschenwürdiges Existenzminimum, Wiesbaden 2017.

Willke, Helmut, Stand und Kritik der neueren Grundrechtstheorie, Schritte zu einer normativen Systemtheorie, Berlin 1975.

Winkler, Daniela, Der „additive Grundrechtseingriff": Eine adäquate Beschreibung kumulierender Belastungen?, JA 2014, S. 881 ff.

Wißmann, Hinnerk, Generalklauseln, Verwaltungsbefugnisse zwischen Gesetzmäßigkeit und offenen Normen, Tübingen 2008.

Wolf, Jens, Anstalt des öffentlichen Rechts als Wettbewerbsunternehmen, Köln u.a. 2002.

Zacher, Hans F., Das soziale Staatsziel, in: Isensee, Josef/Kirchhof, Paul (Hrsg.), Handbuch des Staatsrechts der Bundesrepublik Deutschland, Band 2, 3. Auflage, Heidelberg 2004, § 28.

Zippelius, Reinhold/Würtenberger, Thomas, Deutsches Staatsrecht, Ein Studienbuch, 32. Auflage, München 2008.

www.ingramcontent.com/pod-product-compliance
Ingram Content Group UK Ltd.
Pitfield, Milton Keynes, MK11 3LW, UK
UKHW021936290926
8980IPUK00016B/1648

9 783631 819975